中国通信学会科普教材

国家智慧教育平台"大国长技"试点项目邮电数字博物馆配套教材

成为邮电人：大学第一课

主 编 宋燕辉 区奕宁 黄振陵

西安电子科技大学出版社

内 容 简 介

本书是中国通信学会组织编写的邮电科普教材，是专为邮电类院校新生打造的启蒙指南。

本书以"邮政""通信""信息"三大主线贯穿始终，带领读者回溯从驿马传书到 5G 互联，再到量子通信的壮阔科技传承史。书中融合历史脉络、人物故事、前沿科技与真实案例，兼顾专业性与趣味性。本书联动"邮电数字博物馆"实现场景化学习；设置"职业舞台""典范引领"章节助力学生进行学业规划；引入华为、顺丰等企业案例，紧贴行业发展趋势。本书旨在培养新生的历史视野、科技视野与人文视野，助力其在邮电事业的星辰大海中找到航向。

图书在版编目 (CIP) 数据

成为邮电人：大学第一课 / 宋燕辉，区奕宁，黄振陵主编 . -- 西

安：西安电子科技大学出版社，2025.8(2025.9重印). -- ISBN 978-7-5606-7761-3

Ⅰ . G645.5

中国国家版本馆 CIP 数据核字第 2025PP7003 号

策　　划　杨丕勇　刘启薇
责任编辑　杨丕勇　刘启薇
出版发行　西安电子科技大学出版社 (西安市太白南路 2 号)
电　　话　(029) 88202421　88201467　　　邮　　编　710071
网　　址　www.xduph.com　　　　　　　　电子邮箱　xdupfxb001@163.com
经　　销　新华书店
印刷单位　河北虎彩印刷有限公司
版　　次　2025 年 8 月第 1 版　　　　　2025 年 9 月第 2 次印刷
开　　本　787 毫米 × 1092 毫米　1/16　　　印　　张　15.5
字　　数　362 千字
定　　价　49.00 元
ISBN 978-7-5606-7761-3
XDUP 8062001-2

*** 如有印装问题可调换 ***

成为邮电人：大学第一课

编 委 会

主　任：欧阳武

副主任：谢圣国　贺成文

成　员：宋燕辉　区奕宁　黄振陵　叶 伟　李崇鞅
　　　　李　丽　文杰斌　张人杰

编写团队：宋燕辉　区奕宁　黄振陵　张耀辉　李　伊
　　　　　于鉴桐　陈　璐　丁　昶　刘晓丹　冯其坚
　　　　　王子武　钟　丽

前　言

在人类文明进程中，信息的传递始终是推动社会进步的核心。从驿马传书到 5G 互联，从烽火狼烟到量子通信，邮电事业以科技之力重塑着世界的连接方式。作为邮电类院校的新生，你们即将踏入的不仅是一个专业领域，更是一段跨越千年的科技传承之旅。本书正是为你们开启这段旅程而精心编写的指南。

邮电是国家发展的血脉，是技术革新与社会变革的见证者。中国邮政历经三千余年，从商周邮驿到智能物流，始终肩负着"传邮万里，国脉所系"的使命；通信技术从莫尔斯电码到 5G-A 网络，不断突破时空限制；信息技术则以字节为笔、算力为墨，书写着数字文明的新篇章。本书通过"邮政""通信""信息"三大主线，带大家回溯历史、立足当下、展望未来。

本书分为三篇，兼顾专业性与趣味性：

第一篇（邮包的冒险——邮政科普）中，从商朝牛车运输到无人机配送，从"赤色邮局"到智能分拣，通过历史脉络、人物故事和科技产品，展现邮政如何从传统使命发展为智慧物流网络。战邮英雄的红色记忆、当代"雪线信使"的坚守，诠释了"人民邮政为人民"的精神内核。

第二篇（信号的桥梁——通信技术科普）中，从莫尔斯电码到量子通信，从李白烈士的"永不消逝的电波"到杭州亚运会的 5G-A 应用，剖析通信技术如何构建全球互联的神经脉络。学生可学习 1G 至 6G 的技术飞跃，并通过"智慧茶园""无人机应急通信"等案例感受创新力量。

第三篇（字节的跳动——信息技术科普）聚焦计算机革命、互联网浪潮与人工智能突破，解析信息技术如何重构文明逻辑；从图灵机的理论奠基到区块链实践，引导读者既了解技术原理，又树立人文视野。

本书特色如下：

（1）邮电数字博物馆联动。配套教育部"大国长技"试点项目邮电数字博物馆（网址：http://116.162.55.77:10000），支持线上探索邮政与通信的演进历程，实现沉浸式场景化学习。

（2）岗位导向设计。本书特设"职业舞台""典范引领"章节，深度融合邮政快递员、通信运维工程师、数据科学家等真实岗位案例，助力读者明晰职业路径与学业规划。

（3）校企协同共建。本书由行业院校专家与企业实践精英联合打造，确保内容紧贴前沿。本书的编写团队汇聚了湖南邮电职业技术学院（宋燕辉、张耀辉、李伊、于鉴桐、陈璐、丁昶、刘晓丹）、广东邮电职业技术学院（区奕宁、冯其坚）、安徽邮电职业技术学院（黄振陵、王子武）以及中国通信学会（贺成文、钟丽）的骨干力量，并深度融入了华为、顺丰等行业领军企业的先进实践经验。同时，湖南邮电职业技术学院的殷文姗、马帅、赵灿、陈颖、马珺、谭晓佩、吕宏悦、尹根、欧丽玲、刘旭、乐沁馨等老师为本书提供了重要的教学资源支持。

亲爱的同学，当你翻开这本书时，便站在了邮电事业的起点。这里有战邮员用生命守护的红色基因，有"北斗导航"打破技术封锁的志气，也有数字洪流中的人文思考。愿你们以本书为起点，培养三重视野：

（1）历史视野，理解邮电与国家命运的同频共振。

（2）科技视野，在智能分拣、低空智联等领域寻找创新方向。

（3）人文视野，在算力时代坚守价值坐标，成为兼具工程能力与社会责任的邮电人。

愿本书能帮助大家在邮电的星辰大海中，找到属于自己的航向。

本书编写组

2025 年春

目　录

第二篇　信号的桥梁——通信技术科普

第三篇　字节的跳动——信息技术科普

01

第一篇

邮包的冒险——邮政科普

第一章 "邮"历史

传邮万里，国脉所系！邮政是国家主权的象征。在漫长的历史长河中，中国邮政经历了古代邮政、近代邮政和现代邮政的发展演变。现在让我们重回现场，对话历史，感受邮政力量，听见邮政声音。

第一节　邮驿与烽火

远古时代，在创造文字之前，人们通过口耳相传、结绳记事、烽火与击鼓等方式来传递信息。后来随着国家和政权的出现，通信活动主要为国家和政权服务，即"邮政"，其中，"邮"指通信方式与组织，"政"指国家政权。

一、奴隶社会

1. 商朝

古代邮政的历史可以追溯至数千年前，先商时期（在学术界，商朝建立之前的历史被称为先商史）的商业始祖王亥（夏代商族部落第七任首领）为了运输各种货物和传达政令，发明了牛车（如图 1-1 所示）。牛车虽然没有马车轻快，但是牛车载重量大，在当时的作用不亚于火车在工业社会的作用。

图 1-1　牛车

在距今 3000 多年前的殷商时期就已经有了关于通信活动的记载。在发现的甲骨文上有殷商时期盘庚年代边戍向天子报告军情的记述，其中有"来鼓"二字。"来鼓"就是"击鼓传令"的意思，击鼓代表前进，敲击的频率代表行进的速度。在我国最早的诗歌总集《诗经》中也有关于"简书"的记载。"简书"源自公元前 12 世纪—公元前 11 世纪的殷末周初，是一种用兽骨刻上文字，由通信兵传递的官府紧急文书。

事实上，中国在商代就建成了东亚最早的邮政系统，商王都有几条主要干线通往各地：一条通往徐淮地区，一条通往湖南、江西，另外两条一条通往西边的渭水流域，一条通往陕北甘肃一带。这些被称为"王道"的通路，宽广平坦，道路笔直，对于车马行进十分便利。在"王道"沿线还建立了不少供信使休息的地方，这就是驿站的雏形。这些休息的地方称为"桑"，每五十里设置一处；后来在此基础上又设置了"次"和"羁"，每三十里一"羁"。每当君王出行时，都要举行祭祀，让巫师记录"羁"的地点与顺序。而且，商朝还有专门传送消息的信使。商王出去打猎或者办事，都会带几个信使以方便随时向大臣们发送命令。地方的方国（古代的联合城邦制国）和部落也会派信使向商王汇报情况。

2. 西周

到了周代，邮政系统进一步细化，分化出专供邮政人员食宿的设施，信息传递的效率大大提高。首先，大力整修道路（称为"周道"），设立邮局，房子后竖立一个高高的柱子，柱子上挂着羊尾巴、兽皮。正如《周礼·遗人》中所记载的"凡国野之道，十里有庐，庐有饮食；三十里有宿，宿有路室；五十里有市，市有候馆，候馆有积"，即每隔十里、三十里、五十里为官府的使者及运输者备有食宿处所，十里二十里休息、饮食，三十里五十里有住宿，这正是以人的体力和马力的正常耐力为限而设定的。其次，周朝设立天官署，夏负责快递，秋负责邮递。朝廷任命了"行夫"来管理各邮政驿站，要求他们"虽道有难，而不时必达"，就是不管遇到什么问题，都得按时将信送达；还有"野庐氏"（大概类似现在的交通部部长）负责交通设施建设和维护，让大家走得更顺畅。再次，文书传递分为传、驲、邮、徒，其中，"传"是指用一般的车辆来传递信息和物品；"驲"则是一种更为快速、紧急的车传方式，即使用更加精良的车辆和更加健壮的马匹传递信息，类似于现在的"加急快递"；"邮"主要指边境上传书的机构；"徒"则是让善于快跑的人来急行步传，西周时单骑传书不多，一般为车传。最后，周代建立了邮驿制度，以及封泥、用印制度。此外，西周时军事上的烽火通信已成为一种正式的制度，烽火作为我国古代一种非常有效的信息传递系统，一直到汉朝都在使用，但利用烽火台传递信息只能起到报警的作用，很难满足掌握敌情和指挥作战的需要。

3. 东周（春秋战国）

到了春秋战国时期，"春秋五霸""战国七雄"先后出现，争战不断，情报、书信往来频繁，通信的时效性和保密性要求极高，因此各国非常重视邮驿建设，驿站设置得更为普遍，三十里设邮驿，并立官以主之。周天子与各国诸侯多采用直达直送的方式传递公文和重要情报。他们派遣专差或专使专程乘车递送，越是重要的事，越要委派级别高的使臣去办。诸侯向周天子进献贡物，也是派专车直接送达。官路途中设置的路室、候馆，主要是为官吏和运人解决歇息、饮食、住宿等问题，一级一级地传送信息，一直到达目的地。

二、封建社会

1. 秦汉时期

秦朝作为中国历史上第一个统一的多民族的中央集权制封建国家，结束了春秋战国诸侯分裂割据的局面，秦始皇推行"车同轨，书同文"，大修道路，包括驰道（如图 1-2 所示）、直道（如图 1-3 所示）、新道、五尺道等，这些新修的道路建立了以咸阳为中心的驿站网，辐射四方。秦朝时邮驿机构名称较为繁杂，主要有邮、传、驿、置、亭。按其规模和性质可分为三类：邮为一类，传、驿、置为一类，亭为一类。秦朝统治时期邮规模不大，但数量较多，有"五里一邮"之制，传、驿、置等机构虽仍存在，但秦已将信息传递体系称为邮。同时秦朝也制定了我国最早的邮驿法——邮驿律令。

图 1-2　驰道

图 1-3　直道

汉朝邮驿继承秦朝制度，但是骑传已经替代车传成为长途通信的主要方式，也就是通过快马加鞭传递紧急和重要的公文，并统一命名为"驿"，规定五里一邮，十里一亭，三十里置驿。驿置（驿站）预先备好车马，随时供兼程来往的驿使使用。东汉初年，东汉开国皇帝刘秀在河北与地方割据势力王朗角逐时遭遇了重大失败，刘秀在南逃的过程中就利用了驿站来运输物资和传递消息。汉朝宫廷要求常年进贡的荔枝，也是通过快马及时送到都城的。邮驿还随着"丝绸之路"的形成而通达印度、缅甸、伊朗等国。

2. 隋朝

三国、两晋、南北朝到隋统一中国这一历史时期，由于战争频繁、朝代更迭，全国统一的邮驿已不复存在。隋朝结束了 300 余年的分裂割据，开创了统一的新局面。隋朝虽然仅存 37 年，但其法律制度严密完备，邮驿馆舍宏伟多样，驿路水陆兼具，道路交通四通八达，远远超过了前代。隋文帝杨坚施行了较为开明的政策，在通信方面建有馆、驿、台传。台传还备有仓库，供应过往官员和使者的饮食等。驿则遍布全国，且各驿都有兵卒。隋朝在交通上的最大成就是修建了大运河（如图 1-4 所示）和驰道，方便了南北经济文化的交流，促进了商业的繁荣，也改善了通信条件。隋朝还利用江河的急流通信。在烽火通信上，隋朝也有明确的信号规定，《隋书》载："我国家法，若贼少举二烽，来多举三烽，大逼举四烽，使见贼多而又近耳。"

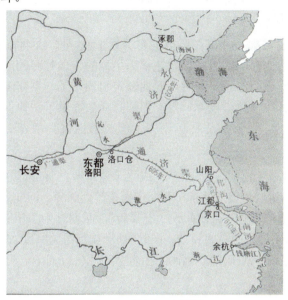

图 1-4　大运河示意图

3. 唐朝

唐朝不仅完善已有的道路，又四面八方新建道路，逐渐形成了以国都长安为中心，连接全国重要城市的交通枢纽网络。唐朝社会稳定、交通发达、经济繁荣，这些都促进了唐朝邮驿制度的发展，也造就了"一骑红尘妃子笑，无人知是荔枝来"的典故。全国共有陆驿、水驿及水陆兼办邮驿 1600 多处，这些驿站设有驿舍、配有驿马、驿驴、驿船和驿田（唐代划拨给驿站的土地，收入用于驿站的日常经费开支）等基础设施。驿站每隔三十里设立一处，不仅负责官方文书的快速传递，还承担着接待官员、使者，提供食宿以及管理贡品运输等多重职能。唐代形成了严格规范的邮驿制度，制定了较完备的邮驿法《永徽律》，对邮驿的各个方面进行了详细规定，确保了邮驿的正常运行和秩序，并订有考绩和视察制度。唐代从事邮驿工作的人员达 2 万余人，其中驿兵 1.7 万人，驿使执行任务时随身携带"驿卷"或"信牌"等身份证件。

4. 宋朝

唐朝灭亡后，中原地区相继出现五个朝代和多个政权，合称五代十国。五代十国政权更迭频繁，战乱不断，邮驿系统的管理和运营相应地由各个政权自行负责；各个政权在继承前代邮驿制度的基础上，根据自身的需要进行了适当的调整和完善。公元 960 年，赵匡胤在陈桥发动兵变，建立北宋。宋朝邮驿制度具有浓厚的军事色彩，邮驿由军卒担任，称为"铺兵"，进行军事化管理和训练；管理机构包括兵部和枢密院，二者相互制约，共同维护邮驿系统的顺畅运行。宋朝的驿站遍布全国，一般在官道上，每隔 60 里左右设立一座。驿站内有驿子、驿吏和邮政人员。宋朝由于战争频繁，故增设"急递铺"，设金牌、银牌、铜牌三种令牌，金牌一昼夜行五百里，银牌四百里，铜牌三百里，每到一站换人换马接力传递，如岳飞的"十二道金牌退兵"（宋高宗一天连发十二道"金牌"，将岳飞从前线召回并处死）事件。此外，宋朝在江南水路发达的地区设立水递铺，在甘肃敦煌一带则大力发展沙漠驿路的驼驿和驴驿，以适应恶劣的自然环境。

5. 元朝

到了元朝，由于疆域扩大，仅在国内就有驿站 1496 处，并将邮驿改称为驿站。元朝建立以驿站为主体的马递邮驿网络和以急递铺为主体的步递邮驿网络，构成了世界上规模最大、四通八达的邮驿通信体系。同时，元朝制定和颁布了一系列邮驿管理制度，如《站赤制度》《品从铺马条例》《站户条例》等，为邮驿通信提供了法律保障；并设有脱脱禾孙（蒙古语意为"查验者"）、驿令和提领等职务，行使检查监督驿站等职责，对驿官进行考核。

6. 明朝

明朝在沿袭旧制的基础上进行了创新，成立了递运所，负责运送军需品和贡品，这是古代运输的一大进步；同时，设立兵部车驾清吏司来管理邮驿。河北省张家口鸡鸣驿是我国现存最早的一座古驿站，元朝时已在此设"府邸店"，明朝时为了传递西北军情，于这里再设驿站，成为宣府进京的最大的军邮驿站。同时，明朝实行符验制度，公差人员须持符验（凭证或护照）方可驰驿。由于海上交通日渐发达，随着郑和七下西洋，明朝还开辟了海上邮驿。

7. 清朝

清初有官办驿站 1600 余处，驿卒 7 万余名，驿马 4 万多匹，由兵部主管。19 世纪中叶以后，驿站经费多被官吏贪污，驿政废弛。到了清朝末年，近代邮政逐步兴起，驿站的作用日渐消失，1913 年 1 月北洋政府宣布撤销全部驿站。

▍第二节　民间智慧：古代通信组织

民间通信组织的形成约始于唐朝，首先在长安与洛阳之间出现了为民间商人服务的"驿驴"，到了明朝才出现了专为民间传递信息的民信局。清同治年间是民信局的鼎盛时期，构成了民间通信网。19 世纪 20 年代，兼具汇兑、邮政功能的"侨批局"（如图 1-5 所示）应时而生。

图 1-5　侨批局——"德顺盛信局"

外国资本主义入侵中国以后，强令民信局登记，接受海关邮政领导，限制民信局利用轮船发运邮件，并采用资本主义的竞争手段，使得大部分民信局无法继续经营。到了1935年，民信局已被强迫停办，而侨批局一直到中华人民共和国成立前夕尚有100多家。

第三节 风雨飘摇：半封建半殖民地的邮政

自1840年鸦片战争到1949年中华人民共和国成立，在这长达100多年的岁月中，我国邮权一度丧失，形成了邮驿、民信局、侨批局、客邮、海关邮政、大清邮政等相继并存的混乱局面。

一、"客邮"

自1840年封建王朝闭关锁国的大门被资本主义侵略者打开后，中国便沦为半殖民地半封建社会。英、美、法、德、俄、日等国家侵犯中国主权，非法在中国开办邮政机构。对于这些掠夺中国邮权的外国邮局，清政府则美其名曰"客邮"。客邮的存在，反映了当时中国在西方列强侵略下国家通信主权受到的挑战和影响。直到1921年在美国召开的九国太平洋会议和限制军备会议上，才通过了撤销在华客邮的议案，然而，日本在我国东北及英国在我国西藏的"客邮"都赖着不撤，印度独立后又"继承"了英国在西藏的"客邮"，直到1954年4月1日才移交我国。

二、海关邮政

海关兼办邮政也是半殖民地社会的产物。1861年，原由各国使馆自派专差传送文件，但因其感觉不便，便要求清政府"总理各国事务衙门"（相当于今天外交部）代收代寄邮件。海关的总税务司（相当于今天海关总署署长）英国人赫德，对中国的邮权早已垂涎三尺，各国使馆的此举正中其下怀，便于1866年由海关兼办邮政。1878年7月清政府发行了第一套大龙邮票（如图1-6所示），并于次年将所办邮局命名为带有殖民地色彩的"海关拨驷达"（拨驷达是英文邮政POST的译音）。

图1-6 大龙邮票

到1886年，全国24处设有海关的地方基本上都开办了海关邮政。

三、大清邮政

在海关兼办邮政的基础上，清政府为了加强邮政的管理和发展，决定创办国家邮政系统。1896 年 3 月 20 日，清朝光绪皇帝批准开办大清邮政官局（如图 1-7 所示），中国近代邮政由此诞生。1896 年大清邮政官局成立后，清政府开始着手推广邮政业务，制定了《邮政开办章程》，并制定了邮资按洋银计算等制度；同时，发行了多种邮票以满足邮政业务的需求。随着邮政业务的不断发展壮大，大清邮政逐渐在全国范围内建立了完善的邮政网络；各地设立了邮局、邮亭等邮政设施，开通了多条邮路，制定了详细的邮政规章制度和操作规程。到 19 世纪末 20 世纪初，大清邮政已经发展成为一个具有相当规模和实力的国家邮政系统，它不仅在国内提供了便捷高效的邮政服务，还与国际邮政组织建立了广泛的联系和合作。

图 1-7   大清邮局

第四节   凤凰涅槃：中华邮政的诞生与发展

辛亥革命后，大清邮政更名为中华民国邮政（简称中华邮政），并颁布了邮政法，提出了"以法治邮"的思想。这一时期中华邮政在法治化管理下取得了显著成绩，获得了世界的认可。虽然 1911 年的辛亥革命推翻了清朝，将大清邮政的招牌换成了中华邮政，但邮政大权依旧操纵在帝国主义者手中。

1914 年 3 月 1 日，中华民国邮政正式加入万国邮政联盟，开始参与国际邮政事务，这一事件标志着中华邮政在国际邮政舞台上的地位得到了正式确认。1921 年中国共产党诞生，1924 至 1927 年间爆发了第一次国内革命战争，在全国反帝、反封建的斗争中，邮政职工也卷入了革命洪流，在全国范围内掀起了撤销洋人邮务长、收回邮权、组织工会、改善职工生活待遇等一系列的斗争。就在这场斗争快要取得胜利时，蒋介石在 1927 年背叛革命，建立起他的反动独裁政权，不仅把军统、中统特务安插进邮局，查扣进步报刊和邮件，还摧残和镇压邮政职工的反抗运动。到了民国后期，中华邮政虽然具有一些现代通信事业的基础，但由于国民党的腐败和破坏，当它于1949年回到人民手中时，已变成了一个残破不全、连职工工资都无钱发放的烂摊子。

第五节　红色血脉：中国革命战争时期的人民邮政

中国工农红军成立后，开辟了井冈山革命根据地并建立了中华苏维埃政权。为了适应革命斗争需要，各根据地都成立了"递步哨""传山哨"等通信联络组织。1928年湘赣边区工农民主政府正式成立了"赤色邮政"，并于1929年发行邮票；1930年在江西吉安成立了赣西南邮政总局，1931年迁往兴国，改名为江西省邮务总局；1932年赤色邮政经过整顿改名为"中华苏维埃邮政"（如图1-8所示）并建立统一制度，邮政发展为包括军邮和民用两种形式的通信组织。

图1-8　中华苏维埃邮政旧址

在解放战争期间，邮政职工提出"一切为了前线""解放军打到哪里，邮政就通到哪里"的战斗口号，组织随军邮政支援战争；在各野战军设军邮总局，兵团、纵队和师团中分别设军邮分局、支局和交通站，组成了一个完整的军邮通信系统，为解放战争的指挥联络、信息传递以及战士和家人的通信做出了巨大贡献。

第六节　崭新篇章：中华人民共和国邮政

一、中国邮政的建设

1949年10月1日中华人民共和国成立，同年11月1日中华人民共和国邮电部成立，主管全国邮政和电信工作。1950年1月1日邮电部邮政总局成立，除台湾省外全国建立了各级邮政机构。在三年恢复时期，邮政通信事业逐渐得以恢复和发展，如接管和改造官僚资本主义企业，对侨批局实行独立经营、自负盈亏，使之逐步成为国营邮政的委托代办机构。1953 年以后，邮电部加强了邮电事业的建设，提高了业务和技术水平，如加强了以北京为中心的全国邮政网的建设，建立邮电科研、教育和工业基地；建立新的企业管理制度。1972 年 4 月 13 日，万国邮联恢复中华人民共和国自 1951 年起被非法剥夺长达 20 年的万国邮联代表席位。1986 年 12 月 2 日《中华人民共和国邮政法》颁布，并于 1987 年 1 月 1 日起施行。

二、中国邮政的改革

1. 邮电分营

1998 年邮电体制进行改革，实现了邮电分营，从此，中国邮政告别了"电补邮"的时代。分营之后，邮政成为国民经济体系的一部分并开始独立运营，中国邮政从传统邮政开始向现代邮政转型。面对邮政过去的巨额亏损，财政部制定了 8531 计划，其主要内容是从 1999 年到 2002 年分 4 年补贴 170 亿元；此外，国务院还批准建立邮政储蓄所。一系列的政策和资金支持，都是为了鼓励邮政通过自身努力扭亏为盈。2001 年中国邮政实现了 470 亿元收入，6000 多万元利润，总体扭亏为盈。2003 年财政补贴结束，中国邮政总收入已经有三成来自储蓄，完全扭亏为盈，同时还有保险业务和证券业务，完全能够补贴邮政普遍服务。

2. 政企分开

2007 年，中国邮政政企分开，重组后的国家邮政局和新组建的中国邮政集团公司 1 月 29 日在北京同时挂牌（如图 1-9 所示），这标志着我国历时近四年的邮政体制改革走出了第一步，中国邮政全面实现了政企分开。

图 1-9　政企分开

在重组后的国家邮政局成立的同时，注资 800 亿元的中国邮政集团公司也同时挂牌，它将接管原国家邮政局所属的经营性资产及部分事业单位，作为一个国有独资企业进入市场，主要经营国内和国际邮件寄递、报刊发行、邮政储蓄、邮票发行等业务。2010 年 6 月 29 日，中国邮政速递物流股份有限公司揭牌，邮政速递物流有 EMS（全球邮政特快专递）和 CNPL（中邮物流）等品牌。2023 年中国邮政集团公司在《财富》世界 500 强排行榜中位列第 86 位，已连续 4 年跻身百强。

第七节　展望未来：当代邮政的转型与升级

过去的邮政是一个慢悠悠的"绿衣使者"，靠着一双脚和一辆自行车，把信件和包裹送来送去；而当代邮政以"互联网＋邮政"为发展方向，强化大数据、云计算、互联网、物联网等新一代信息技术，以及智能终端、自动分拣、数据派单、数据分单、运载工具、智慧仓储、机器人等共性关键技术在邮政行业中的研发应用，推动邮政事业稳步发展。目前，邮政以技术驱动、业务多元化、开放共享、绿色发展和普遍服务为特征，其发展趋势主要体现在以下几个方面。

1. 数字化转型和服务创新

邮政行业将加大对电子商务服务组合和产品的投资力度，扩大影响力。其中，数字化改革成为破局的关键。以前寄包裹需要手写地址，现在只需要用手机扫一扫，地址会自动填好；以前查包裹行踪需要跑邮局，现在只要在手机上点一点，包裹行踪一目了然；以前办理邮政业务需要在柜台前排队，现在只需要打开手机 APP，不用出门即时办理。寄递业的数字化服务在客户接入、订单审核、邮政网点、包裹运输、仓储和分拣以及配送等环节，就像一个专属小秘书一样随时为你服务。人工智能用于整个供应链，不仅可以提高效率和优化流程，还可以用于数字身份认证和提供政府服务。

2. 服务质量提升

邮政行业致力于提升服务质量，包括巩固建制村直接通邮和抵边自然村通邮成果，整治农村快递服务违规收费行为以及提升 4A 级以上景区主题邮局覆盖率。此外，邮政行业还组织开展了中国快递示范城市创建工作中期评估，认真落实邮政业用户申诉处理操作规程，推动建立申诉典型案例公开机制，维护用户合法权益。

3. 基础设施建设和技术应用

为加快邮政"十四五"重大工程项目和快递重大基础设施建设落地实施，邮政行业将采取以下措施：优化干线运输结构，提升航空货运和公路运输能力，支持高铁快运，积极发展多式联运、海陆空全面升级，火车、汽车、飞机齐上阵，使包裹的运输快速又安全；深化人工智能在行业中的研究应用，加快推动无人机、无人车、无人仓在行业的场景化应用，持续提升行业智能化水平。例如在邮政仓库里，机器人跑来跑去忙个不停，就像一群训练有素的"快递小战士"，把包裹整理得井井有条。

4. 推动国际化发展

邮政行业将深入推进"快递出海"工程。邮政通过完善跨境基础设施和国际寄递服务网络，把快递服务推广到世界各地。"快递出海"不仅有助于提升邮政快递服务的国际竞争力，还可以促进国际贸易的便利化。

5. 行业标准化和科技创新

国家不断出台推进邮政行业科技发展的意见，推动了"绿盾"工程（二期）立项建设，不断提升行业数智化监管水平；围绕绿色、安全、智能等重点领域开展标准研制，推动了标准落地实施。

6. 农村和电商发展

邮政行业将扎实推进"快递进村"工程，推动设立农村寄递物流公益性岗位，督促快递企业严格履行农村地区服务承诺；推动直投到村，将快递服务送到了家门口；推进"快递进厂"工程，引导企业向综合物流服务提供商转型，推进农村电商与快递协同发展示范创建工作。

经过多年发展，中国邮政从一个主要经营函件、包裹、汇兑、报刊发行、集邮等业务的传统邮政企业，发展成为一个既提供邮政普遍服务和特殊服务，又经营现代金融、现代快递物流和现代电子商务，商流、物流、资金流、信息流"四流合一"的大型企业集团。中国已经建成了全球最大最完善的物流网络，南到三沙，北到漠河，高至太空，深到深海，不管狂风暴雨，不管寒暑假日，不管距离多远，不管消耗多少人力物力，在极其偏远的地区或者特殊的地理环境中，当现代科技无法触达时，哪怕骑着自行车、驾着马车、划着渔船，甚至翻山越岭也要送到。

第二章 "邮" 故事

▌ 第一节 小邮驿，大乾坤

一、"人民邮电"的辉煌起点

1948 年 12 月 10 日，在解放一年的石家庄，华北邮政总局更名为华北邮电总局。恰在此时，《晋察冀日报》和晋冀鲁豫版《新华日报》合并，该报被明确为中共中央的代机关报，毛主席为报纸题写报头——"人民日报"。华北邮电总局看到后，决定在原来晋察冀邮政交通系统主办的《邮讯》小报的基础上，创办一份华北邮电总局机关报，并拟模仿《人民日报》，取名《人民邮电》。

《邮讯》编辑部的孙志平编辑在局领导的支持下，执笔给毛主席写了一封信，并附上了一张打好"米字格"的白纸，通过当时专门服务中共中央机关的石家庄山河邮局局长，把信交给了中共中央秘书处处长、红色通信战线老领导曾三同志，请他转呈主席。

过了几天，孙志平等人刚刚躲过国民党飞机的轰炸回到办公室，华北邮电总局局长苏幼农就笑容满面地走进来，说："主席写的报头送来了。"里边还有曾三同志写的字条："毛主席让告知你们，现在有照相制版技术了，所以没有用送来的米字格纸。写了三个，你们选用。"

毛主席"人民邮电"的题词，由上至下共写了三行，特意在第三行字的右上角标注了一个圆圈，表示对这一行的书写最为满意，建议采用。最终，第三行中的"人民"和"邮"三个字以及第一行中的"电"字共同组成了《人民邮电》报创刊后的正式报头（如图 2-1 所示），并沿用至今。

图 2-1 "人民邮电"题词

正在指挥三大战役的毛主席，对一张行业报的诉求如此重视，可见他对通信行业的高度重视和寄予的厚望。

二、大别山的"赤色邮局"

第二次国内革命战争时期，六安市金寨县汤家汇镇就建立了中华苏维埃鄂豫皖苏区赤色邮政。1929年5月，中共商罗麻特别区委在金寨西部地区（当时属河南省商城县南乡）领导的立夏节起义胜利后，成立了中国工农红军第32师，开始创建豫东南革命根据地。1930年初，商南集镇汤家汇成为商城苏区的领导中心，商城县赤色邮政局（后更名为赤城县邮政局）应运而生（如图2-2所示），开启了鄂豫皖革命根据地赤色邮政的历史。

图2-2 赤城县邮政局旧址

赤城县邮政局，也被称为"红色邮局"，这是安徽省境内第一个苏区邮政机构，也是根据地最早建立的邮政机构之一。该邮局对外以开药店为名，秘密进行邮递工作，寄递时对上暗号寄信，对不上暗号卖药。其下设置了7个支局，每个支局都配有邮戳、公章和统一的信布袋，担负着发行报刊、邮寄信件、传递文件等任务。到1932年10月，在2年9个月的时间里，这所邮局为红色政权传递文件、为红军战士传递家书，在最艰难的岁月里，用一张张信纸鼓舞着革命的士气！

三、狼不吃邮政人

1935年10月19日，红军长征落脚陕北吴起镇。从这一天起，中国共产党的历史就进入了长达十三年的"延安时期"。为适应革命发展需要，便利军事交通及苏区工农群众的通信，西北办事处在瓦窑堡设立中华苏维埃西北邮政管理局（后改为总局），并开设5条邮路。1937年，该局随中央迁至延安后，陆续组成6条以延安为中心的直达邮路。

延安的通信员不仅送信，也送报刊、书籍，每次都要送几十斤至上百斤的邮件。上级发给每人一条七尺多长的扁担挑邮件，担子挑在肩上，上下颤悠，老乡亲切地称之为"凤凰三点头"。在延安的红色邮路上，狼群和山匪常常是邮递员送信路上面临的最大敌人。为了方便走夜路，扁担上还挂着铃铛。老乡听到铃铛响就知道是送信的来了，山匪听到铃铛响声之后便会让道，狼听到也会远远地跑开。

四、大好河山由此来

1947年3月，刘少奇、朱德、董必武等同志组成的中央工委来到河北省平山县，7月初进驻西柏坡。至此，西柏坡成为解放战争后期我党的指挥中心。

为解决中共中央与各解放区和各野战军的联系问题，1948年，晋察冀边区邮政管理局在西柏坡设立专门为党中央提供通信服务的邮政机构—山河邮局（如图2-3所示）。山河邮局的名字正是借用平山和滹沱河这两个地名的末位字，既出于安全保密，也寓意"祖国的大好河山"。

图2-3 西柏坡山河邮局

山河邮局对外有两条邮路，一条是通过建屏县邮局，驻洪子店镇，与晋绥、陕甘宁、太行、太岳解放区联系；另一条是通过冶河邮局，驻平山县城，与华北、华东、中原等各大解放区联系。

1949年，山河邮局在圆满完成特定历史时期的光荣任务后，随中央办公厅秘书处最后一批迁到北平。山河邮局在中国共产党发展历程中留下了浓墨重彩的一笔。

五、两封家书

大别山革命历史纪念馆保存有两封革命烈士卢炳银1932年从红四方面军寄给父亲卢宜章的家书，信封上盖有赤色邮政局的邮戳。其中一枚实寄封邮戳曾在1985年10月13日—22日于北京举行的"中国人民革命战争时期邮票展览"中获得"立夏烽火与赤色邮政"奖旗一面，引起了集邮界对皖西地区红色邮品的重视。

第一封信是1932年7月2日从湖北红安县境内寄出的，封面加盖一枚黑色椭圆形"红安县赤色邮政局印"邮戳，另一枚盖红色双圈圆形"鄂豫皖苏维埃赤城邮政分局"邮戳。该信的收信地址是"带转带交红安县七里坪转交新集市带交皖西北道区转交六安四区十三乡二村高岗寺"。

第二封信是卢炳银参加红军一个多月后于1932年5月28日寄出的，收信地址是"赤城县政府转六安四区十三乡二村交"，寄信单位是"红四军十一师三十一团一营一连"，封面盖有两枚双圈圆形邮戳：一枚是"赤城县第七区赤色邮政支局"，黑色；另一枚是"赤城县第一区赤色邮政支局"，红色。信中所说的"红四军东征得到空前伟大胜利了"是指1932年3月21日至5月8日历时48天的苏家埠大捷。赤城县苏维埃政府所在地为现今金寨县汤家汇，属赤城第一区，信封上"第一区邮政支局"戳是信到达第一区时加盖的。赤色邮政就是"红军邮局"。

六、第一家主题邮局

改革开放以来，通信事业犹如展翅翱翔的雄鹰，不断向着更高的天空飞去。高新技术在通信领域的应用日益广泛，电子邮件等先进的信息传递手段如雨后春笋般迅猛发展。在这样的浪潮下，人们对传统邮政服务的需求逐渐降低，曾经在信息传递中占据重要地位的邮政面临着新的挑战。然而，邮政并没有在困境中停滞不前，而是积极寻求探索发展的新模式。当下，中国邮政为满足广大用户多层次、个性化的通信需求，一方面精心办好邮递、集邮、金融三大类数十种传统业务；另一方面，根据市场需求，不断致力于提高一些传统业务的服务水准。同时，邮政还积极开发出许多新的业务和服务，逐步形成了以核心业务为主导、以多元化的业务为补充的合理业务结构。

主题邮局的开设，正是社会发展进步的一个生动缩影。它顺应了社会需求，充分利用邮政自身的优势不断拓展服务领域。那些为社会重大活动而设立的主题邮局，犹如一座座温馨的桥梁，帮助人们更好地表情达意、进行感情交流，极大地满足了人们的文化需求。它们承载着人们的情感与记忆，在时代的变迁中绽放出独特的光彩，为邮政事业注入了新的活力与生机，也为社会文化的传承与交流搭建了新的平台。它们不仅仅是邮政服务的创新尝试，更是连接人与人、人与社会的重要纽带，见证着社会不断前进的脚步。

那么，全国第一家主题邮局是什么时候成立的呢？

1993年3月6日，北京邮政在正义路邮政支局启用了"申奥2000"邮戳（如图2-4所示）并举办相应活动。"申奥2000"邮戳使用带有五环标志图案的特种日戳，使用时间自启用之日起至同年9月23日24时（申办城市表决日），历时半年。

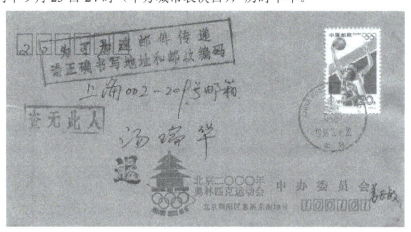

图2-4   带有申奥邮戳的信件

第二节   小邮票，大天地

一、红军邮

"红军邮"是原邮电部1995年8月1日发行的"义务兵专用"邮票的简称，面值20分，全套仅1枚，邮票画面的主题是中国人民解放军三军战士，背景是红色的军旗（如图2-5（a）所示）。早在1953年8月就曾发行过一套"军人贴用"邮票，全套3枚，底色分别为橘红、紫色和蓝色,其中价值最高的一枚就是"蓝军邮"(如图 2-5(b)所示),堪称新中国的"十大珍邮"之一。

(a)   (b)

图 2-5 "红军邮"与"蓝军邮"

二、第一套赤色邮票

1930 年 3 月 26 日,江西省吉安市富田镇成立了全国首个赤色邮政管理机构—赣西南赤色邮政总局。同年 5 月至 6 月间,赣西南赤色邮政总局发行了第一套赤色邮政邮票。

同年 10 月,赣西南赤色邮政总局再次发行了赤色邮票,一套 3 枚,面值分为 1 分、3 分、8 分 3 种,颜色除 3 分为黄绿色外,其余均为蓝色;邮票图案为"8"字形花框,内直列"赣西南赤色邮政"字样,称作"赣西南赤色邮政邮票"。这套邮票保存下来的极少,基本上是以实寄封的形式留存的(如图 2-6 所示),其中大部分实寄封由红三军团红 5 军第 1 师所属部队官兵,在 1931 年 2 月从江西宁都南丰一带寄往湖南平江。

图 2-6 赣西南赤色邮政邮票

三、苏维埃邮政邮票

由于国民党的"围剿"及经济封锁，湘赣苏区和闽浙赣苏区与中央苏区的联系时断时续，中华苏维埃共和国邮政总局发行的邮票不能及时送达，所以除中央苏区印制发行苏维埃邮政邮票外，湘赣苏区和闽浙赣苏区也分别印制发行了这种邮票。

1935 年 11 月，中华苏维埃共和国临时中央政府西北办事处成立，同时，在瓦窑堡设立了中华苏维埃西北邮政管理局。12 月，中华苏维埃西北邮政管理局发行了一套中华苏维埃邮政邮票（如图 2-7 所示），图案分别为红军肖像图、锤镰图、锤镰五角星图、单圈五角星图。

图 2-7　中华苏维埃邮政邮票、

苏维埃邮政邮票是由中国共产党领导的红色政权发行的。简陋的印刷方式，真实记录了中国共产党初创时期的艰苦岁月，反映了根据地军民艰苦奋斗、自力更生的革命精神；简单的元素图案，不仅具有鲜明的时代特色，还与邮戳一起成为宣传中国革命的一个有效手段；低廉的邮资，充分证明了中国共产党领导下的人民邮政从建立伊始就是为人民群众服务的。

四、"开国第一票"

张家口鸡鸣驿"生肖有礼 主题邮局"邮票展览馆收藏着一整套"庆祝中国人民政治协商会议第一届全体会议"纪念邮票（如图 2-8 所示）。这套邮票是我们国家成立后发行的第一套邮票，被称为"开国第一票"，发行于 1949 年 10 月 8 日。 1949 年，为了庆祝中国人民政治协商会议第一届全体会议的胜利召开，华北邮政总局以"中华人民邮政"的名义向全国发行了这套纪念邮票。

图 2-8　新中国第一套纪念邮票

这套被称为"纪1"的新中国纪念邮票第一套，共4枚，图案相同——天安门上宫灯高悬，迎风飘舞，灯面上那枚硕大的人民政协会徽分外醒目，充分表现出会议的庄严，拉开了新中国辉煌灿烂的序幕。

这套邮票由张仃、周令钊设计，图案的右下方是天安门，左边是华表，天安门前是接受检阅的队伍，天安门上空有人民空军的飞机；图案最下边面值框之间是"中华人民邮政"文字；图案左上方是一象征喜庆的宫灯，灯中央是中国人民政治协商会议会徽。会徽图案以光芒四射的蓝天为背景，中心是五角星、四面旗帜和中国地图，周围是缎带连接的齿轮和麦穗。

五、地方特色邮票

1. 邮票中的"湖湘文化"

自中华人民共和国成立以来，中国邮政一共发行了近80个（套）与湖南相关的邮票（如图2-9所示）。正如著名艺术家韩美林所说，一幅画作，只能让几万、十几万人亲眼欣赏，而一张邮票，却能让几千万甚至几个亿的人拥有和欣赏。邮票作为有价票证，已成为最好的名片。橘子洲大桥、岳麓书院、爱晚亭、武陵源、岳阳楼……这些湖南的地标性建筑，随着一张张邮票被千家万户所熟知。

图 2-9　部分"湖湘"特色邮票

除此之外，那些流芳百世的湖湘名人、创造了丰功伟绩的湖湘英烈，柳毅、贾谊、宋慈、毛泽东、刘少奇、贺龙、彭德怀、李维汉、陶铸、李富春、宋任穷，都曾在这方寸之间留下印记，以寄托人们的情怀和思念。

2. 邮票中的"天府之国"

自中华人民共和国成立以来，中国邮政发行了逾 60 套与四川相关的邮票（如图 2-10 所示），让巴蜀文化走向世界。国画大师马振声也希望能通过邮票的"方寸之美"，将自己的感悟、将中华优秀传统文化传递给更多人。

图 2-10　部分"天府之国"特色邮票

九寨沟、峨眉山、都江堰、乐山大佛等自然奇观与历史遗产，是邮票上的经典主题。1998 年《九寨沟》特种邮票定格了"五花海""诺日朗瀑布"的斑斓水色；1984 年《峨眉风光》特种邮票以影雕工艺展现了"峨眉天下秀"的灵秀；1991 年《都江堰》邮票呈现了古代水利智慧；2003 年《乐山大佛》小型张则传递了"山佛一体"的震撼。

四川历史名人与文化巨匠杜甫、苏轼等也在邮票中被深刻记忆。2024 年发行的《纪念邓小平同志诞辰 120 周年》纪念邮票，以"勤工俭学""戎马岁月""科学春天""改革开放"四幅油画，再现了这位中国改革开放总设计师的传奇人生。此外，朱德、刘伯承、陈毅、聂荣臻等四川籍开国元勋，均在《共和国开国元勋》金银邮品中被铭记。

3. 邮票中的"三秦大地"

自中华人民共和国成立以来，中国邮政发行了逾 70 套以陕西为主题的邮票（如图 2-11

所示），这些"国家名片"如时光棱镜，折射出三秦大地从华夏起源到现代复兴的壮丽历程。

图 2-11 部分"三秦大地"特色邮票

秦始皇陵兵马俑、黄河壶口瀑布、黄帝陵等通过邮票诉说着华夏文明的根脉；西安城墙、大雁塔、碑林等邮票通过建筑定格历史遗韵；历史名人司马迁、李白等邮票构筑了精神高地；延安革命题材邮票彰显了红色基因；2011 年西安世园会、2021 年全运会邮票传递出现代活力；凤翔木版年画、陕北剪纸等民俗邮票，凸显非遗魅力。这些"国家名片"以方寸之境，将三秦大地的历史烟云、山川魂魄与时代脉动，转化为可收藏、可传递的文明切片。邮票既是陕西传递给世界的文化名片，更是打开中华文明的钥匙。

4. 邮票中的"岭南天地"

自中华人民共和国成立以来，中国邮政发行了逾 50 套广东主题的邮票（如图 2-12 所示），串联起岭南大地的山海奇观、历史烟云与时代风华。

图 2-12 部分"岭南天地"特色邮票

自然形胜在方寸间诗意流转。《丹霞山》邮票成为"中国红石公园"的微缩注脚；《珠江风韵•广州》邮票定格了"一江璀璨"的都市意象。生态篇章里，湛江红树林湿地的"潮汐森林"、南岭的白腹锦鸡，亦以水彩与写实技法，诠释了广东的生物多样性与"蓝色碳汇"价值。

历史足音在邮票上清晰回响。1973年的《南越王墓玉角杯》邮票追溯了岭南工艺巅峰；1985年的《郑和下西洋》邮票"广州出发"场景，重现了海上丝绸之路起点的千帆竞发。近代革命记忆中，1981年的《辛亥革命》邮票以黄花岗烈士墓的花岗岩棱线，镌刻了"振兴中华"的初心。

岭南文脉在油墨间活态传承。2007年的《石湾陶瓷》邮票以仿釉彩技术还原"踏雪寻梅"的窑变肌理；2017年的《粤剧》邮票让"东方陶都"与"南国红豆"跨越时空。民俗长卷里，黎族"三月三"的织锦、粤港澳龙舟的鼓点，通过连票设计串联成珠江水系的文化图谱。

时代地标在票面上持续更新。《经济特区》邮票定格了深圳蛇口塔吊与珠海情侣路的改革初貌；《港珠澳大桥》特种邮票以7组连票拼接55公里全貌，成为"超级工程"的微缩史诗；《粤港澳大湾区》邮票拟纳入"湾区之光"摩天轮等元素，勾勒"一小时生活圈"的未来图景。

从丹霞赤壁到湾区新城，广东邮票始终以山海交融的底色，书写着"敢为天下先"的时代传奇。

第三章 "邮"人物

第一节 战邮英雄：不朽的丰碑

一、赤脚英雄：庞耀

战邮英雄庞耀（如图 3-1 所示），山东省赣榆县（今连云港市赣榆区）人，17 岁时就独自外出谋生，闯码头，卖苦力，受尽了凌辱，看尽了人间不平。1940 年，赣榆来了共产党，人民翻身得解放，庞耀报名参军，同年加入了中国共产党，从此踏上了革命道路，开始了战斗生涯。

图 3-1　庞耀（左一）

当时战邮员穿的鞋子都是老百姓送的军鞋，庞耀是一位身材高大的山东汉子，因为脚大，鞋子都穿不上，送信时只好赤着脚走，时间长了，脚上是一道道的裂口。

1941 年 11 月，日军纠集了 5 万多日军、十几万汉奸，对沂蒙山区进行"扫荡"。1942 年，庞耀调到山东战邮总局交通科，任政治交通员。有一次庞耀接到任务，去鲁中送机要文件，由于敌人活动猖獗，只能夜行。北方 11 月的天气寒风呼啸，像刀子一样，刮得脸上生疼。庞耀赤脚奔走在漆黑的夜色里，月黑风高，路又不熟，只好深一脚浅一脚地往前摸，脚不时踏在石子上，刚愈合的口子裂开了，血水往外流，刚流出来就冻结了，再走几步又裂开，钻心地疼。

途经沂河，在涉水过河时，裂口里钻进了许多沙粒，上岸后走路，脚上像扎了无数的钢针般疼痛难耐。为了抢时间，庞耀顾不上包扎，咬着牙、一瘸一拐往前赶，终于在天亮前赶到了目的地，完成了任务。

二、碧血丹心：苏立友

苏立友（如图 3-2 所示），山东莱芜县人，生于 1925 年，1942 年 8 月参加工作，1943 年 6 月加入中国共产党，在战时邮局历任交通员、交通班长、武交队员。他在敌人碉堡密布、封锁严密的环境中，机智勇敢地完成了党交给的通信任务。1947 年 8 月 30 日，苏立友又一次完成了鲁中与渤海的交通联络，在返回驻地埠村后，突然被国民党军队 800 余人包围起来，局长蒋庆升迅即组织突围，苏立友在后掩护。面对众多的敌人，苏立友沉着作战，当先击毙两名敌人后，敌人架起轻重机枪齐向苏立友打来。战斗坚持了约一小时，蒋局长已率众安全突围出去，苏立友两腿已断，仍在向敌射击，最后弹尽被俘。敌人用门板抬苏立友，他誓死不让敌人抬走，多次从门板上滚下来，并不停地大骂敌人。敌人把苏立友交给"还乡团"，苏立友更是骂不绝口。"还乡团"残忍地割下了苏立友同志的头颅，挂在普集南九头庄外的桑树上。牺牲时，他年仅 22 岁。

图 3-2　苏立友

三、邮路英侠：管兆修

1942 年，中共中央山东分局决定建立与中央的直达交通线。1942 年年底以前，山东的战邮工作人员曾经到中央送过两次文件，第一次到达了鲁豫边区，但秘密交通站被敌人破坏，无法联系，只得返回；第二次，交通员在通过平汉路时被捕牺牲。直到第三次，由管兆修执行任务，终于打通了到中央的干线交通。1942 年 12 月 19 日，管兆修同志（如图 3-3 所示）接受任务后，从山东分局所在莒南县十字路村出发，冒着风雪西行，白天休息，夜间赶路，在铁道游击队的帮助下，历经艰险渡过微山湖。在过微山湖的时候，已经接近阳历新年，铁道游击队杜政委认为在过年时候过湖应该安全些，所以在停留了几天后，安排管兆修从老乡家出发，化装成到湖西卖苇子的，由铁道游击队员王大元和老张哥分乘两条小船负责护送。渡湖过程中尽管没有遇到日军，但还是碰到了两个汉奸，他们巧妙应对，并送上事先准备好的烧鸡，才勉强脱身。一晚，在鲁西大平原赶路时，管兆修因天黑掉进了敌人的封锁沟里，封锁沟又宽又深，棉衣厚重，身背邮件，他好几次爬到中间就摔了下来，引起了剧烈咳嗽，怕暴露目标，他只好抓起泥土吃以压住咳嗽，最后脱离险境，终于联系到鲁豫区党委交通站，和前往中央党校学习的同志一起，化装通过了已经提前做过工作的伪军营房，通过平汉线，穿过 240 里的敌占区进入晋东南，步入太行山区，在冬去春来时节，终于到达八路军总部、北方局驻地马田庄。

图 3-3 晚年的管兆修

四、战邮志士：许茂生

许茂生（如图 3-4 所示）参加八路军南进三大队，后因病回家休养，1944 年到省战时邮局工作。1947 年 6 月 25 日，许茂生配合部队作战，担任前线侦察任务时被俘，敌人对他诱降、逼供，施行了各种酷刑，许茂生仍旧大义凛然，最后被敌人活埋。牺牲时，年仅 28 岁。

图 3-4 许茂生

五、传邮先驱：林卓午

林卓午（如图 3-5 所示），字叔卿，生于 1889 年，福建福安康厝苏坂村人。1914 年毕业于北京交通传习所邮电班，先后在马尾、福州、惠安、厦门、三都澳等地邮局工作。1937 年，抗日战争全面爆发，林卓午挺身而出，奔赴抗日前线，被国民党当局委任为中华邮政总局驻西安第三段军邮总视察，授以少将军衔，负责晋、陕、甘、宁等省军邮和普邮业务视导工作。

图 3-5　林卓午

由于国民党当局封锁邮政，给边区通邮增添不少困难。当时，我党提出在抗日民主根据地与国民党管辖地区通邮的建议，林卓午审时度势、洞明大义，多次和八路军驻西安办事处主任林伯渠会晤磋商，陕管局于 1939 年 2 月下达 1168 号文，令延安局派员整顿三原至绥德的邮路，改变国共两区通邮的瘫痪状态。1940 年 5 月 9 日，周恩来题写"传邮万里，国脉所系"字幅赠林卓午。

中华人民共和国成立后，林卓午欣然接受福建省人民政府邀请参加地方工作，当选为第一届福安县人民代表，并担任县政府常委、县政协副主席、福安专区土改委员、民革省委候补委员等。1957 年逝世，享年 68 岁。

1981 年，为纪念周恩来总理为林卓午题词 41 周年，国家邮电部印制"传邮万里，国脉所系"纪念邮票，发行国内外。

第二节　时代楷模：引领前行的力量

一、雪山苍鹰：其美多吉

四川省甘孜藏族自治州境内有一条全长 604 公里、海拔 3500 米以上的雪线邮路，这条线路地理环境艰苦、气候条件恶劣、交通运输状况差。1989 年，26 岁的藏族小伙其美多吉（如图 3-6 所示）成为一名邮车驾驶员，从此开启了全程往返 1200 多公里、沿途翻越 14 座海拔 4500 米以上大山的"雪线邮路"。

其美多吉是中国邮政集团公司四川省甘孜县邮政分公司邮车驾驶员，承担川藏邮路甘孜到德格段的邮运任务。他爱岗敬业，30 年如一日，驾驶邮车在平均海拔 3500 米的雪线邮路上运送邮件，累计行驶里程 140 多万公里，没有发生一起责任事故。他意志坚强，遭遇歹徒袭击时挺身而出，用鲜血和生命守护邮件安全，身负重伤后坚持康复锻炼，以坚韧的毅力重新走上工作岗位。他珍爱团结，以螺丝钉精神紧紧钉在川藏线上，将来自党中央的声音、祖国四面八方的邮件送往雪域的各个角落，用真情奉献为促进藏区经济社会发展作出了积极贡献，被群众誉为"雪线邮路的幸福使者"。

图 3-6　其美多吉

二、马班邮路：王顺友

木里，中国仅有的两个藏族自治县之一，境内峡谷纵横，高山绵延起伏，地势险恶，光是海拔 5000 米以上的大山就有 20 多座。

1999 年，王顺友（如图 3-7 所示）开始负责县城至白碉乡、三桷桠乡、倮波乡、卡拉乡的邮件投递工作，这条邮路往返 584 公里。他每月两个邮班，一个邮班来回 14 天，他每月有 28 天要徒步跋涉在这苍茫大山中的邮路上。一路上，从海拔四五千米到一千多米，气温从零下十几度到 40 多度，有时他被冻得直发抖，有时又热到汗流浃背。对他而言，短短一天、一周就可能经历了春夏秋冬四个季节。一条邮路，一走就是二十年。

图 3-7　送信途中的王顺友

三、"溜索姑娘"：尼玛拉木

在遥远的云南大山深处，有一个名为尼玛拉木（如图3-8所示）的女子。她生活的村庄交通极为不便，与外界的联系被高山峻岭所阻隔。尼玛拉木从小就目睹了乡亲们为了获取外界的物资和信息所付出的艰辛努力。于是，她暗暗下定决心，要为改变这一切贡献自己的力量。

图3-8 尼玛拉木

1999年参加工作的尼玛拉木成为云南省迪庆藏族自治州德钦县云岭乡邮政所的一名邮递员，是我国1.6万名步班邮递员中的一员。为了把一封封邮件送到大山深处的千家万户，她要背着15公斤以上的邮包，时而行走在海拔1500米的干热河谷，时而翻越海拔4500米的雪山，每次行程近350公里。

在千沟万壑的投递路上，尼玛拉木首先要战胜恶劣的自然环境，穿行在海拔4500米的雪山和海拔1000多米的峡谷之间，海拔落差造就了"一山分四季，十里不同天"的自然环境，严寒和30℃高温的变换考验着她的意志和身体。经过谷底时，尼玛拉木汗流浃背；爬上4000多米的雪山后，汗湿未干的衣服转眼又变得冰冷刺骨。除此之外，尼玛拉木还要"战胜"各种凶猛的动物。

尼玛拉木服务的村寨在汹涌的澜沧江两岸，其中一条邮路需要跨江到对岸。在跨江的溜索上，随时都有可能发生意外。尤其是雨天，溜索太滑刹不住，尼玛拉木时常会撞在对岸挡墙上，半天爬不起来。但为了乡亲们能收到信件和报刊，她不顾危险，一次又一次乘上溜索过江送信。

20年间，尼玛拉木1000多次挂上溜索，没误过一个班期，没丢过一封邮件，投递率100%，被当地人亲切地称为"溜索姑娘"。

不少人看到尼玛拉木溜索的情景，问她："生命和信件哪一个更重要？"尼玛拉木说："生命重要，信件也重要，一旦信件背到我肩上，就成了我生命的一部分。"

随着经济发展，乡村陆续修了桥，通了公路。现在，尼玛拉木送信不用徒步和溜索了，汽车已经可以开进村村寨寨，大大提高了工作效率。

四、新中国第一代邮递员：罗淑珍

罗淑珍（如图3-9所示），汉族，生于1934年11月，1952年加入中国新民主主义青年团（中国共产主义青年团的前身），翌年加入中国共产党，1951年成为新中国第一代女投递员。从 1953 年 8 月到 1959 年 2 月，她投递邮件和报刊 1 187 559 件，没有出过一次差错。1956 年和 1959 年，罗淑珍两次被授予全国先进生产者称号，任北京市邮局投递科副科长、邮政处革委会副主任，1973 年起任北京市总工会负责人、邮电部邮政总局负责人、邮电部副部长，1982 年后任全国邮电工会代主席、主席，中共十大、十一大代表，第二、三届全国人大代表，第六至八届全国政协委员。

图 3-9　罗淑珍

作为新中国第一代女邮递员，罗淑珍曾经创下连续 21 年投送信报 360 万件无差错的纪录，三次被评为北京市劳动模范，1956 年被评为全国先进生产者。1959 年 10 月 15 日，《工人日报》以"一封信一颗心"为题，报道了罗淑珍的先进事迹。"一封信一颗心"精神，影响了一代又一代中国邮政人。

五、"深山信鸽"：孙吉刚

在青州市庙子镇杨集管区的大山深处，邮政投递员孙吉刚（如图 3-10 所示）默默坚守 17 年，用双脚丈量着每一座山的高度，用行动践行着"人民邮政为人民"的服务宗旨。在这条邮路上，他不怕苦、不怕累，顶风雨、冒严寒，长年累月步行在崎岖的山路上，高质量走好邮政服务的"最后一公里"，并与乡亲们建立了深厚的感情。孙吉刚在平凡的岗位上，默默地奉献着青春年华，挥洒着辛勤的汗水。他每周走步班邮路 102 公里，摩托车邮路 129 公里，每年行程 1.2 万公里，投递 3000 多封邮件、5 万多份报刊，累计邮路行程超过 18 万公里，累计投递报刊达 70 余万份、邮件 3.5 万件。2022 年 8 月，孙吉刚被潍坊市委组织部评为"实干奉献好党员"。

图 3-10　孙吉刚介绍工作路线

六、"绿衣天使"：杨长庚

杨长庚（如图 3-11 所示）是湖南城步苗族自治县邮政局西岩支局的一名投递员。

图 3-11   杨长庚

2001 年，杨长庚目睹家乡信息闭塞，经济发展缓慢，从而产生"弃教从邮"的想法，于是鼓足勇气给县邮政局主要领导写了一封信，吐露了自己内心的想法：今生甘愿当一名"绿衣天使"，为苗乡人民传递信息。他的想法马上得到了县邮政局领导的认可。当年春天，他如愿穿上"橄榄绿"，从此奔波于乡间小道，为农村提供邮政服务。

从 2001 年至 2021 年，在 20 年的乡村投递生涯中，无论是冰天雪地，还是赤日酷暑，杨长庚同志都风雨无阻，早出晚归，按时将 100 多万份邮件投递到收件人手中，从未丢失、错投、漏投一份报刊、一份邮件，从没有发生过一次因自身原因而造成投递质量差错，诠释了邮政普遍服务"爱岗敬业、热情服务、文明投递"的深刻内涵，塑造了城步邮政新形象。鉴于他的突出事迹，2006 年 4 月他由劳务工转为在岗职工，这在全省邮电分营后还是首次。邵阳市局领导到城步局参加他的劳动合同签订仪式，号召全市邮政职工"远学王顺友，近学杨长庚"，学习杨长庚同志那种吃苦耐劳、爱岗敬业的精神，号召全市邮政职工以杨长庚同志为榜样，努力争取在平凡的工作岗位上干出不平凡的成绩。

他从事基层投递 20 年来，长期负责西岩镇花桥、威溪等偏远邮路投递，每日风雨无阻，累计行程 35 万公里，将 100 多万份报刊和邮件准确送达到用户手中，从未出现过一次积压、延误、错投、丢失的现象，赢得了社会各界的良好口碑，被誉为"苗乡邮政铁脚板"。

七、逆行勇士：徐龙

20 岁那年，徐龙退伍回汉，成为中国邮政武汉分公司的一名邮政投递员。干了一辈子投递工作的母亲嘱咐他，"投递员每天风里来雨里去，很辛苦，也很平凡，但要干好不容易，心中必须有强烈的责任感。"

13 年来，坚守投递一线的 4000 多个日夜里，徐龙牢记母亲的话，累计驾驶邮车行驶 30 多万公里，相当于绕地球赤道近 10 圈，投递各类报刊邮件 40 余万件，保持着"零差错""零投诉"的纪录。

2020 年，新冠肺炎疫情暴发，徐龙（如图 3-12 所示）第一时间报名应急突击队，把年仅 3 岁的女儿托付给年迈的父母，与身为护士的妻子一同投入到抗疫战斗中。武汉封城的 76 天里，徐龙 24 小时待命，每天高负荷工作 12 小时以上，不间断地往返于各大医院及医疗队驻地，累计投递紧急防疫物资 160 趟，执行紧急防疫物资投递工作 5 次，行车 3000 公里、投递 7000 余件，医疗防疫物资及时妥投率达 100%，成为一线医护人员交口称赞的"绿衣战士"。

图 3-12　疫情期间准备派送的徐龙

八、"活地图"：宋学文

2011 年，宋学文加入京东物流，成为北京中关村鼎好营业部的普通一员，负责快递配送服务。"包裹里可能是承载家人惦念的土特产，可能是急需的生活必需品，也可能是想了很久奖励自己的礼物。想着这些，就觉得我们每天传递的不仅仅是这些物品本身，更是物品背后的情谊和价值。"宋学文在一线做"快递小哥"的时候，他把每天收寄快递当成了一门学问去钻研。

为了更加精准高效地将快递送达客户，宋学文（如图 3-13 所示）逐渐总结出自己的一套配送"方法论"：上午，他会按照大小码放货品，大件在下，小件在上，紧急的放在明显位置；下午，再按照收货公司、收货人的下班时间，把下班较晚的收件人货物放下面，下班较早的收件人货物放上面。他还会定期统计和分析客户的购物需求和特殊情况，梳理货物轻重缓急，再决定装车方式和配送路线。中关村附近公司密集，哪家公司搬走了，又新来了哪家公司，宋学文都了如指掌。

图 3-13　工作中的宋学文

为满足客户的紧急取件需求，宋学文曾在半小时内从 2000 多件快递中找出了包裹，并冒雨送达；对于那些不方便取件的客户，他会提前电话沟通，在合适的时间配送……30 余万件配送包裹，32 万公里行程，零差评、零投诉、零安全事故，宋学文在加入京东物流的十余年间，成为所有服务过的消费者眼中的"五星快递小哥"。

九、"科创能手"：田追子

搞发明从来都不只是科学家的事儿，普通人只要感兴趣也可以搞发明。圆通小哥田追子，发明了一套自动化设备，荣获"最美圆通人"的称号。

2017 年 4 月份，为了帮助网点削减开支、提升处理效率，圆通西北管区及管委会决定自行研发自动化设备。通过两个月的研发，田追子（如图 3-14 所示）和他的团队便开发出了上下车自动扫描机、传送带自动称重机、便携式自动揽收台等 6 种智能设备，可以节省七成人工，节省操作时间 1 个小时，这些设备在生鲜寄递等新业务中起到了明显的作用。

图 3-14　田追子

田追子还研发了三种国内独有的系统和设备，并正在申报专利。其中，妈妈驿站自动扫码出库的人脸拍照设备，扫码到妈妈驿站系统出库同时，自动拍摄人脸、身份证、面单详情、货物外观等；揽收上车一次性视觉扫描设备，针对圆通大货，可在揽收同时操作上车，减少了人工和操作环节；而流水线自动扫描全景拍照设备，可以实现自动扫描上下车，同时拍摄每票货物面单详情以及彩色流水线货物外观全景照片。

第四章 "邮"岗位

第一节 岗位全貌

邮政系统就像一个庞大的机器,每个岗位都是这个机器里不可或缺的齿轮。从前台的营业员到后台的分拣员,从奔波的邮递员到坐镇的管理人员,每个角色都发挥着独特的作用。

前台的营业员是邮政服务的第一线,他们用微笑迎接每一位顾客,处理邮件寄送、包裹称重、邮票销售等各种业务。他们是邮政服务的面孔,也是顾客体验的直接传递者。

邮政分拣员,他们在邮件的海洋里穿梭,凭借敏捷的双手和敏锐的眼睛,将成千上万的邮件分门别类,确保每封信、每个包裹都能准确无误地找到自己的去向。

邮递员、快递员则是邮政系统的腿,他们无论风吹雨打,都坚持将邮件准时送达。他们是连接每一个家庭、每一条街道的纽带,用自己的双脚丈量着城市。

当然,还有那些在幕后默默付出的管理人员和技术维护人员(如图 4-1 所示),他们通过精准的规划和管理,确保邮政服务高效运转,同时也在不断创新,推动邮政服务向现代化迈进。

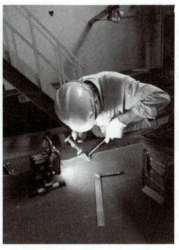

图 4-1　管理人员和技术维护人员

这些岗位共同构成了中国邮政强大的服务网络,确保了各项业务的顺利运行,同时也体现了中国邮政在多元化经营和服务创新方面的努力。

新技术取代了某些传统岗位,但邮政服务的核心价值——连接人们、传递信息和物品仍然存在。许多邮政工作人员已经转向新的岗位或接受了再培训,以适应数字化邮政服务的需求,邮政服务也在不断创新,开发新的业务模式,以适应现代市场的变化。

第二节　使命担当

在邮政服务的漫长历史中，不同的岗位均发挥着至关重要的作用。回溯往昔，古代邮差或骑马疾驰于驿道，或背负邮包翻山越岭，凭借双脚与马匹打通了信息传递的生命线。如今翻开新的篇章，现代化的邮政物流运输车辆满载包裹穿梭于城市与乡村之间（如图4-2所示），无人机在偏远地区的上空划出科技赋能的航线，智能分拣系统以毫秒级的速度处理海量邮件。从古代的邮差到现代的邮政工作人员，每个岗位都承载着传递信息和物品的使命，变的是运输工具与作业方式，不变的是跨越时空的责任担当。

图4-2　邮政物流运输

邮政系统就像一个大家庭，每个成员都有自己的角色和任务，共同确保邮件和包裹的旅程顺畅而温馨。

邮政人员的职责和使命，通俗地讲，就是让邮件和包裹安全、准时地飞到它们该去的地方，同时给人们带去温暖和信任。

营业员：营业员就像是邮政服务的守门人。他们每天要处理各种邮件收发、包裹寄送业务，还要售卖邮票、解答顾客的各种疑问。他们的使命是让每一位顾客都带着满意和微笑离开。

分拣员：邮政系统中的"交通指挥员"。他们练就了火眼金睛，能够快速识别地址，把成千上万的邮件分到正确的邮袋里，确保每个包裹都能准时出发。现在很多邮局采用自动化分拣系统和智能分拣机器人，取代了大部分手工分拣工作。

邮递员：即是我们常说的"信使"，他们的职责是把邮件和包裹亲自送到收件人手中。无论是城市的大街小巷，还是乡村的田间地头，邮递员都使命必达，风雨无阻。

网点经理：作为邮局的大脑，网点经理得确保一切井井有条，从员工管理到客户服务，他们让邮局运作得像润滑的机器。

输单员：信息的录入者。他们的指尖在键盘上飞舞，确保每条信息都准确无误地录入系统。许多邮政服务现在使用自动化数据录入系统，减少了对人工输单员的依赖。

客户经理：作为客户的贴心顾问，客户经理为客户提供专业的咨询服务，建立和维护稳固的客户关系。

质量监控员：邮政服务的守门人，用高标准严要求检查服务质量，确保每项服务都能达到最高标准。

信函处理员：信件的守护者，负责信件的接收、分类和派送，让每封信都能安全到达收信人手中。随着电子邮件和即时通信软件的普及，传统信件的数量大幅减少，信函处理的需求大大降低。

出版物发行员：知识和信息的传播者，管理着报刊、图书的分发，让每个人都能享受到阅读的乐趣。

邮票发行员：集邮爱好者的好朋友，负责新邮票的发行，为集邮爱好者提供服务。邮票自动售货机和在线购买减少了对传统邮票发行员的需求。

邮政汇兑业务员：金融业务的能手，处理汇款、转账等业务，让资金流动更加便捷。随着电子支付和在线银行的普及，传统的邮政汇兑业务已经大幅减少。

机要通信员：机密信息的守护神，确保每一份机密文件都能安全、准确地送达。

邮政金融业务员：邮政金融服务的专家，提供储蓄、贷款等金融服务，帮助客户理财。随着在线银行和移动支付的普及，传统的邮政储蓄业务受到冲击。

邮政物流协调员：物流的策划师，协调物流资源，优化配送路线，提高配送效率。

电子商务运营专员：邮政在线商城的管理者，不断提升网购体验，让网购变得更加便捷和愉快。

邮政代理业务员：便民服务的提供者，代售各类票务，让生活更加便利。

每个岗位都有自己的职责和使命，他们共同构成了邮政服务的强大网络，无论是在繁华都市还是偏远乡村，都能把每一份期待和温暖准时送达。

第三节 典范引领

一、"五一"坚守展担当，投递服务不打烊

在"五一"小长假，当大多数人在享受休闲时光的时候，有一群穿着绿色制服的"绿衣人"依然坚守在自己的岗位上，默默奉献着。他们的故事，就像一股暖流，温暖着每一个人的心。

蒋中华（如图4-3所示），怀化市会同县王家坪邮政支局的邮递员，就是这群"绿衣人"的一员。5月1日一大早，他像往常一样，从支局交接完邮件报刊，开始了一天的工作。他负责的辖区是一个空白乡镇，只有7个行政村，而且村民住的特别分散，邮路难跑。但蒋中华没有退缩，退伍回乡后，他在这条邮路上已经干了二十多年。这是他在邮政度过的第26个五一劳动节。他说："为乡亲们服务，我坚守，我光荣。"这是他对五一劳动节最响亮的回答。

图4-3 蒋中华

在会同县邮政分公司，还有一支"绿衣娘子军"。她们爬山越岭，穿梭在侗家山寨、田野山村，用实际行动展现了巾帼不让须眉的风采。五一劳动节这天，她们主动申请坚守岗位，确保邮件准确及时地送到村民手中。

古稀老人舒友贵，住在该县最偏远的侗家山寨。他靠邮递员送报上门来了解时事新闻，汲取知识。五一劳动节当天，邮递员黄维维（如图4-4所示）准时将舒友贵订的《文萃报》送到他的手上。舒友贵接过这份期盼已久的"精神食粮"，喜笑颜开地称赞："邮政的服务就是好，节假日坚守岗位，为人民服务。"

图4-4   邮递员黄维维送报上门

蒋中华、黄维维，他们是千千万万邮政人的缩影。他们用行动诠释着责任与担当，践行着"人民邮政为人民"的宗旨。他们的忙碌，是对责任最平凡的释义；他们的汗水，绘就了劳动最美好的注脚。在他们身上，我们看到了邮政人的坚守与奉献，感受到了那份默默无闻的爱与温暖。

二、内外作业的关键纽带——调车员

在长沙邮区中心，春节旺季的繁忙与湖南的冰雪天气不期而遇，让这个年终的"战斗"显得格外艰难。但就是在这样的考验下，我们的邮政员工们展现出了非凡的勇气和决心。

想象一下，天还没亮，调车员们就已经站在寒风中，穿戴着反光头盔、背心，手里拿着荧光指挥棒，准备开始一天的工作。他们要确保每一辆进入场院的车辆都能有序地进行装卸作业（如图4-5所示）。在寒冷刺骨的冬日里，他们几乎全天候都在户外工作，那份坚守和毅力，真是让人敬佩。

图4-5   卸车调车员巡检

比如北车间的卸车调车员（如图4-6所示），他们面对的是冰雪天气带来的高速管制和车辆集中到达的双重压力。但他们没有退缩，而是通过精准调度和合理安排，确保车辆能够及时接卸，创造了203台次的历史好成绩。这不仅仅是数字的胜利，更是团队协作和个人责任心的胜利。

图4-6 卸车调车员紧密配合

而装车调车员们，面对着二级干线下行运能的严重不足，他们的工作量比以往任何时候都要大。但他们依然毫不抱怨，积极应对，确保每一件邮件都能及时发出，保障了邮件的时效性。他们需要与承运公司、垛口装车人员、输单员等多个环节紧密配合，每一个细节都不能疏忽，这种对工作的严谨态度，让人感动。

这些调车员们，他们每天的工作看似枯燥繁琐，但他们却始终如一地坚守着，用他们的专业和敬业，保证了邮件的及时装卸和转运（如图4-7所示）。他们是连接内外作业的关键纽带，是邮政服务中不可或缺的一环。

图4-7 卸车调车员协调传送带包裹量

这些故事，虽然没有惊天动地的壮举，但却有着温暖人心的力量。他们让我们看到了邮政员工们的无私奉献和坚定信念，无论面对多大的困难，他们都能迎难而上，用行动诠释着"人民邮政为人民"的庄严承诺。这些平凡岗位上的不平凡故事，值得我们每一个人去铭记和传颂。

▌▌ 第四节　古驿新声

现代邮政行业，赶上了数字化和自动化的大潮，变化快得让人应接不暇。有了自动化分拣系统，能自动识别邮件上的地址，既快速又准确，以前分拣员们繁重的活儿变得轻松多了，邮政服务的效率也大幅提升。

现在，电子邮政服务逐渐取代了很多传统的邮政业务服务，比如电子账单、在线邮件跟踪等，使传统邮政服务变得不一样了。这不仅给邮政行业带来了新的增长点，还催生出许多新兴的数字邮政岗位，比如数据分析师、客户体验设计师、网络安全专家等。这些岗位都特别重要，他们保证我们的邮政服务在数字化的道路上越走越顺，确保信息安全，让邮件传输又快又稳。

电子商务则让邮政物流岗位既受到挑战又看到机遇。物流协调员通过先进的信息技术，优化配送路线，可提高配送效率，最大化提升客户满意度。现代化的邮政岗位，不仅提升了邮政服务的整体水平，也给邮政从业者带来了更宽广的职业发展机会。

▌▌ 第五节　职守指南

一、快递员：城市的流动风景线

（1）职责描述：快递员是中国邮政服务中的重要一环，他们负责将邮件、包裹和快递物品安全、准时地送达客户手中。快递员不仅传递物品，他们也是邮政服务形象的代表。

（2）工作流程：

接收派送任务，了解当日快递数量和类型；

根据派送区域合理规划路线，确保高效派送；

装载快递物品至运输工具，执行派送任务，与客户进行有效沟通，确保快递准确无误地送达；

处理派送过程中的突发情况，如联系不上收件人等；

完成派送后，通过网络及时更新快递状态。

（3）工作技能：需要具备良好的体力、方向感和时间管理能力，同时要熟悉所在区域的地理环境。

（4）创新服务：提供个性化服务，如根据客户需求安排送货时间，或在包裹上留下温馨便签。

二、快件处理员：物流的心脏守护者

（1）职责描述：负责在邮政物流中心对快件进行分类、分拣和装载，是确保快件高效流转的关键岗位。

（2）工作流程：

接收来自各地的快件，进行初步检查和分类；

利用自动化设备或手工操作，将快件分拣至相应区域；

监控快件处理流程，确保无延误和错误；

处理异常快件，如地址不详、包装破损等；

完成快件的装载工作，准备发往目的地；

记录和更新快件处理数据，确保信息准确。

（3）工作技能：需要具备敏锐的观察力和高效的工作能力，熟悉快递处理流程和相关设备操作。

（4）创新服务：通过优化分拣流程，提高处理效率，减少快件延误。

三、网点经理：邮政服务的领航者

（1）职责描述：网点经理负责管理和协调邮政网点的日常运营，是提升服务水平和客户满意度的关键角色。

（2）工作流程：

制定网点运营计划和目标，确保业务顺利进行；

监督网点员工工作，提供必要的指导和培训；

处理客户咨询和投诉，提供专业解决方案；

管理网点财务和物资，控制运营成本；

定期分析网点运营数据，优化服务流程；

与上级管理部门沟通，汇报网点运营情况。

（3）工作技能：需要具备领导力、沟通能力和问题解决能力。

（4）创新服务：定期组织员工培训，提升服务水平，引入新技术提高工作效率。

四、输单员：数据输入的精准艺术家

（1）职责描述：输单员负责将各类邮政业务数据准确无误地输入系统，为邮政服务提供数据支持。

（2）工作流程：

接收业务数据，包括邮件、快件、汇款等信息；

快速准确地将数据输入邮政业务系统；

核对输入数据，确保信息的准确性和完整性；

处理数据输入过程中的错误或遗漏；

更新和维护业务数据，确保系统信息的实时性。

（3）工作技能：需要具备快速的打字速度和高度集中的注意力。

（4）创新服务：通过准确的数据录入，为后续的快递处理和追踪提供可靠的信息支持。

五、客户经理：客户关系的构建师

（1）职责描述：　客户经理负责建立和维护与客户的长期合作关系，提供个性化的邮政服务解决方案。

（2）工作流程：

了解客户需求，提供专业的邮政服务咨询；

制定客户服务方案，满足客户的个性化需求；

跟踪服务效果，收集客户反馈，持续优化服务；

定期与客户沟通，加强联系，拓展业务合作；

参与市场营销活动，推广邮政服务和产品。

（3）工作技能：需要具备出色的沟通技巧和客户服务意识。

（4）创新服务：定期与客户沟通，了解市场动态，为客户提供专业的邮政解决方案。

六、信函处理员：信息传递的枢纽

（1）职责描述：负责处理国内和国际信函，包括分拣、分类和打包，确保信函按照正确的流程和时效发送。

（2）工作流程：

对收到的信函进行预处理，如拆封、检查和分类；

使用自动化系统或手工操作进行信函的分拣和分发；

确保信函安全，处理任何异常情况，如信函损坏或地址错误；

记录和更新信函处理数据，保证信息的准确性。

（3）工作技能：需要敏锐的观察力和细致的手工操作能力，以确保每封信件都能迅速而准确地分类。同时，要具备基本的计算机操作技能，以便录入和跟踪邮件信息。

（4）创新服务：开展"微笑服务"，通过各样创新形式提升客户收信时的愉悦感。

七、出版物发行员：文化传递的使者

（1）职责描述：负责报刊、图书等出版物的发行工作，确保出版物能够及时送达读者手中。

（2）工作流程：

协调出版物的进货、存储和分发；

管理出版物的库存，确保供应充足；

组织出版物的促销和市场推广活动；

跟踪出版物的发行效果，收集读者反馈。

（3）工作技能：需要对出版物有一定的了解，具备良好的组织和协调能力，确保出版物按时分发到各个销售点。

（4）创新服务：创建"阅读推荐"服务，根据读者的兴趣推荐新书或热门读物，增强读者的阅读兴趣。

八、邮票发行员：收藏与通信的桥梁

（1）职责描述：负责邮票的发行、销售和管理工作，满足集邮爱好者和普通用户的需求。
（2）工作流程：
管理邮票库存，确保新邮票及时上架；
组织邮票发行活动，推广集邮文化；
提供邮票咨询服务，满足集邮者的需求；
监管邮票销售，防止非法交易。
（3）工作技能：需要对集邮市场有深入了解，熟悉邮票设计和发行流程。
（4）创新服务：推出"个性化邮票"服务，允许客户订制个人或特殊事件的纪念邮票。

九、邮政汇兑业务员：资金流动的协调者

（1）职责描述：提供邮政汇兑服务，包括汇款、收款和资金转账等业务。
（2）工作流程：
接收客户的汇款指令，进行登记和处理；
确保汇款资金安全、准确到达指定账户；
提供汇款咨询和客户服务；
监控汇款业务的风险，确保合规操作。
（3）工作技能：需要准确的计算能力和对金融法规的了解，以确保汇款和转账准确无误。
（4）创新服务：提供"快速汇款"服务，为急需资金的客户开辟快速通道。

十、机要通信员：保密通信的守护者

（1）职责描述：负责处理涉及国家安全和机密的通信业务，确保信息的安全传递。
（2）工作流程：
接收和登记机要通信文件；
确保文件的保密性，按照规定流程进行传递；
监控机要通信的整个流程，防止信息泄露；
与相关部门协调，处理机要通信中的特殊情况。
（3）工作技能：需要高度的保密意识并且熟悉紧急文件的传递流程。
（4）创新服务：实施"安全递送"确认服务，确保每份机密文件的安全送达，并提供递送确认回执。

十一、邮政金融业务员：金融服务的提供者

（1）职责描述：在邮政金融领域提供服务，包括储蓄、贷款、保险等金融产品。

（2）工作流程：

为客户提供金融产品咨询和服务；

处理金融交易，如存款、取款、转账等；

管理客户账户，确保账户安全和合规；

推广邮政金融产品，拓展业务范围。

（3）工作技能：需要金融知识和良好的客户服务技巧，以便为客户提供合适的金融产品建议。

（4）创新服务：开展"金融知识小课堂"，教育客户如何更好地管理和投资他们的资金。

十二、邮政物流协调员：供应链的规划师

（1）职责描述：负责邮政物流业务的协调和管理，优化物流网络，提高物流效率。

（2）工作流程：

规划和管理邮政物流网络，包括运输路线和仓储；

协调货物的收发、运输和配送；

使用物流信息系统，监控物流状态；

解决物流过程中的问题，提高客户满意度。

（3）工作技能：需要出色的规划和协调能力，能熟练操作物流管理软件。

（4）创新服务：开发"实时物流跟踪系统"，让客户能够随时了解包裹的配送状态。

十三、电子商务运营专员：在线市场的开拓者

（1）职责描述：负责邮政电子商务平台的运营，包括商品管理、订单处理和在线营销。

（2）工作流程：

管理电子商务平台的商品信息，确保信息准确；

处理客户订单，协调货物的配送；

进行市场分析，制定在线营销策略；

收集用户反馈，优化电子商务服务。

（3）工作技能：需要熟悉电子商务平台的操作，具备对市场趋势的敏感洞察力。

（4）创新服务：推出"个性化购物体验"，根据客户的购物历史推荐商品，提升购物满意度。

十四、邮政代理业务员：多元化服务的窗口

（1）职责描述：提供各类邮政代理业务，包括代收费、代售票等，满足客户的多样化需求。

（2）工作流程：

了解和掌握各类代理业务的操作流程；

提供代理业务咨询和服务；

处理代理业务的交易和结算；

维护代理业务的客户关系，提升服务质量。

（3）工作技能：需要良好的人际交往能力并且熟悉邮政代理服务流程。

（4）创新服务：提供"一站式票务服务"，让客户能在一个地点办理多种票务。

这些岗位共同构成了中国邮政强大的服务网络，确保了各项业务的顺利运行，同时也体现了中国邮政在多元化经营和服务创新方面的努力。

第五章　"邮"产品

第一节　智能识别达人

一、条形码

每个包裹都是一位小探险家，它们要开始一段奇妙的旅程，从一个地方旅行到另一个地方。为了让这些小探险家不迷路，邮政快递公司给它们每个人都发了一个"魔法身份证"，那就是条形码！

1. 什么是条形码？

条形码（如图5-1所示）由不同宽窄的条纹按特定编码规则排列组成，每种条形码都有其对应的编码标准。条形码扫描器通过发射光线（通常是激光或 LED 光）照射条形码，然后接收反射回来的光线，不同的条纹对光线的反射强度不同，扫描器根据这些差异来识别条形码中的信息，并通过内部的解码器将这些信息转换成可读的数据。

图 5-1　快递上的条形码

2. 条形码是怎么工作的？

1）魔法身份证的制作

每个包裹在开始旅行前，都会获得一个独特的"身份证号"（也就是快递单号），这个号码就像是它们的魔法密码，是根据特定编码规则排列组成的宽窄不同的条纹。

2）贴上条形码标签

这个魔法密码（条形码）会被打印在一张小小的不干胶标签上，然后贴在包裹的"衣服"上，让每个人都能看到。

3）条形码扫描器

包裹在旅程中，每到一个新地方，比如邮局或者快递中心，都会有一个条形码扫描器来读取包裹上的"魔法身份证号"，并把它们变成电子信号。

4）解码魔法信息

这些电子信号会被条形码解码器转换成数字，这样邮局的工作人员就能知道这个包裹的魔法密码了。

5）记录包裹旅程

每次扫描都会在快递公司的系统中记录下包裹的位置和状态，比如"已出发""正在路上""已到达"。

6）客户查询

如果你想知道你的包裹小探险家现在到哪里了，只需要输入它的"身份证号"（也就是快递单号），就能在邮局或快递公司的网站上查到它的最新位置。

7）包裹分拣

在一些大型快递公司，包裹们会被送到一个自动化的分拣中心。这里的自动化机械臂会根据条形码把每个包裹送到正确的路径上。

通过这种方式，条形码就像是邮政快递中的小魔法师，帮助包裹们顺利完成它们的魔法旅程。

二、RFID 标签读取器

1. 什么是 RFID 标签读取器？

要识别条形码，就必须用条形码识别器对准黑白条纹进行扫描。但是一个个扫描，是不是速度太慢了呢？有没有更快更便捷的识别包裹的方式呢？这时候就要用到 RFID 标签读取器（如图 5-2 所示）。

图 5-2　RFID 标签

RFID（Radio Frequency Identification，射频识别）是一种无线识别技术，其通过无线电波识别和追踪带有 RFID 标签的物品。识别时不需要像标签读取器对准条形码那样，只要带有 RFID 标签的物品在标签读取器附近，不管它在哪个方向，都能被识别出来。

2. 相比条形码，RFID 标签读取器有什么不同呢？

1）读取的方式不一样

RFID 标签可以在一定范围内无需直接对准即可读取信息，适合快速移动或大量物品的识别。条形码则需要扫描器对准条形码，适合静态或低速移动的物品识别。在自动化分拣系统中，包裹高速移动时，或者当需要在较远距离读取标签如仓库盘点或车辆管理时，RFID 技术更为适用。

2）能够适应更复杂的环境

RFID 标签可以穿透某些材料，比如塑料和纸张，对环境的适应性更强。RFID 技术还可以同时读取多个标签，适合于处理大量包裹的场景。条形码容易受到遮挡或损坏的影响，对环境要求较高，一旦被污染，条形码就读取不出来了。

3）可以存入更多的信息

RFID 标签通常具有更大的数据存储容量，并且可以进行读写操作，适合需要更新信息的场景。而条形码的数据容量较小，其通常是只读的，适合信息固定不变的应用场景。

4）制作成本更高

RFID 标签和读取器的成本通常高于条形码系统，适合对技术要求较高的场合，用比较高的价格换取更多的功能。对于需要更高安全级别或追踪精度的高价值或敏感物品，RFID 提供了更高级的追踪和管理功能。

第二节　智能仓储家族

一、AGV 机器人

AGV 机器人又称自动导引车，英文全称是 Automated Guided Vehicle，是一种自动导引运输车（如图 5-3 所示），能够在仓库、工厂或物流中心内自动导航，搬运货物。它们在计算机软件系统的控制下，通过内置的导航系统，如磁条、激光或 RFID 技术，来确定自己的移动路径和位置。

图 5-3　凌鸟 AGV 无人搬运车

AGV 机器人能以每秒 1.2 米的运行速度前行，并通过机器人底部的传感器精准扫描作业场地路面预设的二维码获取最优路径；可以将盛满邮件的笼车（最大载重 500kg）自动运送至指定目的地，自主完成从货物搬运到运输的全过程，极大地减少了人工操作的需求。

AGV 机器人适用于生产线物料搬运、仓库货物存储和搬运等场景，需要在较大的空间内进行作业。

二、无人叉车

在现代物流和制造行业中，效率和安全性是提升竞争力的关键。无人叉车作为自动化技术的重要成果（如图5-4所示），正在逐步替代传统叉车，实现更高效、更安全的货物搬运。

图 5-4　无人叉车（DLS 东利升）

无人叉车是一种自动化的搬运设备，能够在没有人工操作的情况下，自动完成货物的搬运、堆垛和短途运输工作。它通过内置的控制系统、传感器和导航技术，实现自主行驶和作业。

无人叉车可以利用激光导航、磁条导航、视觉导航等技术，实现在预设路径上的自动行驶，准确识别货物位置和状态，接收搬运任务并自主规划作业路径。通过激光雷达、红外感应等传感器组成的智能避障系统，无人叉车能够实时监测周围环境，自动避开障碍物。

三、智慧云仓

除了 AGV 机器人、无人叉车以外，自动穿梭车、提升机、自动化立体库等智能设备和系统，利用最新的云计算、物联网（IoT）、大数据、人工智能（AI）等技术，实现了仓储管理的高度自动化和智能化，这就是我们要一起深入了解的物流界新星——智慧云仓（如图5-5所示）。它就像是一个超级智能的大脑，指挥着仓库里的每一个动作，确保货物的存储、管理和运输都达到最高效率。

图 5-5　苏宁智慧云仓

1. 自动化操作

想象一下，当你在网上下单后，智慧云仓内的自动化设备，比如自动导引车（AGV）和拣选机器人就会立刻行动起来。它们能够自动识别货物的位置，自动前往取货，然后精准地将货物送到指定的位置，或者直接装载到运输车辆上。

2. 智能决策

智慧云仓的智能决策系统，就像是一个经验丰富的仓库管理员，但它比人类管理员更快速、更准确。利用人工智能算法，智慧云仓能够预测货物需求，自动调整库存水平，甚至预判问题发生。

3. 实时监控

在智慧云仓中，物联网（IoT）传感器就像是一个无处不在的监控网络，它们能够实时监测仓库内的温度、湿度、货物状态等信息。这些数据被实时传输到云平台上，任何异常都能被迅速发现并处理。

4. 云计算平台

所有的数据和信息都存储在云计算平台上，这不仅保证了数据的安全，还让管理人员可以随时随地通过互联网访问这些数据，进行分析和决策。

5. 系统集成

智慧云仓能够与企业的其他管理系统，如企业资源规划（ERP）和仓库管理系统（WMS）等无缝集成，实现数据的共享和流程的自动化，让整个供应链更加流畅。

智慧云仓代表了邮政物流行业的未来，它通过科技的力量，让物流更加智能、高效，为我们的生活带来了极大的便利。

第三节　高效分拣精英

一、快递小黄人

在快递分拣中心，有一群被亲切地称为"小黄人"的自动化分拣机器人（如图 5-6 所示），它们因为小巧的体积和鲜亮的黄色外观而得名。这些机器人被设计用来提高包裹分拣的效率和准确性，是现代物流自动化的关键组成部分。

快递小黄人是怎么工作的呢？主要分为以下几个步骤：

接收任务：根据控制系统的指令，确定需要搬运的包裹。

图 5-6　邮政分拣小黄人

包裹识别：通过视觉系统识别并锁定目标包裹。

搬运作业：使用机械臂或夹具抓取包裹，并搬运至指定位置。

智能避障：在移动过程中自动避开障碍物，确保包裹安全送达。

任务完成：将包裹准确放置在目标位置，然后返回待命区等待下一个任务。

快递小黄人的应用不仅提升了物流作业的效率，还降低了人力成本，提高了分拣的准确性，改善了工作人员的工作环境。

二、自动化分拣流水线

想象一下，一个巨大的工厂里，无数的包裹在传送带上滑行，自动分拣到正确的路径上，而这一切都无需人工干预，这就是自动化分拣流水线（如图 5-7 所示）。自动化分拣流水线是一种集成了多种自动化设备的系统，能够自动识别、分类并输送包裹。它通常包括输送带、扫描设备、分拣机械臂、自动导引车等组件。这些设备通过精密的协调工作，实现包裹的高效分拣。

图 5-7　邮政自动化分拣中心

随着快递企业分拨中心新建、改扩建进程加快，半自动化、自动化分拣设备占比稳步提高。数据显示，截至目前，中国快递业早已建成超过 5000 公里的自动化流水线。自动分拣的头部企业也在积极研发创新，持续推出适应市场需求的产品，帮助快递物流企业提升分拣效率，降低分拣成本。

第四节　创新运输先锋

一、无人车派送

无人车派送是一种利用自动驾驶技术实现货物派送的运输方式（如图 5-8 所示），主要用于解决"最后一公里"的配送问题。无人车可以在城市街道、社区和校园内自动行驶，将包裹从快递网点运送到指定地点。无人车通常配备高精度导航系统、激光雷达和摄像头，能够实时感知周围环境，自动规划行驶路线。它们能够 24 小时不间断运营，提高了配送效率，减少了人工成本。

图 5-8　顺丰无人驾驶配送车

在北京市顺义区，顺丰网点引入了无人车，服务多个快递网点的接驳，每天往返多次，车内可装 3 立方米的货物，小件快递能装 200 多件。快递员取走各自区域的快递，将揽收的快递放入无人车，它就会自动返回营业点。

菜鸟物流从 2020 年便开启无人配送领域的探索，他们发布的第一款物流无人车"小蛮驴"已经在全国 200 多所高校实现常态化运营，服务数百万师生，配送包裹数已超 4000 万个，大幅提升了包裹配送效率和用户体验。

不过，目前无人车在复杂配送场景中的应对能力、相关法律法规的完善以及安全性保障还存在很多挑战，我们期待未来会有更多的政策支持和技术创新来解决这些问题。

二、无人机派送

近年来，无人机的应用已遍及各行各业（如图 5-9 所示），成为我们视野中熟悉的风景。在邮政快递物流这一充满活力的领域，无人机更是以其独特的魅力和效率，扮演了至关重要的角色。它们不仅颠覆了传统的物流配送模式，更以其敏捷的身姿，轻松穿越崎岖的地形和拥挤的城市空间，将快递包裹准确无误地送达每一个角落。

图 5-9　美团无人机配送

无人机可以快速到达交通不便的地区，解决物流配送难题。在需要快速配送的情况下，如医疗急救物资，无人机可以大幅缩短运输时间。还有一些如公园、景区等禁止车辆通行的区域，无人机可以提供便捷的配送服务。

美团在深圳南山区海岸城开通了无人机配送服务，顾客下单后，由专送骑手将餐品送至起飞台，无人机随后沿规定路线将餐品送至指定的无人机智能空投柜，整个过程不超过15分钟。

不过就目前来看，无人机派送的商业模式还在探索中，目前商用无人机的成本较高，配送费用不低，更适合高客单价货物的配送。同时，无人机配送还面临技术成熟度、空域管理、噪音污染和隐私保护等挑战。

如果是你，你愿意为无人机配送支付更高额的费用吗？

三、智运快线

智运快线是一种创新的物流运输方式（如图5-10所示），它利用低空索道作为运行轨道，通过智能穿梭机器人载货运输，有效解决了农村物流配送的难题。

图5-10 穿行在乡村上空的智运快线

智运快线的能耗很低，穿梭机器人自带动力，携带100千克货物行驶100公里，仅需3～5元电费。整个智运快线网络还配备了中央控制系统，叠加了大数据、云计算、北斗导航等前沿技术，可以实时掌握穿梭机器人的状态和位置。智运快线最高时速可达60公里，24小时运作，实现县域内1小时送达。

智运快线的应用，为农村电商发展提供了重要支撑。它解决了农产品上行"最初一公里"和工业品下行"最后一公里"问题，促进了农产品的销售和农民的增收。同时，智运快线还能为快递企业提供收件、寄件服务，提升了村民的消费体验。

目前，智运快线已经在广东茂名化州市新安镇等地投入运营，覆盖了多个自然村，为当地村民提供了便捷的快递收发服务。未来，智运快线有望在更多地区推广应用，进一步赋能乡村振兴，推动城乡物流配送体系的建设与发展。

第六章 "邮"企业

第一节 邮政巨擘

一、中国邮政集团有限公司：传递美好的神奇使者

你知道世界邮政日是何时吗？

答案揭晓：10 月 9 日！这个特殊的日子旨在庆祝邮政于全球各地在政治、经济、文化发展以及人民生活中所担当的关键角色。万国邮政联盟于 1969 年的第 16 届代表大会上通过决议，将每年 10 月 9 日定为"万国邮联日"，并呼吁各会员国于这一天举行各类宣传活动。故而，让我们在每年的这一天，为邮政业的卓著贡献喝彩！

从置邮传命、附递家书，到红色交通、人民邮政，从开办函、包、汇、发等业务的传统企业到成为既提供邮政普遍服务和特殊服务，又经营现代金融、现代快递物流和现代电子商务的央企（如图 6-1 所示），中国邮政始终和国家共进、与时代同频、为梦想护航。

图 6-1　中国邮政集团有限公司徽标

在 2023 年揭晓的《财富》世界 500 强排行榜中，中国邮政凭借营业收入、利润的"双料第一"（如图 6-2 所示），位居世界邮政之首。在此次世界 500 强榜单里，中国邮政排名

第 86 位,超越德国、日本、美国、法国、意大利邮政,跃居全球邮政榜首。自 2020 年首次跻身百强以来,中国邮政已连续四年位列百强。瞧!"其貌不扬"的中国邮政实则是当之无愧的"世界邮政 No.1"。接下来,让我们详细了解一下中国邮政集团有限公司吧!

排名	公司名称(中文)	营业收入(百万美元)	利润(百万美元)	国家
86	中国邮政集团有限公司(CHINA POST GROUP)	110,270.60	4,896.70	中国
103	德国邮政敦豪集团(DEUTSCHE POST DHL GROUP)	99,323.90	563,640	德国
148	日本邮政控股公司(JAPAN POST HOLDINGS)	82,290.50	3,184.70	日本
159	美国邮政(U.S.POSTAL SERVICE)	78.620	56.046	美国
403	法国邮政(LA POSTE)	37,223.80	1,265.30	法国
452	意大利邮政集团(POSTE ITALIANE)	33,528	1,583.90	意大利

图 6-2 2023 年中国邮政集团公司《财富》排名

1. 坚守"根和魂":持续提升普遍服务质量

普遍服务是邮政集团的"根和魂",亦是邮政各板块协同发展的根基。邮政集团坚持邮政普遍服务投入、保障和发展"三个优先",不断延伸服务触角,丰富服务内涵,厚植服务根基,提升供给能力和供给质量,绘就了一幅邮政普遍服务高质量发展新画卷。

2022 年,在国家邮政局的指导下,全国各级邮政企业不断加快农村邮路汽车化,新增农村投递汽车近 2 万辆,累计达 3.8 万辆,基本实现每个乡镇至少 1 辆投递汽车;持续巩固建制村通邮成果,基本实现了所有建制村都具有投递频次稳定、接收地点固定的直接通邮服务;印发《抵边自然村邮政普遍覆盖三年行动方案(2022—2024 年)》,9 个边境省份政企协同制订实施方案和年度计划,因地制宜推进抵边自然村邮政服务,94.8% 已实现通邮(如图 6-3 所示)。

图 6-3 乡镇送件的邮递员

与社会其他快递公司不同,中国邮政承担着普遍服务重任,只要在中华人民共和国领土范围内,中国邮政都须将邮件送达。

听起来轻而易举，但实际上在广袤的农村地区，受限于自然条件，将邮件全部送达是一项极具挑战性的工作。然而多年来，中国邮政不计成本、不辞辛劳，将邮件送抵偏远山区、边防、海岛，就连中国空间站（如图6-4所示）也能送达！

图6-4　航天员展示收到的中国邮政信件

在全国各级邮政企业的努力下，邮政普遍服务跨越山海、通达边疆。"儿子给我寄包裹了，谢谢你们帮我送到家门口。"广西壮族自治区崇左市凭祥市上石镇油隘村的黄女士接过从广东寄来的包裹，喜悦之情溢于言表。油隘村是抵边村，下辖12个自然屯。油隘村通邮后，全村900多户人再也不用跑到十几公里外取邮件。不只是广西，在吉林、云南、西藏、新疆……一条条乡村邮路被激活，成为传播党的方针政策的"宣传路"、促进公共服务均等化的"民生路"、助力乡村振兴的"致富路"、服务稳边固边的"安心路"，在服务地方经济发展，促进兴边富民、稳边固边，增进民族团结，促进社会安定和维护国家安全工作中贡献了邮政力量（如图6-5所示）。

图6-5　"长征路上的邮递小哥"直播间

2. 跑出加速度：全网发力实现精准提速

中国邮政集团有限公司党组书记、董事长刘爱力多次强调，寄递业的本质就是"时限更快、价格更优、丢损更少、稳定可控"。时限是"生命线"，是开拓市场赢得客户的"敲门砖"，是寄递业务永恒的首要任务（如图6-6、图6-7所示）。

图 6-6　邮政空运"正山脆李"

图 6-7　中国邮政分拣机

如何把握好这条"生命线"，使其更具韧性？如何用好这块"敲门砖"，使其更有力度？

2018年全面完成长三角邮速资源整合，使长三角区域互寄快递包裹次日递率提高43个百分点，平均时长压缩近8个小时；

2021年"6·28"大提速，实现"1000+"城市间寄递业务提速，全国主要城市可享邮件次日达甚至次晨达，六成以上特快专递实现次晨达；

2022年6月8日，宣布调动时限、服务、成本等优势资源，聚焦重点客户、重点区域和重点线路，对1591条寄递业务线路开展精准提速。

邮政集团对"加速度"的追逐从未停止、愈加稳健。

3. 融入大格局：全力服务地方经济发展

倘若你认为到邮局只是寄信、寄包裹、汇款、订报，那您就太落伍了！为了便利大家的生活，提供更为多元的服务，邮政网点正在扩容升级。当下的邮政网点皆是"全能型"的。近些年来，中国邮政充分借助自身遍布城乡的服务网络，大力推进警邮、税邮、法邮、政邮等政务类合作，构建起线下线上相结合的综合便民服务平台，让老百姓少跑腿、只跑一次腿或者无需跑腿。中国邮政在农村地区不断加密服务网络，提供"物流＋金融＋电商"

的一揽子服务（如图 6-8 所示），助力乡村振兴。

图 6-8　中国邮政业务范围

邮政业作为国民经济发展的基础性、战略性、先导性产业，始终是服务"三农"、推动乡村振兴的重要力量；邮政集团作为行业"国家队"，作为服务乡村振兴的"主力军"，充分发挥物流、商流、资金流、信息流"四流合一"的资源禀赋，充分发挥贴近农村、贴近产业、贴近经营主体的优势，建强寄递物流网络，延展农村服务渠道，协同服务产业链条，为 49 万个建制村、225 万家农民合作社、390 万个家庭农场、9 万家农业产业化龙头企业和农村商户提供了集农产品销售、仓储物流、金融服务等于一体的综合服务解决方案，在全力服务地方经济发展中交上了优异的"邮政答卷"。

中国邮政，宛如一位身怀魔法的超级快递侠！它拥有悠久的历史，从古代的驿站快马，到如今的现代化物流网络，始终在为人们传递着重要的信息与珍贵的物品。

心怀"国之大者"、服务国家发展大局，始终是邮政集团的使命担当。不管何时何地，你可以永远相信中国邮政，这是中国邮政的光荣使命，更是中国的强大力量！

二、中国远洋海运集团有限公司：蓝色海洋上的璀璨明珠

1. 发展历程

在广袤无垠的蓝色海洋上，有一艘巨轮破浪前行，它的名字叫做中国远洋海运集团有限公司（如图 6-9 所示）。

图 6-9　中国远洋海运集团有限公司标志

让我们先把时光倒回到过去。中国是世界上发展航运事业最早的国家之一，但是在近

代中国航海业逐渐衰败下来。中华人民共和国成立前，中国航运业备受列强欺压，外国资本垄断沿海和远洋运输业务，中国仅有的少数航运企业规模小且运营范围受限。1949年上海和广州解放前夕，国民党政府劫走或破坏大量船只，给我国航运业留下一片凋零。

中华人民共和国成立初期，面临着西方国家的封锁禁运，中国远洋运输事业举步维艰。但在如此困境下，我国没有屈服，积极寻求突破，与波兰等友好国家合作建立合营轮船公司，承担部分运输任务。随着经济的逐步恢复和发展，国家开始大力扶持远洋运输业。

1961年，中国远洋运输公司成立，标志着我国在建立自主远洋船队方面迈出了重要一步。此后，国家不断投入资源，从购置船只到培养人才，逐步壮大远洋船队规模。

在这个艰难的历程中，无数航运人艰苦奋斗、无私奉献。他们克服重重困难，为我国远洋运输事业的发展奠定了坚实基础。正是有了这一时期的积累和突破，才为中国远洋海运集团如今的辉煌成就铺平了道路。

2. 合并重组与壮大

2015年，中海集团与中远集团的合并重组拉开帷幕。这一重大决策并非一蹴而就，而是经过了长时间的筹备和论证。2015年8月7日，双方旗下上市公司纷纷发布公告，称因筹划重大事项停牌。

2016年2月18日，中国远洋海运集团有限公司在上海正式成立。在合并重组过程中，面临着诸多挑战和困难，包括业务板块的整合、人员的调配、资产的梳理等。但在各方的努力下，重组工作稳步推进。重组后的中国远洋海运集团有限公司产业结构更加合理，国际竞争力也日益增强。

重组后，中国远洋海运集团有限公司在产业结构方面实现了优化，确立了以航运、港口、物流为主，以航运金融、装备制造、增值服务、数字化创新为辅的"3+4"产业集群新格局。

中国远洋海运集团有限公司的国际竞争力也得到了显著提升。集团的船队规模不断扩大，综合运力突破1亿载重吨，成为全球最大的综合性航运企业；集装箱船队运力大幅增长，航运网络遍布全球。此外，在码头业务上，集装箱码头年吞吐量位居世界前列。

3. 核心业务与优势

中国远洋海运集团有限公司的核心业务涵盖了国际集装箱运输和干散货运输等重要领域，保障全球海上运输生命线高效畅通，实现从"全球承运"到"承运全球"的历史飞跃（如图6-10所示）。

图6-10 中国远洋海运集团有限公司运输船只

在国际集装箱运输方面，集团拥有强大的运力和广泛的航线网络。国际集装箱运输就像是海洋上的快递小哥，把各种各样的货物安全、快速地送到世界各地。通过不断地资源整合和优化，其集装箱船队规模持续扩大。例如，中远海控通过横向并购和纵向延伸，形成了内外运营产业体系，在集装箱和船舶数量上不断增长，运力明显向亚洲航线倾斜。同时，其在全球众多港口设有运营网点，实现了集装箱运输业务的量价齐升，营收大幅增长。

干散货运输也是集团的重要业务之一（如图 6-11 所示）。集团拥有规模庞大的干散货船队，运力位居世界前列。干散货运输就像大力士，扛起那些大宗货物，使命必达。在运输过程中，集团充分利用先进的管理体系和技术手段，确保货物安全、高效运输。凭借强大的全球布局能力，中国远洋海运集团有限公司能够灵活调配运力，满足不同地区、不同客户的需求。

图 6-11　干散货运输途中

在全球航运市场上，中国远洋海运集团有限公司展现出显著的领先地位和优势。其庞大的船队规模为全球货物运输提供了坚实保障，完善的全球布局使服务网络覆盖广泛；高效的运营管理和丰富的行业经验，确保了运输的高质量和高效率；雄厚的财务实力支持了集团的持续发展和战略布局。此外，集团还积极响应"一带一路"倡议，加强与共建国家的合作，进一步提升了集团在全球航运市场的影响力和竞争力。

4. 技术创新与绿色发展

中国远洋海运集团有限公司在技术创新与绿色发展领域成果斐然。在数字化转型方面，集团积极推进，打造了全球数字化供应链平台，广泛运用航运区块链 GSBN 保障供应链稳定。旗下企业如中远海运能源的船舶智能管理平台上线运行，提升了船舶安全管理和船队管理的智能化水平。此外，中远海运集运的区块链电子提单（如图 6-12 所示）、中远海运科技的船视宝等数字化成果显著提升了运营效率和服务质量。

图 6-12　首份区块链认证

在新能源船舶应用方面，集团成绩突出：积极订造大型现代化 LNG 双燃料汽车滚装船，如首批 7500 车位的"辽河口"(如图 6-13 所示)"闽江口"轮船,大幅节能减排;开展甲醇动力船舶的研究与应用,推进船舶动力的绿色转型;此外,还在大型滚装船、集装箱船等多种船舶上应用太阳能、生物燃料等新能源,减少碳排放。

图 6-13　首批 7500 车位的"辽河口"轮船

在绿色环保方面,集团不遗余力大力推进船舶受电和港口岸电设施升级改造,实现自有船舶靠自有港口岸电使用。完成众多船舶的球鼻艏改造、加装螺旋桨桨毂鳍等,降低油耗和碳排放。开发浮态节能软件,建立能效监控中心,对船舶燃油消耗进行实时监控。在船舶修造企业屋顶安装光伏电站,推广绿色航运样板工程和绿色航线,严格管理污水排放和固废处理,保护海洋生态。

中国远洋海运集团有限公司从初创到成长为全球最大航运企业的过程,也是中国经济发展壮大、中国制造业发展壮大的过程。对比鸦片战争后国内航运业的破败和萧条,中国用了近 200 年的时间才走过了一个轮回,并重新返回世界之巅。

2023 年,中国首次成为全球最大的船东国,全球市场份额为 15.9%。未来的路还很长,但中国远洋海运集团有限公司就像一艘装备精良、士气高昂的战舰,准备迎接更多的挑战和机遇。相信在蓝色的海洋上,它会继续绽放出更加耀眼的光芒!

让我们一起期待它的更多精彩表现,为这颗海洋上的璀璨明珠欢呼鼓掌!

三、东方航空物流股份有限公司:让包裹飞起来的魔法之旅

东方航空物流股份有限公司(以下简称"东航物流")是一家现代综合物流服务企业(如图 6-14 所示),总部位于上海。

图 6-14　东航物流标志

东航物流作为全国首批、民航首家混合所有制改革试点企业，于 2021 年 6 月 9 日在上海证券交易所主板挂牌上市，成为"航空物流第一股"。

东航物流以成为最具创新力的全球物流服务提供商为目标，致力于为全球客户提供安全、高效、精准、便捷的"天地合一"全程综合物流服务。

东航物流旗下拥有中国货运航空、东航快递、东航运输、东航供应链等子公司及境内外多个站点及分支机构。依托东航股份 800 多架客机腹舱以及中货航 14 架全货机（如图6-15 所示），借助天合联盟网络，东航物流构建了遍布全国、辐射全球的航线网络，通达全球 160 个国家和地区的 1000 个目的地，形成了得天独厚的资源优势。公司在上海虹桥和浦东机场设有运营基地（如图 6-16 所示），拥有 6 个近机坪货站、1 个货运中转站及海关监管仓，总面积达 125 万平方米，在北京、昆明、西安、武汉等东航主要枢纽机场还设有 10 个异地货站。

图 6-15   东航物流运输途中

图 6-16   东航物流货站

依托"天地合一"的资源保障和多元化的泛航空物流产品服务体系，东航物流集航空速运、货站操作、多式联运、特种仓储、跨境电商、供应链服务、航空特货解决方案和产地直达等业务功能于一体，在运营实践中培育和形成了设计、优化、组织、实施、管理等全程物流服务和资源整合能力，根据客户的需求提供"一站式"物流解决方案（如图6-17所示）。

图 6-17　东航物流解决方案业务

　　锐意奋进中的东航物流将审时度势、转型升级，以"一个平台，两个服务提供商"（快供应链平台、航空物流地面服务综合提供商、高端物流解决方案服务提供商）为战略引领，进一步打造兼备信息化与国际化的快供应链平台，构建"干线运输＋现代仓储＋落地配"的服务网络，布局全球航空物流产业生态圈，塑造屹立国际的民族航空物流品牌！

第二节　民营先锋

一、京东物流：快递界的"速度与激情"

　　在这个网购如呼吸般自然的时代，在手指轻点屏幕完成下单的那一刻，你是否曾好奇过，那些满载着期待的小盒子是如何跨越千山万水，准确无误地飞到你的手中的呢？在当今电商繁荣的时代，物流成为连接消费者与商品的重要桥梁。而在众多物流品牌中，京东物流（如图6-18所示）以其卓越的速度和品质，成为行业内的璀璨明星。

图 6-18　京东物流标志

1. 京东物流的诞生与成长

　　京东物流始于京东电商平台的发展需求。为了给消费者提供更优质的购物体验，京东毅然决定自建物流体系。2007年，刘强东力排众议做出了两个关键决策，一是从3C产品拓展至全品类，二是自建仓配一体的物流体系。这一早期决策为京东物流的发展奠定了基础。

自建物流伊始，京东物流面临诸多困难。彼时物流行业乱象丛生，服务质量不佳，客户投诉不断。京东物流在北京小范围试点后，配送站点逐步增加。

2010年，京东物流推出"211限时达"服务，这一服务成为其独特的竞争优势，极大提升了用户体验。2017年4月，京东物流集团正式成立，标志着其向专业化、规模化迈出重要一步。此后，京东物流不断优化技术，自主研发仓储管理系统（如图6-19所示），提高预分拣率，为配送员配备PDA等设备。

图6-19　京东物流货站

在发展过程中，京东物流还积极拓展服务网络，从北京五环内逐渐覆盖至全国多地。同时不断创新服务模式，如"211限时达""极速达"等，满足不同用户的需求。它建立了包含仓储、运输、配送等高度协同的六大网络，服务范围广泛，客户体验持续领先。其一体化供应链解决方案涵盖多个行业，帮助众多企业优化运营。

京东物流的成长并非一帆风顺，从最初的摸索尝试，到如今拥有庞大的物流网络和先进的技术支持，京东物流走过了一段不平凡的道路，凭借坚定的决心和持续的投入，逐步发展壮大，成为电商物流领域的重要力量。

2. 京东物流的服务特点

京东物流以其出色的服务特点在行业中脱颖而出，赢得了消费者的广泛信任和好评。

在配送速度上，"211限时达"服务堪称典范。一般情况下，上午11:00前提交的现货订单，当日即可送达；夜里11:00前提交的现货订单，第二天上午（15:00前）就能送达。这一服务模式极大地满足了消费者快速收货的需求，尤其是在购物紧急或急需使用商品的情况下，为消费者提供了极大的便利。

"京准达"服务则进一步提升了配送的精准性。用户只需支付一定费用（小件6元/单，大件29元/单），便可预约未来一周特定时间段内收货，最早可至9:00，最晚可至22:00。这一服务的推出，使消费者能够更加灵活地安排收货时间，避免了因收货时间不匹配而带来的不便。此外，还有"极速达"服务，能在3小时内将商品送至消费者手中。

服务质量方面，京东物流注重细节。配送员服务态度亲切、热情、耐心，能够及时解决用户问题。京东物流还提供"送货入户并安装"等增值服务，让用户倍感贴心。其包装规范，能保证商品完好无损，还提供免费包装服务。

在物流安全上,京东物流拥有完善的安全保障体系,确保用户物品在配送过程中安全无损伤,并提供"签收后验货"服务,让用户更加放心。

在人员管理上,京东物流注重培训,提升员工专业素质,同时积极拓展服务网络,创新服务模式,如"311""京尊达"等,满足不同用户的个性化需求。此外,京东物流还建立了完善的客户投诉处理机制,及时解决客户问题,不断优化服务流程,持续提升客户满意度。

3. 京东物流优势尽显

京东物流作为国内最大的一体化供应链物流服务商,其服务的一体化程度远超传统物流商(如图6-20所示)。它不仅涵盖了从仓储到配送的全流程,还实现了从制造端到终端客户的无缝衔接,无论是普通商品还是特殊物品,都能提供全面覆盖的服务。这种一体化服务能够满足不同垂直领域的多样化需求,为企业提供量身定制的解决方案。例如,与雀巢联合打造的大型智能化仓配中心,承接了其全链路的履约业务,大幅提升了仓库效率。

图 6-20　京东物流货架

京东物流积极投入供应链技术研发,建立了全球首个无人仓和中国首个5G智慧物流园区,实现了快递机器人的规模化落地;在自动化仓储领域,自主研发多种机器人,如天狼、地狼等(如图6-21所示),大幅提升了仓储环节的效率。

图 6-21　京东快递机器人

京东物流在智能配送方面成果显著,打造的"AI 云 + 北斗 + 4G/5G 通信 + 智能配送车"

模式已在北京高级别自动驾驶示范区完成首试首用，并逐步扩展到更多地区。其智能快递车已更新迭代至第五代（如图 6-22 所示），具备完全无盲区、远程遥控和监控等功能，在全国 30 座城市常态化运营 600 余台，与快递小哥组成"人车 CP"，为消费者提供"最后一公里"末端快递服务。

图 6-22   京东物流智能配送车

此外，京东物流还发布了 5G 全连接智能仓（如图 6-23 所示），实现商品入库存储、拣选、搬运、分拣等作业全流程自动化管理和操作。同时，京东物流的自动分拨墙通过数智技术和模块化设计，有效提升正逆向作业效率和准确率。

图 6-23   京东物流智能仓服务

这些先进技术不仅提升了物流处理效率，还降低了库存周转天数和履约费用率。同时，京东物流不断加大技术投入，拥有众多专利和版权，其智能物流系统能够快速处理大量订单，为客户提供高效、精准的物流服务。

4. 客户口碑载道

在众多用户心中，京东物流树立了良好的形象，收获了无数的好评与赞扬。比如，宝鸡的张女士在市长信箱中对京东快递小哥杨少龙表达了感激。杨少龙（如图 6-24 所示）在配送过程中负责认真，哪怕是 1 元的寄存费也主动支付，还及时短信告知快件存放地点。

还有华商报报道的京东快递咸阳站的张龙（如图 6-25 所示），他起早贪黑，任劳任怨，曾为刚生产完的产妇一口气爬上 22 楼送奶粉，并且始终坚持送货上门，即使客户超出自己的服务区域也从不推辞。

图 6-24　杨少龙正在派送　　　　　　　　图 6-25　张龙正在送件

新冠肺炎疫情期间，京东物流的表现也备受称赞，不仅保证商品库存充足，配送速度快且安全，还贴心地为用户考虑，让消费者在特殊时期也能安心购物。科学网博主黄安年曾发文夸赞京东快递午前下单傍晚就能送到家，速度之快令人赞叹。

这些来自客户的真实好评和赞扬，充分证明了京东物流在用户心中的良好形象和卓越地位。京东物流，以速度和品质书写着物流行业的新篇章。相信在未来，他们将继续引领行业发展，为我们带来更多的惊喜和便利。

二、顺丰速运：快递行业的领军者

顺丰速运（如图 6-26 所示）秉持着"专业专注的服务精神、自我批判的学习精神和敢为人先的创新精神"，"以客为先、以诚为道、以爱为本"的核心价值观，致力于成为备受尊重、全球领先的数智物流解决方案服务商。

图 6-26　顺丰速运标志

1. 顺丰速运的诞生与成长

1993 年，王卫和六位伙伴在广东顺德一同创办了一家小型货运代理公司，顺丰速运的雏形就此诞生。在香港和内地经济往来频繁的背景下，顺丰通过降低快递费单价迅速抢占市场，1996 — 1997 年公司首创收派件计提模式，为顺丰的快速发展奠定了基础，这一创新的激励机制也为行业带来了革命性的变革，并通过加盟制在珠三角地区迅速扩张。

然而，早期的顺丰在发展过程中也经历了一些"成长的烦恼"。随着业务的扩张，加盟模式露出了服务质量参差不齐、管理混乱的弊端。顺丰 2002 年全面转向直营模式直接提升了管理能力和服务质量，并在 2005 年研发手持巴枪终端，实现了数据前后的无缝整合，大大提升了服务效率。2009 年顺丰航空成立，成为国内第一个拥有自有全货机的快递企业（如图 6-27 所示），其实早在 2003 年顺丰就大胆尝试租用扬子江快运的货运飞机运送快递，成为全国首家用飞机来送快递的快递公司。"直营＋航空"让顺丰迈入了全新的发展阶段。

图 6-27　顺丰速运货机

2010 年，顺丰的国际化序幕由此拉开，不仅成立了新加坡分公司，在韩国也开始提供收派服务。2013 年，顺丰开启多元化物流服务发展模式，推出快运、冷运、医药、同城急送、物流无人机、丰巢智能柜等服务，构建起了物流生态圈。随后，顺丰牵手嘉里物流，加速实施"快递出海"战略，参与建设的亚洲首个专业货运机场鄂州花湖机场正式投运，并进行科技创新，不仅在 2022 年登上了《财富》世界 500 强榜单，还成为国内快递物流行业首家"A+H"上市公司。

顺丰从顺德的小巷出发，飞越万水千山，不仅运送着包裹，更承载着信任与期待，不断拓展着速度的极限与服务的边界。顺丰之路，是一条中国民营企业自力更生、勇攀高峰的奋斗之路，也是一条用科技与信念重新定义现代生活的创新之路。

2. 顺丰速运的服务特色

在竞争激烈的快递行业，顺丰速运凭借服务优势脱颖而出，成为消费者与企业信赖的选择。

配送速度方面，顺丰构建起业内领先的时效产品体系："顺丰即日"实现核心城市"上午寄下午达"，为紧急文件、医疗样本等提供极速服务；"顺丰特快"依托 90 余架全货机与超 10 万辆干线运输车，保障省内次晨达、跨省隔日达；"顺丰标快"兼顾性价比与稳定性，从收件到派送，各环节高效衔接，即便节假日也能维持较高配送效率。

安全保障方面，顺丰打造了全方位防护网：通过严格的实名寄件、身份核实操作规范，从源头把控；利用 GPS 定位、智能监控等先进技术，实现运输全程可视可控；各环节均制定严格安全检查机制，还推出"足额保""定额保"等保价服务，12 小时极速赔付，让高价值物品寄递无忧。

人员管理上，顺丰秉持"员工为本"理念，采用"计件工资＋提成"的薪酬模式，设立"内部种子计划"，为员工打通从基层到飞行员等多元晋升通道；标准化培训体系与轻松工作氛围，激发员工积极性与创造力。

客户服务层面，顺丰构建起线上线下融合的服务网络。客服热线 95338 覆盖全国及海外，每日服务时长超 14 小时；专业客服团队快速响应客户需求，严格保护信息安全；微信公众号、APP 等线上平台，支持订单查询、预约取件，让服务触手可及，持续提升客户满意度。

3. 顺丰速运的优势

顺丰打破单一快递业务局限，构建起覆盖供应链服务、冷运、同城急送等领域的多元化业务矩阵。针对企业客户，提供从采购到配送的全流程定制方案；凭借专业冷链设备与温控技术，成为生鲜、医药企业的首选合作伙伴；同城急送业务则精准对接即时配送需求，与新兴业态形成协同，有效降低了经营风险，提升了市场适应性。

顺丰在发展过程中坚持科技创新，持续不断地进行科研投入。在智能分拣领域，顺丰自主研发的智慧物流系统搭载 AI 视觉识别技术，配合高速分拣机器人，大幅提升包裹分类效率与准确率；利用大数据和算法进行运输路径智能规划，显著降低成本与时间损耗。此外，顺丰积极探索无人机、无人车配送技术，将西南偏远地区的末端配送时间从 3 天缩短至 6 小时；无人车配送已覆盖全国 20 余个城市的产业园区和高校，通过 L4 级自动驾驶技术实现最后一公里"无接触配送"。

此外，顺丰依托雄厚资本，建成亚洲首个专业货运枢纽机场——鄂州花湖机场，大幅提升航空货运能力与全球物流网络辐射范围。同时，通过战略投资与合作，顺丰整合上下游资源，与企业建立深度合作关系，实现资源共享，增强了在物流生态中的话语权与影响力。

4. 备受客户青睐

多年来，顺丰凭借高品质服务树立起高端、可靠的品牌形象，既赢得了消费者对高价值、急件寄递的信赖，也收获了企业客户对其专业性的认可。

全国五一劳动奖章获得者、顺丰快递员黄波 13 年的快递派送工作风雨无阻，收发过百万件快递的他始终维持着零失误、零投诉、零安全事故的纪录。在呼和浩特，当癌症患者和再生障碍性贫血患者面临断药危机时，内蒙古顺丰速运迅速行动，工作人员通过强大的路由监控系统，分别在 12 分钟和 13 分钟内从大量囤积快件中精准定位药品，随后以最快速度将药品送达患者手中。

新冠肺炎疫情期间，顺丰依托 90 余架全货机 24 小时运转，开通航空绿色通道，将超

1.5 万吨口罩、呼吸机等医疗物资火速驰援武汉。地面调配 10 万辆干线车组建突击队，打通末端配送；更凭借冷链技术保障疫苗在 2 ～ 8℃恒温运输，全方位保障抗疫物资高效安全送达。

这背后，是顺丰不断优化服务、拓展运输渠道、提升配送效率的努力成果。此外，顺丰在国际市场上也实现重大突破，开通英国伦敦至中国的"门到门"快递服务，为客户提供更加便捷高效的跨境物流体验。

三、三通一达：快递行业的中坚力量

"三通一达"（如图 6-28 所示），是申通快递、圆通速递、中通快递和韵达快递的合称。它们以庞大的业务量、广泛的服务网络以及高市场占有率，成为中国快递行业的中坚力量，为电商行业的蓬勃发展提供了坚实的物流支撑，也深度融入了普通民众的日常生活。

图 6-28　"三通一达"标志

1. 申通快递

申通快递是"三通一达"中最早创立的企业，创始人聂腾飞在 1993 年于杭州成立"神通综合服务部"，次年以"申通"之名在上海正式经营，开启中国民营快递探索之路。创立初期，申通凭借加盟模式快速拓展，1998 年注册"sto"商标，2001 年成立股份有限公司，2002 年率先引入电脑查询和扫描技术，2005 年成为淘宝推荐快递，借电商东风进入业务增长黄金期，2006 年网点数达 800 家、从业人员超 3 万人。

2008 年至 2015 年，申通进入规范拓展阶段。2008 年启动有偿派费改革，2010 年在"外围"地区开办直属转运中心，2012 年获"中国驰名商标"，2014 年"双十一"订单量达 3050 万单创行业新高，2015 年大规模应用菜鸟电子面单推动行业数字化。

2016 年 12 月申通在深交所上市，加速转运中心直营化，形成"中转直营、网点加盟"模式。申通从 2019 年阿里巴巴入股到 2020 年成为快递行业首个全站业务上云企业，再到2022 年明确"打造中国质效领先的经济型快递"战略，启动"三年百亿"产能提升行动，当年核心指标增幅行业第一，市占率创上市新高，并在 2024 年 11 月业务量首破 200 亿件。

历经三十余载，申通从初创企业发展为国家 5A 级物流企业，跻身全国工商联中国民营企业 500 强、《财富》中国 500 强，构建起覆盖全国的快递网络，拥有超 4500 家独立网点、2.5 万余个服务网点及 30 万从业人员。业务拓展至仓储、冷链等领域，积极开拓国际市场，搭建全球海外仓体系，为中国快递行业发展作出重要贡献。

2. 圆通速递

2000 年，创始人喻渭蛟和张小娟夫妇在上海创立了圆通速递，开启民营快递企业国际化布局的先河。经过 20 多年深耕，圆通已发展成为全球领先的综合性物流集团，形成"A 股主板（圆通速递）和港股主板（圆通国际快递）"双资本平台驱动的战略格局。

在全球化网络建设方面，圆通构建起覆盖六大洲 150 余个国家和地区的跨境物流体系。截至 2024 年 12 月，集团在 18 个重点市场设立 50 余家区域分公司及办事处，开通 19 条全货机国际航线，搭建起以亚太为枢纽、辐射欧美的洲际航空网络；布局超 45 万平方米智能化国际仓储中心，在近 90 个核心口岸实现关检一体化服务，国际业务收入和跨境包裹处理能力显著提升。

国内服务网络层面，圆通依托 5000 余家直营分公司、"10 万+"末端服务网点及 133 个智能集运中心，基本实现全国县级以上城市全覆盖。

在战略转型进程中，圆通紧扣"一带一路"倡议与"双循环"发展格局，深化"快递物流+多元生态"战略布局，依托航空货运、智慧供应链、金融科技等业务协同，逐步构建起集跨境运输、仓配一体化、供应链金融等于一体的全链条服务体系，形成差异化竞争优势。未来，圆通将持续强化数智化基础设施建设，推进全球航空网络扩容与供应链服务升级，致力于成为具有全球影响力的供应链解决方案提供商。

3. 中通快递

2002 年 5 月 8 日，创始人赖梅松与桑学兵在上海成立了中通快递，以 57 票的首日业务量开启创业征程，秉持"用我们的产品，造就更多人的幸福"的使命，踏上快递行业开拓之路。

创立初期，中通致力于夯实基础、扩张版图。2003 — 2010 年间，逐步普及信息化系统，形成以上海、广东、北京为中心辐射全国的业务格局；率先开通省际网络班车，通过 ISO9001 国际质量管理体系认证；推出有偿派费制，完成全国网络股份制改革，实现从手工结算向系统自动化结算转变，为企业规范化、规模化发展奠定坚实基础。

随着电商行业崛起，中通迎来快速成长期。2011 — 2016 年，业务量屡创新高，全网单日业务量从突破 100 万件攀升至 2000 万件；2016 年 10 月 27 日，中通成功登陆美国纽约证券交易所，创当年美国证券市场最大规模 IPO，资本助力下企业发展进入快车道。

近年来，中通持续战略升级，引领行业发展。2018 年与阿里巴巴、菜鸟网络达成战略投资协议，推动数字化转型；2020 年在港交所上市，成为首家在美国、中国香港两地上市的快递企业。2021 年，中国单年第 1000 亿个快递包裹由中通承运，标志中国快递进入"千亿件时代"，同年中通在揽收、操作等四个环节单日处理能力全部"破亿"。2024 年，中通年业务量达到 340 亿件，再次刷新行业纪录，并连续 9 年稳居行业规模第一。

从创业初期的寥寥几十票，到如今稳居行业前列，中通快递用二十余年时间，通过不断创新运营模式、加大技术投入、优化服务网络，成长为中国快递行业的中坚力量，持续为中国快递业发展注入强劲动力。

4. 韵达快递

1999 年 8 月 8 日，聂腾云、陈立英夫妇于上海创立韵达快递，依托长三角城市群的经济区位优势，开启创业征程。初期，韵达专注快递基础业务，以上海为中心拓展周边市场，通过优化服务质量与运营效率，在竞争中站稳脚跟，完成从无到有的原始积累。

2005 年起，韵达步入高速成长期。企业大力完善服务网络，通过增设服务网点与分拨中心，业务版图从上海向全国延伸。随着覆盖区域不断扩大，韵达的快递服务能力显著增强，业务量实现爆发式增长，成功跻身全国快递市场前列。

2012 － 2015 年，韵达进入服务提升阶段。企业借助科技力量推进信息化建设，引入智能分拣、物流追踪等技术提升运营效率；同时实施"向西、向下、向外"战略，深耕中西部市场，完善国内网络布局，并拓展海外业务，开启全球布局之路，逐步向国际快递巨头迈进。

2015 年至今，韵达开启战略升级。企业以快递业务为核心，积极整合资源，向物流科技、电商等领域拓展，构建多元化产业生态圈。通过业务模式创新与跨界融合，韵达从单一快递企业转型为综合性物流服务提供商，持续提升行业竞争力，为长远发展筑牢根基。

从 1999 年在上海创立至今，韵达快递历经二十余载的发展，通过在不同阶段制定合适的发展战略，不断适应市场变化，实现了从创业起步到如今成为快递行业重要力量的跨越式发展，为中国快递行业的发展做出了积极贡献。

"三通一达"能在激烈的市场竞争中脱颖而出，最终占据中国快递市场的半壁江山，有着多方面的原因。从商业模式上看，加盟制成为它们快速扩张的关键。在企业发展初期，加盟模式以较低的成本快速铺开网络，众多加盟商的加入使得快递服务能够深入到各个区域，极大地提高了市场覆盖率。同时，这些企业主要聚焦于电商件业务，与电商行业的高速发展形成了紧密的共生关系。电商行业的爆发式增长为快递业务带来了海量的订单，"三通一达"抓住机遇，凭借相对经济的价格、广泛的网络覆盖和不断提升的配送速度，满足了电商卖家和消费者对物流服务的需求，实现了与电商行业的协同发展。此外，"三通一达"的创始人大多来自浙江桐庐，这种地域渊源使得他们在企业管理和运营中形成了相似的思维方式和价值观，在制定和执行企业战略、管理加盟商等方面具备一定优势，促进了企业之间的经验借鉴和协同发展。

如今，"三通一达"依然在中国快递市场中保持着强大的影响力，不断推动着快递行业的发展与变革，持续为经济发展和民众生活提供重要支持。

第三节　海外领航

一、DHL（敦豪）

DHL（如图 6-29 所示）是全球著名的邮递和物流集团 Deutsche Post DHL 旗下公司。1969 年 DHL 开设了其第一条从旧金山到檀香山的速递运输航线，公司由 Adrian Dalsey、Larry Hillblom 和 Robert Lynn 共同创建，DHL 的三个字母来自三个创始人的名字。1986 年，中外运 - 敦豪国际航空快件有限公司在北京正式成立。1993 年，经对外贸易经济合作部批准，该公司开始向我国各主要城市提供国内快递服务，成为第一家获得此类服务执照的国际航空快递公司，在我国的业务开展也领先于其他各家跨国快递公司。DHL 为客户提供从文件到供应链管理的全系列的物流解决方案。DHL 主要包括以下四个部门：DHLExpress、DHL Global Forwarding、Freight 和 DHL Supply China。

图 6-29　DHL 标志

二、UPS（美国联合包裹运送服务公司）

UPS（如图 6-30 所示）是全球最大的速递机构之一，同时也是世界上一家主要的专业运输和物流服务提供商。UPS 成立于 1907 年，总部设于美国佐治亚州亚特兰大市，是全球领先的物流企业，业务网点遍布全球 220 多个国家和地区，拥有 49.5 万名员工。每个工作日，UPS 公司为 180 万家客户送邮包，收件人数高达 600 万。该公司的主要业务在美国国内并遍及其他 200 多个国家和地区。该公司已经建立规模庞大、可信度高的全球运输基础设施，拥有独立的航空资源。UPS 开发出全面、富有竞争力并且有担保的服务组合，并不断利用先进技术支持这些服务。

图 6-30　UPS 标志

三、FedEx（联邦快递）

联邦快递（FedEx）（如图 6-31 所示）是一家国际性速递集团，提供隔夜快递、地面快递、重型货物运送、文件复印及物流服务，总部设于美国田纳西州孟菲斯，隶属于美国联邦快递集团（FedEx Corp）。其运输方式大多是空运模式，高效便捷。FedEx 在东南亚、中南美洲和欧洲的价格比较有竞争力，网站信息更新快、网络覆盖全面、查询方便快捷，但运费较贵，对邮寄物品的限制严格。

图 6-31　联邦快递标志

第七章 "邮"体验

第一节 安全寄递：禁寄物品识别指南

我们每天接触这么多包裹，你有没有想过，哪些物品是不可以寄的呢？如表 7-1 所示，我们会看到一系列等待寄出的物品，请你把你认为不能寄出的圈出来。

表 7-1 快递禁寄物品识别

	描述： 1. 一把仿真枪支和弹药
	描述： 2. 过年的烟花爆竹
	描述： 3. 用于打火机充气的压缩气体
	描述： 4. 可爱的毛绒娃娃
	描述： 5. 用于打气球的氢气罐
	描述： 6. 收音机，可以用来听广播
	描述： 7. 用于学校实验室的高锰酸盐
	描述： 8. 客户自行印刷的一些书籍

如果你是快递员，这些物品你要怎么处理呢？

物品1、2、3、5、7是绝对禁止邮寄的，那4、6、8是不是可以直接邮寄呢？

并不是哦！对于毛绒娃娃，邮递员还需要仔细检查娃娃是否藏有其他禁寄的内容物；收音机还要检查是否携带了电池，有电池也是不允许的；自行印刷的书籍，还应该翻阅一下，书籍中不能含有反动、煽动民族仇恨、破坏国家统一、破坏社会稳定、宣扬邪教、宗教极端思想、淫秽等内容。

为了加强邮政行业的安全管理，防止禁止寄递物品进入寄递渠道，妥善处置进入寄递渠道的违禁物品，维护寄递渠道安全畅通，促进邮政业健康发展，我们国家出台了《中华人民共和国邮政法》《中华人民共和国反恐怖主义法》《邮政行业安全监督管理办法》等一系列政策，还有一份非常明确的《禁止寄递物品管理规定》，其中详细列出了禁止寄递物品（以下简称禁寄物品），主要包括：

一、枪支（含仿制品、主要零部件）弹药

1. 枪支（含仿制品、主要零部件）：如手枪、步枪、冲锋枪、防暴枪、气枪、猎枪、运动枪、麻醉注射枪、钢珠枪、催泪枪等。

2. 弹药（含仿制品）：如子弹、炸弹、手榴弹、火箭弹、照明弹、燃烧弹、烟幕（雾）弹、信号弹、催泪弹、毒气弹、地雷、手雷、炮弹、火药等。

二、管制器具

1. 管制刀具：如匕首、三棱刮刀、带有自锁装置的弹簧刀（跳刀）、其他相类似的单刃、双刃、三棱尖刀等。

2. 其他：如弩、催泪器、催泪枪、电击器等。

三、爆炸物品

1. 爆破器材：如炸药、雷管、导火索、导爆索、爆破剂等。

2. 烟花爆竹：如烟花、鞭炮、摔炮、拉炮、砸炮、彩药弹等烟花爆竹及黑火药、烟火药、发令纸、引火线等。

3. 其他：如推进剂、发射药、硝化棉、电点火头等。

四、压缩和液化气体及其容器

1. 易燃气体：如氢气、甲烷、乙烷、丁烷、天然气、液化石油气、乙烯、丙烯、乙炔、打火机等。

2. 有毒气体：如一氧化碳、一氧化氮、氯气等。

3. 易爆或者窒息、助燃气体：如压缩氧气、氮气、氦气、氖气、气雾剂等。

五、易燃液体

如汽油、柴油、煤油、桐油、丙酮、乙醚、油漆、生漆、苯、酒精、松香油等。

六、易燃固体、自燃物质、遇水易燃物质

1. 易燃固体：如红磷、硫磺、铝粉、闪光粉、固体酒精、火柴、活性炭等。

2. 自燃物质：如黄磷、白磷、硝化纤维（含胶片）、钛粉等。

3. 遇水易燃物质：如金属钠、钾、锂、锌粉、镁粉、碳化钙（电石）、氰化钠、氰化钾等。

七、氧化剂和过氧化物

如高锰酸盐、高氯酸盐、氧化氢、过氧化钠、过氧化钾、过氧化铅、氯酸盐、溴酸盐、硝酸盐、双氧水等。

八、毒性物质

如砷、砒霜、汞化物、铊化物、氰化物、硒粉、苯酚、汞、剧毒农药等。

九、生化制品、传染性、感染性物质

如病菌、炭疽、寄生虫、排泄物、医疗废弃物、尸骨、动物器官、肢体、未经硝制的兽皮、未经药制的兽骨等。

十、放射性物质

如铀、钴、镭、钚等。

十一、腐蚀性物质

如硫酸、硝酸、盐酸、蓄电池、氢氧化钠、氢氧化钾等。

十二、毒品及吸毒工具、非正当用途麻醉药品和精神药品、非正当用途的易制毒化学品

1. 毒品、麻醉药品和精神药品：如鸦片（包括罂粟壳、花、苞、叶）、吗啡、海洛因、可卡因、大麻、甲基苯丙胺（冰毒）、氯胺酮、甲卡西酮、苯丙胺、安钠咖等。

2. 易制毒化学品：如胡椒醛、黄樟素、黄樟油、麻黄素、伪麻黄素、羟亚胺、邻酮、苯乙酸、溴代苯丙酮、醋酸酐、甲苯、丙酮等。

3. 吸毒工具：如冰壶等。

十三、非法出版物、印刷品、音像制品等宣传品

如含有反动、煽动民族仇恨、破坏国家统一、破坏社会稳定、宣扬邪教、宗教极端思想、淫秽等内容的图书、刊物、图片、照片、音像制品等。

十四、间谍专用器材

如暗藏式窃听器材、窃照器材、突发式收发报机、一次性密码本、密写工具、用于获取情报的电子监听和截收器材等。

十五、非法伪造物品

如伪造或者变造的货币、证件、公章等。

十六、侵犯知识产权和假冒伪劣物品

1. 侵犯知识产权：如侵犯专利权、商标权、著作权的图书、音像制品等。

2. 假冒伪劣：如假冒伪劣的食品、药品、儿童用品、电子产品、化妆品、纺织品等。

十七、濒危野生动物及其制品

如象牙、虎骨、犀牛角及其制品等。

十八、禁止进出境物品

如有碍人畜健康的、来自疫区的以及其他能传播疾病的食品、药品或者其他物品；内容涉及国家秘密的文件、资料及其他物品。

十九、其他物品

《危险化学品目录》《民用爆炸物品品名表》《易制爆危险化学品名录》《易制毒化学品的分类和品种目录》《中华人民共和国禁止进出境物品表》载明的物品和《人间传染的病原微生物名录》载明的第一、二类病原微生物等，以及法律、行政法规、国务院和国务院有关部门规定禁止寄递的其他物品。

第二节　高效装载：物品装车技巧与规范

快递包裹收寄后，就要开始准备装车了，你以为包裹装车就是随便一放吗？这里面也是有很多讲究的！

快递物品装车技巧与规范不仅是一个技术活，更是一门科学，它涉及物理学、工程学甚至计算机科学等多个领域。

装车前的准备：在装车之前，需要对运输车辆进行全面检查，包括车辆的清洁、平整以及门锁的完好，确保货物的装载环境安全无忧。

货物配载的科学：装车时，要根据货物的物理属性如重量、体积、易碎性等进行合理配载。这需要运用物理学原理，比如重心平衡，以确保车辆行驶过程中的稳定性。

标准化作业流程：装车作业需要遵循严格的流程，从制作配载单到货物的清点、装载，再到最终的锁车和发车，每一步都要精确执行，体现出工程学的严谨性。

装卸操作的规范性：在装卸过程中，要遵守轻拿轻放的原则，采用正确的堆码方式，预留足够的通道，确保标签和箭头方向的正确，这些都是物流管理中的基本原则。

特殊货物的特别处理：对于易碎、易损、贵重或精密的货物，需要采取额外的保护措施，比如使用防护垫料、稳固的堆码方式，以及特殊的装卸工具。

装载率的优化：装载率是衡量运输效率的重要指标，通过优化装载率，可以在保证安全的前提下，提高运输工具的空间利用率，降低物流成本。

现代技术的融合：现代物流已经广泛应用了人工智能、大数据等技术，比如使用 3D 扫描和体积测量技术来优化装载方案，提高装车效率和准确性。

安全意识的贯彻：在整个装车过程中，安全是最重要的。无论是对货物的保护，还是对装卸人员的安全防护，都需要严格遵守操作规范。

接下来，我们来尝试进行一次物品装车吧（如图 7-1 所示）！

图 7-1　物品装车图

在货物装车的时候，大家要注意装载的顺序，需要先装重的再装轻的货物，重物不能压着轻的货物，先送的货物要后装车，后送的货物要先装车。游戏中有多种物品需要装上车，需要按照大—重—小—轻的装车规则，请大家按照装车要求去装车吧，只有按要求装车成功，快递车才能出发去送货呦。

第三节　精准送达：快件派送路线优化

在派送快递的时候，如果遇到堵车、事故、施工路段、红绿灯则可能会耽误送快递的时间，影响送货，还要注意单行线的路段，不能违反交通规则，因此快递员需要选择一条最优路线，躲避掉影响速度的路段，才能把货物按时送到收货人那里，完成货物的配送。

请大家先仔细观察好路段（如图 7-2 所示），选择出最优的派送路线，在规定的时间内完成派送的小伙伴们就可以顺利完成本次派送快递任务啦。

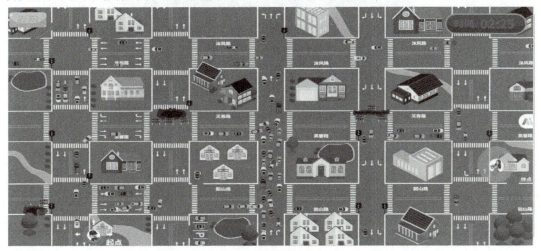

图 7-2　派送路线图

我们的游戏只是路由设计的一个非常微小的部分。快递路由规划与设计是指在快递服务中，对快件从发件地到收件地的运输路径进行规划和设计的过程。这个过程需要考虑如何以最低的成本、最高的效率和最优的服务水平，将快件安全、准时地送达目的地。快递路由规划与设计是一项复杂而精细的物流工程，它对于快递公司来说至关重要，因为它直接关系到服务效率和成本控制。

一般来说，路由规划主要有以下几步：

第一步是需求分析：收集快件的数量、尺寸、重量和目的地等信息。

第二步是网络设计：构建运输网络，包括枢纽、站点和路线的布局。

第三步是路由分配：根据快件的目的地和紧急程度，分配最合适的运输路线。

第四步是调度计划：制定运输工具的发车时间表和频率，确保快件按时发出。

第五步是实施与监控：执行路由计划，并进行实时监控，以应对节假日、促销活动等引起的快件量波动，交通、天气等不可预测因素。

快递路由规划与设计是确保快递服务高效、准时的关键环节。它涉及对快递包裹从发件地到收件地的运输路径进行科学规划，以实现成本最低化、效率最高化。

随着科技的发展，车路协同技术（V2X）在快递路由规划中扮演着越来越重要的角色（如图 7-3 所示）。车路协同技术通过无线通信、传感器探测等手段，实现车辆与道路基础设施之间的信息交互和共享。这项技术能够优化系统资源利用，提高道路交通安全，缓解交通拥堵，从而为快递路由规划提供强有力的支持。它包括智能车端、智慧路侧、通信网络和云端平台等多个领域，通过车车、车路信息交互，实现车辆和基础设施之间的智能协同与配合。

图 7-3　车路协同

在未来，通过车路协同技术，快递车辆可以实时获取路况信息，自动选择最佳路线，避免拥堵，提高配送效率。同时，智能道路能够为车辆提供更精确的导航服务，甚至在某些情况下，能够协助车辆进行决策，确保快递包裹能够安全、准时地送达。让我们共同期待一个更加绿色、高效、智能的快递服务时代吧！

02

第二篇

信号的桥梁——通信技术科普

第八章　通信的前世今生

第一节　通信初体验：从远古到近代

一、烽燧网络：光烟构筑的信息长城

中国古代发明的烽火传讯工具其速度之快堪比现代的光电传讯，这个发明便是烽燧，如图 8-1 所示。春秋时期将白天的燃烟称之为烽，夜晚燃火称之为燧。唐朝时期，其称呼进行了颠倒，白天燃烟叫燧，夜晚燃火叫烽。烽燧主要利用燃烧物的发光和不完全燃烧物的烟雾来作为通信手段。作为古代传递军事信息最快、最有效的报警工具，它与长城共同构成了完善的军事防御系统。

这种利用光线来传递信号的通讯手段可以追溯到西周时期。在西周周幽王时期（前 782 年－前 771 年），曾发生过因烽燧通信而导致亡国的事件——烽火戏诸侯（如图 8-2 所示）。西周时期有一名绝世美女褒姒，性情寡淡、冷若冰霜。周幽王为了讨她欢心，想尽了一切办法想博得美人一笑。为此，周幽王的佞臣虢石父，提议举烽火试一试。诸侯见烽火点燃，匆忙赶往京城，引来诸侯白跑一趟。后来，犬戎入侵西周，周幽王举烽火示警，诸侯以为又是骗局而不愿前往，致使幽王被犬戎所弑，褒姒被掳，西周灭亡。烽火戏诸侯的故事表明最晚在西周时期就已经有了烽燧通信。

图 8-1　烽燧

图 8-2　周幽王烽火戏诸侯

作为古代最重要的光通信方式，西起临洮、东至辽东、蜿蜒万余里的古老长城上遍布着烽火台，形成"五里一燧，十里一墩，三十里一堡"的标准化网络，通过狼烟形态（直／分叉／环形）编码军情等级。汉代《塞上烽火品约》将其发展为精密信号体系：白昼施烟分五类，夜间举火设三级，配合鼓声频率传递敌情方位。加密手段包括积薪排列组合（如三堆火表千人入侵）、旗幡颜色变换等。明朝引入烽炮、悬灯后，信息传递速度跃升至

3500 里／昼夜，从辽东到北京仅需半日。这套光编码系统持续运作近三千年，成为守护华夏疆域的信息长城。

二、鼓金调制：战场上的频率密码

春秋战国时期形成的鼓金系统，开创了音频编码的军事应用（如图 8-3 所示）。《管子兵法》指出："鼓之所以任也，所以起也，所以进也"；"金所以坐也，所以退也，所以免也"。可见鼓、金之用在于协调三军，使之前后有序，左右应节。而旗的不同信号，则可以调节军阵、变换阵形和战法。

图 8-3　城墙上的战鼓

鼓声是发起进攻的信号，全军将士听到命令要毫不懈怠地向前冲杀。通过鼓声的不同节奏，能够使全军将士步调一致，各兵种战术动作协调配合，从而形成整体的进攻能力。每次进攻后都有间隔时间，以等待主帅的下一步命令，若鼓声不断，则冲锋不止；若主帅鼓绝，则下属将士不知所措。

金包括镯、镯、铙、铎等。成语"鸣金收兵"就是当需要退军时，主帅命令鼓人击铙，卒长亦鸣铙应和，军中停止击鼓，鼓声绝则部队停止冲锋；再次击铙，部队全部后退。

三、邮驿系统：制度化的信息高速公路

周朝建立的邮驿体系，经秦汉发展形成全球首个国家通信网络。秦驰道"十里一亭，三十里一驿"的架构，使文书日行速度从西周 50 里提升至 500 里。唐代 1639 个驿站配备专职驿卒 2 万人，形成水陆兼运体系：陆驿快马日行 600 里，江河漕船夜行 400 里。宋朝急递铺制度更开创"金字牌"加急系统，岳飞一日内接十二道金牌即为此制产物。元朝"站赤"系统覆盖欧亚，马可·波罗记载其备马 30 万匹，重要文书附加密火漆印，构成前现代世界最庞大的通信网络。

四、旗语系统：空间编码的视觉革命

15 世纪郑和船队使用的 216 种旗语组合，已实现舰队间战术协同。其编码体系包括：主桅黄旗表旗舰指令，三角旗方位指示敌情方向，旗帜升降速度传递紧急程度。近代海军

旗语发展为精密空间编码，右手 45 度斜挥对应莫尔斯码短点，水平挥动代表长划。1887年定型的国际信号旗系统，通过 26 面字母旗、10 面数字旗、3 面代字旗及 1 面回答旗的组合，可传递十万余种指令。二战期间，盟军飞行员用手旗语编码坐标，精度达经纬度 0.1分，成为空海协同的关键技术。

五、电报与电话：电信号重塑文明轨迹

真正的通信革命始于电磁学理论与工程实践的深度耦合。1835 年莫尔斯创造的莫尔斯电码，以"点""划"组合构建起电信号的语义体系，配合其 1837 年研制的电磁式电报机（如图 8-4 所示），首次实现电流脉冲编码信息的远程传输。1844 年华盛顿至巴尔的摩的电报线路投入商用，信息传递速度从驿马的日行百里跃升至每秒绕地球七圈半的电磁波，金融交易指令、战事通报与新闻快讯得以突破时空限制。1866 年横跨大西洋的海底电缆竣工，全球电报网络正式成形，伦敦交易所的股票行情与孟买的棉花价格开始同步震荡。

图 8-4　世界上最早的电磁式电报机

电话技术则开启了人类声波共振的新维度。1876 年贝尔获得电话发明专利，其碳粒送话器将声波振动转化为 0.5～3 kHz 的连续电流信号，首次实现声电转换的物理对话。1878 年首个商用电话局在纽黑文市启用，至 1880 年北美已架设 4800 公里长途线路。爱迪生 1877 年改进的阻抗式发话器，将语音清晰度提升 40%，推动电话用户从 21 户激增至1880 年的 4.8 万户。1906 年电子管增音机的应用，使纽约至旧金山的 3000 公里通话成为可能，声波载着人类情感穿透大陆。

这两种技术构建起电气通信的双螺旋结构：电报以离散电码承载文字符号，实现精准的异步信息交换；电话以连续波形传递语音韵律，创造实时的情感共鸣。1881 年上海外滩出现中国首个电话局，1900 年南京开通首部市内电话，东方古国由此接入全球通信网络。至 1915 年，跨区电话线路已使用 2500 吨铜线与 13 万根电杆，工业文明的信息血管在金属导体中奔涌。

这场革命重构了社会组织形态：金融业依托电报实现跨时区套利，纽约与伦敦的黄金

价差从数周缩短至分钟级；新闻业借助越洋电缆建立全球通讯网，《泰晤士报》可同步刊登各地的突发事件；军事指挥系统通过野战电话达成战术协同，一战期间 SCR-68 电台使战壕间的指令传递效率提升 300%。1877 年《波士顿环球报》首次通过电话接收新闻快讯，人类信息传递正式告别驿马扬尘的时代，步入以光速重塑文明的电气纪元。

从莫尔斯电码的机械震颤到贝尔电话的声波共振，从木质电键到电子管交换机，这些设备不仅是技术演进的物质载体，更是人类突破物理界限的精神图腾。纽约巴特里公园的跨洋电缆纪念碑与波士顿法院路 109 号的电话诞生地铜牌，至今仍在诉说电磁波如何将分散的文明节点编织成紧密的命运共同体。

第二节　电波的奇迹：无线电通信的崛起

人类对电磁波的驾驭，始于一场跨越理论与实践的百年探索。1887 年，德国物理学家海因里希·赫兹在卡尔斯鲁厄大学的实验室中，通过火花隙装置首次捕捉到电磁波的踪迹。这项实验不仅验证了麦克斯韦二十年前提出的电磁场理论，更揭示了一种以光速传播的无形能量——它的振动频率范围从千赫兹延伸至数百吉赫兹，如同一把打开时空之门的钥匙。

电磁波的工程化应用在十年后迎来突破。1895 年，意大利工程师古列尔莫·马可尼与俄国科学家波波夫几乎同时实现无线电通信实验。马可尼将传输距离从最初的 3.2 公里逐步扩展，直至 1901 年完成跨大西洋通信：英国康沃尔的 20 千瓦火花发报机（如图 8-5 所示）将信号送至 3500 公里外的加拿大纽芬兰，电磁波经电离层反射的特性首次得到规模化验证。此时的海上航行开始摆脱信息孤岛的困境，船舰通过莫尔斯电码与陆地保持联络，1912 年泰坦尼克号沉没事件中，正是船载无线电设备发出的求救信号拯救了 700 余条生命。

图 8-5　火花发报机

无线电波的调制技术革新推动着通信质量的跃升。1906 年，费森登发明的调幅广播让电磁波承载起人类的声音，匹兹堡 KDKA 电台在 1920 年以 50 千瓦发射功率开启商业广播时代，声波通过 535 ～ 1605 千赫兹的中波频段覆盖半径超百公里。1933 年阿姆斯特朗发明的调频技术则将工作频段提升至 88 ～ 108 兆赫兹，信噪比提高 20 分贝的突破，让音乐中的细微情感得以无损传递。

战争催化了无线电技术的精密化发展。一战期间，SCR-68 野战电台的真空管技术使设备体积缩减 80%，20 公里战术通信网支撑起战壕间的协同作战；二战时期，工作在 2 兆赫兹频段的 SCR-300 步话机（如图 8-6 所示）与甚高频机载电台 AN/ARC-5，成为盟军诺曼底登陆的关键信息枢纽。雷达技术的出现更将无线电从通信工具升级为感知系统，1935 年英国部署的早期雷达已能实现 200 公里外目标的 ±50 米定位精度。

图 8-6　SCR-300 步话机

从大西洋海底的莫尔斯电码到千家万户的广播声波，无线电通信重构了人类感知世界的维度。它让极地科考站的科研数据实时回传，使远洋巨轮的航迹始终处于监控网络，更将紧急救援指令化作穿越飓风的生命线。正如太空中持续运行的导航卫星，持续发射着 1575.42 兆赫兹的定位信号——这些穿越大气层的电磁涟漪，早已编织成维系现代文明的隐形经纬。

第三节　移动通信的飞跃：从 1G 到 5G

在信息如潮水般涌来的数字时代，信息传递的速度与广度超乎想象，而移动通信技术的迅猛发展，就像是给这股信息流装上了翅膀，让沟通变得无处不在，随时随地。从最初只能固定地点打电话的"老电话时代"，到如今"手机在手，天下我有"，这背后的故事，就像是一场精彩绝伦的探险旅程。

1987 年广州六榕寺铁塔下竖立的首个 1G 基站，标志着中国踏入移动通信纪元。重达 780 克的摩托罗拉 DynaTAC 8000X 手持终端（如图 8-7 所示），通过 900 MHz 频段的模拟信号传递着时断时续的语音波纹。这种基于 FDMA（频分多址）的技术架构，虽仅能实现

2.4 kbps 的传输速率,却让信息首次挣脱了固定电话线的桎梏。在北京王府饭店的旋转门前,手持"大哥大"的商界精英们,正在用电磁波的震颤编织着市场经济的初代神经网络。

图 8-7　1G 手机（大哥大）

1994 年江苏开通的 GSM 数字网络,将通信带入了比特流的新纪元。采用 TDMA（时分多址）技术的 2G 网络,不仅将语音误码率从 10^{-2} 降至 10^{-5},更通过 SMS 协议开启了文字信息的粒子化传播。诺基亚的"贪吃蛇"游戏（如图 8-8 所示）与 16 和弦铃声,预示着移动终端正从通信工具演变为数字生活载体。这段时期,北京中关村的电子市场里,烧录 SIM 卡的技术员们正在用示波器调试着数字中国的底层协议。

图 8-8　诺基亚手机经典"贪吃蛇"游戏

2009 年工信部发放的三张 3G 牌照,点燃了移动互联网的导火索。WCDMA 网络提供的 2 Mbps 下行速率,使得手机 QQ 的企鹅图标开始在全国城乡闪烁。深圳华强北的手机作坊里,MTK 芯片组驱动的"山寨机"正在批量生产着移动互联网的初级用户。这个阶段,上海张江的工程师们已开始测试 TD-SCDMA 的智能天线阵列,为即将到来的流量洪峰修筑数字堤坝。

2013 年杭州 4G 商用首发仪式上,OPPO Find 7 在移动状态下实现 100 Mbps 下载速率,宣告着移动宽带正式超越家庭光纤。采用 OFDM（正交频分复用）和 MIMO（多输入多输出）技术的 LTE 网络,不仅将时延从 100 ms 压缩至 20 ms,更催生了抖音 15 秒视频的传播模式。在广州塔顶安装的 Massive MIMO 设备,正用 128 个天线振子重构着珠江新城上空的电磁拓扑。

2020 年深圳南山开通的 5G 独立组网,将通信带入微秒级响应的智能时代。毫米波频段与网络切片技术的结合,使得深圳湾自动驾驶测试场的时延指标突破 1 ms 阈值,相当于人类神经元传导速度的 1/300。在北京协和医院的手术示教中心,4K 全息影像正通过 5G 专网实现跨时空的细胞级同步。这些技术突破,在雄安新区的数字孪生城市系统中,已演化为每秒处理 20 TB 城市数据的神经中枢。

从摩托罗拉"大哥大"的模拟基带到华为 Mate 60 Pro 的卫星通信模组，终端设备的微型化史实则是集成电路上晶体管数量突破千亿大关的具象呈现。这些掌心设备里封装的不仅是砷化镓功率放大器与硅基射频芯片，更是文明进阶的微观史诗。

当 5G 的 10 Gbps 峰值速率较 1G 时代提升百万倍时，这条遵循摩尔定律的指数曲线正在突破香农极限。在紫金山实验室（图 8-9）的 6G 太赫兹原型机上，工程师们已观测到 100 Gbps 的传输曙光——这相当于将整个大英图书馆的藏书在 1 秒内完成星际传输。

图 8-9　紫金山实验室发布 6G 核心技术创新成果

第四节　光纤通信：信息传输的高速公路

在浩瀚无垠的信息时代，藏着一条神秘而重要的"超级通道"，它以光速穿梭，悄无声息地将全球的信息紧密相连。这条神奇的通道，就是光纤通信——它就像是信息世界的超级高速公路，让数据如闪电般传递至世界的每一个角落。就让我们一起揭开光纤通信的神秘面纱，探索那些隐藏在光与速度背后的奇妙故事。

想象一下，你手中拿着一根细如发丝的透明线，别看它不起眼，这其实就是光纤的"缩小版"。光纤的内部藏着一个复杂的世界（如图 8-10 所示），它由纤芯、包层、涂覆层和护套组成。最中间的是核心部分，它细得几乎看不见，却是光信号奔跑的"主跑道"，由超级纯净的玻璃或特殊塑料制成。包围着核心的是包层，它的材质和纤芯相似，但有一个微妙的区别——折射率稍低。正是这个小小的差异，让光纤拥有了不可思议的魔力。

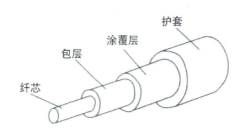

图 8-10　光纤结构

当一束光从光纤的一端悄悄溜进，它遇到了纤芯与包层的边界。这时，一个神奇的景象出现了——全反射！想象一下，你在平静的湖面上扔出一颗小石子，石子不会直接沉入水底，而是在水面上跳跃几下再落入水中。光在光纤中也是如此，它遇到包层时，就像遇到了"弹力墙"，被温柔地弹了回去，继续沿着光纤的轨迹向前冲刺。就这样，光信号在光纤里不停地跑啊跑，就像永不停歇的运动员，把信息带向远方。

光纤通信之所以能成为信息传输的超级巨星，是因为它有着一系列令人惊叹的优点。首先，它的"胃口"特别大，能够"吃下"海量的信息。理论上来说，光纤的带宽几乎是无限的，这意味着无论未来信息量有多大，光纤都能轻松应对。其次，光纤还是个"长跑健将"，一根光纤就能传输几十甚至上百公里的距离，中间几乎不需要休息站（也就是中继站），大大降低了成本。再者，光纤还是个"抗干扰高手"，因为光信号在光纤内部封闭传输，就像穿上了隐身衣，外界的电磁干扰根本拿它没办法，保证了信息传输的安全和稳定。

光纤通信的魔力，已经深深融入了我们的生活。在通信网络里，光纤就像是骨干网的"大动脉"，让电话、手机等通信工具能够顺畅地交流。互联网的发展更是离不开光纤的支持，我们每天浏览的网页、观看的视频、玩的游戏，甚至是远程办公、在线学习等新兴应用，都离不开光纤那高速、稳定的传输能力。此外，光纤还悄悄走进了千家万户的有线电视系统，为我们带来了清晰、流畅的电视节目。可以说，光纤通信已经成了我们日常生活中不可或缺的一部分。

随着科技的飞速发展，光纤通信技术也在不断进化。科学家们就像魔法师一样，不断给光纤增添新的魔力。他们正在研究如何提高光纤的传输速度和容量，让信息跑得更快、装得更多。同时，他们还在探索新的调制技术和编码方式，让信息在光纤中传输得更加高效和准确。而随着物联网、大数据、云计算等新兴技术的崛起，光纤通信也面临着更多的挑战和机遇。它不仅要继续提升自己的传输能力，还要学会与这些新技术"交朋友"，共同开启通信领域的新篇章。

展望未来，光纤通信还将与更多前沿科技融合创新。比如量子通信——这种利用量子力学原理进行信息传输的新技术，将为光纤通信带来前所未有的安全性和稳定性；还有空间光通信——它让光纤通信不再局限于地面，而是能够穿越大气层，与太空中的卫星进行通信。这些新技术与光纤通信的结合，将为我们打开一个全新的通信世界，让我们能够以前所未有的方式连接世界、探索未来。

第五节　5G-A与低空智联通信：立体化网络的新纪元

5G-A（5G-Advanced）作为5G向6G演进的"增强版"，正以颠覆性技术重塑通信速率的天花板。在江苏南京的5G-A实验网中，毫米波频段与大规模天线阵列的结合，让单用户峰值速率突破10 Gbps——这意味着下载一部20 GB的8K电影仅需16秒，速度是普通5G网络的10倍。这种跃升源于三项关键技术突破：通过超大规模MIMO（1024个天线振子）实现信号精准聚焦，利用智能反射面技术绕过建筑遮挡，以及基于AI的动态频谱共享算法将频谱效率提升至40 bit/s/Hz。而在上海洋山港，5G-A的上行速率突破1 Gbps，200台无人搬运车将集装箱装卸效率提升300%，港区年吞吐量突破5000万标箱。

低空智联通信的核心挑战，在于如何为 1000 米以下的"立体交通层"编织安全可靠的通信网络。传统地面基站的信号波束呈水平扇形展开，对低空飞行器的覆盖高度不足 150 米。中国移动在杭州部署的全球首个 5G-A 通感一体基站，通过鱼鳞状波束组网技术将垂直覆盖提升至 300 米，同时集成雷达感知功能——当一架未注册的"黑飞"无人机闯入禁飞区，基站能在 0.3 秒内锁定目标坐标，并通过定向电磁干扰迫使其降落。在浙江舟山群岛，海鲜运输无人机群依托三网融合架构（地面 5G-A+ 天通卫星 + 自组网）实现跨海飞行，每架无人机配备的量子加密通信模组，可抵御 99.6% 的网络攻击，确保价值百万的东海黄鱼 1 小时直达上海餐桌。

5G-A 与低空智联通信的终极目标，是构建空天地一体化的 6G 网络雏形。在雄安新区的数字孪生城市系统中，地面 5G-A 基站、空中无人机中继平台与北斗卫星已形成分层覆盖：当台风导致地面网络瘫痪时，滞空无人机可迅速组网形成临时通信层，通过激光链路与卫星直连，维持城市核心功能的运转。而在新疆塔克拉玛干沙漠，搭载太赫兹通信模组的太阳能无人机，正以 200 公里续航半径构建"空中基站"，为石油勘探队提供 8K 视频传输与远程医疗支持。这些实践揭示着通信技术的未来图景——网络将不再是被动覆盖的"信号伞"，而是能动态重构的"智慧生命体"（如图 8-11 所示）。

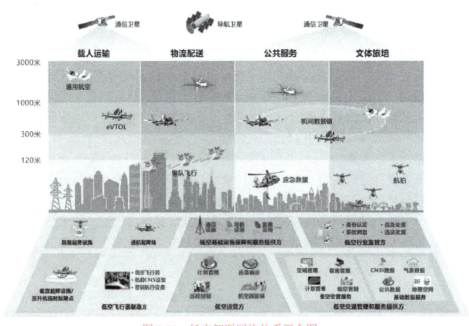

图 8-11   低空智联网络体系概念图

第六节   卫星通信：跨越天际的桥梁

当我们抬头仰望那片璀璨的星空，是否会想到，在那遥远的天际，藏着与我们生活息息相关的通信秘密呢？没错，那就是卫星通信——一座横跨天际的神奇桥梁，它像是一双双明亮的眼睛，让信息在地球的每一个角落自由穿梭，无拘无束。

　　想象一下，你身处偏远的山区，四周是连绵不绝的山峦；或是站在广袤无垠的大海上，四周只有波涛声和海鸥的鸣叫。在这样的环境下，你可能觉得与世隔绝，但卫星通信（如图 8-12 所示）却能让你瞬间与世界相连。无论是想看一场精彩的电视节目，还是想要给远方的亲人打个电话，卫星通信都能轻松帮你实现。它就像是一位无所不能的魔术师，让信息跨越了地理的界限，无论你在哪里，都能感受到家的温暖和世界的精彩。

图 8-12　卫星通信

　　卫星通信之所以这么神奇，是因为它有一个特别的本领——利用人造卫星作为"信使"，把信号从地球的一端传递到另一端。这些卫星就像是天空中的"邮局"，它们不停地绕着地球转，把来自四面八方的信息打包、传递，再送到目的地。这样一来，即使你身处最偏远的角落，也能像在城市里一样，享受到便捷的通信服务。

　　而且，卫星通信还特别稳定可靠。当自然灾害来袭，地面上的通信设施可能受损，传统的通信方式可能会中断。但卫星通信却不受这些影响，它高高地挂在天上，远离了地面的纷扰和危险。在紧急情况下，它就像是一位勇敢的守护者，为救援人员提供稳定的通信支持，帮助他们及时传递信息、协调行动，为受灾群众带去希望和力量。

　　除了这些优点外，卫星通信的应用还非常广泛。在广播电视领域，它让世界各地的观众都能收看到丰富多彩的节目；在航海和航空领域，卫星导航为船舶和飞机提供精确的指引，确保它们能够安全航行；在应急通信方面，卫星电话更是成为了救援人员的得力助手。可以说，卫星通信网（如图 8-13 所示）已经深深地融入了我们的生活，成为了现代社会不可或缺的一部分。

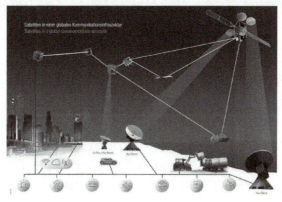

图 8-13　卫星通信网

然而，卫星通信的发展之路也并非一帆风顺。为了让它更好地服务于人类，科研人员们一直在努力克服各种挑战。比如，卫星通信的成本较高，需要投入大量的资金和技术支持；同时，频谱资源也有限，需要合理分配和使用；此外，地面干扰等问题也需要得到有效解决。但正是这些挑战，激发了科研人员们的创新精神和探索欲望。他们不断研发新技术、新方法，推动卫星通信技术的不断进步和发展。

如今，新一代卫星系统如雨后春笋般涌现出来。它们有的运行在较低的地球轨道上（LEO），有的则在中地球轨道（MEO）或地球同步轨道（GEO）上翱翔。这些卫星系统不仅成本更低、性能更高，而且应用领域也更加广泛。它们为卫星通信的未来发展注入了新的活力和动力。

展望未来，卫星通信还将与5G、物联网等前沿技术深度融合，开启通信领域的新篇章。这种融合应用将极大地提升通信的效率和性能，为我们带来更加便捷、高效、智能的通信体验。同时，它也将催生出更多创新的应用场景和商业模式，为我们的生活带来更多的惊喜和便利。

第七节　量子通信：通信技术的未来之星

在科技飞速发展的今天，有一个听起来就像科幻电影里的概念，正悄悄改变着我们的通信世界——那就是量子通信（如图8-14所示）。它像是一把钥匙，打开了通往量子世界奇幻之旅的大门，让我们得以窥见未来通信技术的无限可能。

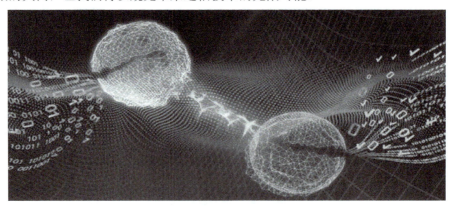

图8-14　量子通信

首先，让我们从量子力学的奇妙世界说起。在这个微观宇宙里，一切都变得那么不可思议。比如，量子纠缠，就像是两个遥远星球上的朋友，无论相隔多远，都能瞬间感受到对方的心情变化，这种"心灵感应"般的联系，正是量子通信的基石。还有量子叠加态，就像是同时存在于多个地方或状态的超能力，让信息传输有了全新的可能。

量子通信，就是利用这些神奇的量子特性，创造了一种前所未有的通信方式。想象一下，你和朋友之间共享了一个绝对安全的秘密密码本，任何试图偷看的人都会被立刻发现，这就是量子密钥分发的魔力。有了它，我们的通信就像被施加了魔法保护罩，再也不用担心信息被窃取或篡改。

　　而且，量子通信还十分高效，能跨越很远的距离传递信息。虽然量子信号在旅途中可能会遇到"小挫折"，比如衰减和干扰，但科学家们发明了量子中继站，就像是接力赛中的队友，帮助量子信号在长途跋涉中保持活力，确保信息准确无误地到达目的地。更神奇的是，还有量子隐形传态的概念，虽然现在还是个实验室里的奇迹，但它预示着未来或许真的能实现信息的瞬间传输，就像科幻电影里的场景一样。

　　近年来，量子通信领域热闹非凡。中国的"墨子号"量子卫星成功上天，就像一颗璀璨的明星，照亮了量子通信的天空。全球各地也建起了量子网络的雏形，这些成就不仅证明了量子通信理论的正确性，更让我们看到了它走向千家万户的希望。虽然目前量子通信设备还比较昂贵，但随着技术的进步和市场的扩大，相信不久的将来，它就能像手机一样普及开来。

　　展望未来，量子通信的发展将像万花筒一样多姿多彩。科学家们会继续挖掘量子通信的潜力，创造更多奇迹。同时，量子通信也会和其他高科技小伙伴，比如量子计算、物联网等，手拉手一起成长，共同推动信息技术的飞跃。当然，这条路上也会有挑战和困难，比如如何让量子纠缠更稳定、如何更精确地操控量子比特，还有怎么制定统一的规则和标准等等。但正是这些挑战，激发了我们的好奇心和探索欲，让我们不断前行。

　　量子通信作为通信技术的未来之星，正引领我们走向一个充满奇幻与机遇的新时代。在这个时代里，我们将共同见证量子通信技术的蓬勃发展，享受它带来的安全、高效、便捷的通信体验。同时，我们也将积极应对各种挑战和困难，努力推动量子通信技术的普及和应用，为构建更加美好的信息社会贡献智慧和力量。

第九章　通信的璀璨星辰

第一节　电报之父：莫尔斯

在人类文明的长河中，艺术与科学看似永不相交的平行线——前者激荡着感性的浪花，后者流淌着理性的清泉。然而，在19世纪初的纽约，诞生了一位非凡的人物——塞缪尔·莫尔斯（如图9-1所示），他以其独特的视角和不懈的努力，成为了艺术与科学的跨界巨匠，被誉为"电报之父"。

图9-1　莫尔斯

莫尔斯原本是一位才华横溢的画家，他的画布上总是充满了对生活的热爱和对未来的憧憬。他的画作不仅技巧精湛，更蕴含着深刻的情感，深受人们的喜爱。然而，命运似乎并不满足于让他仅仅成为一位艺术家。

一次，莫尔斯外出远行为拉斐特侯爵绘制肖像，肖像还未完成，却忽然收到家中的来信，得知妻子身患重病。可当莫尔斯着急忙慌回到家中之时，妻子不仅已经病逝，而且都已经安葬了。没能见到妻子最后一面，悲痛欲绝的莫尔斯，对当时缓慢的通信方式感到无比痛心和愤怒。也由此，想要改变通信手段的种子在大画家的心里悄然种下。

在一次偶然的航海旅途中，莫尔斯结识了杰克逊——一位刚参加完巴黎电学研讨会回波士顿的医生。从这位热情而健谈的电学博士那里，莫尔斯第一次见识了电磁感应。"这真是太神奇了！"电磁感应让莫尔斯打开了新世界的大门。尤其是了解到电的传递速度之后，莫尔斯不禁畅想，要是能让通信传递速度也如电一般快，世界又将会是什么模样？

于是，莫尔斯毅然放下了画笔，开始了一段全新的人生旅程。莫尔斯开始自学电学和磁学的知识，这对于一个从未接触过这些领域的人来说，无疑是艰难而枯燥的。但他凭借着对艺术的热爱和对科学的执着，夜以继日地沉浸在书海中，不断吸收着新的知识。每当遇到难题时，他便会拿出画笔，在画布上勾勒出电流和磁场的轨迹，试图用艺术的方式去理解和诠释这些复杂的科学现象。

哪怕用光了自己所有的积蓄，极度穷困潦倒之际，莫尔斯依旧对他的研究如痴如醉。经过无数次的尝试和失败，莫尔斯终于有了一个大胆的想法：利用电流来传递信息。他设计了一种简单的装置，通过电流的变化来表示不同的字母和符号，这就是后来著名的“莫尔斯电码”（如图 9-2 所示）。

THE MORSE SYSTEM.

Letters.	Signs.	Ciphers and Punctuation-Marks.	Signs.
a	.—	1	.——.
b	—...	2	..—..
c	.. .	3	...—.
d	—..	4	....—
e	.	5	———
f	.—.	6	......
g	——.	7	——..
h	....	8	—....
i	..	9	—..—
j	—.—.	0	———
k	—.—	.	..——..
l	——	,	.—.—
m	——	?	—..—.
n	—.	!	———.
o	. .	“ ”	.—.—.—.—
p	.....	( )	.—..—
q	..—.		
r	. ..		
s	...		
t	—		
u	..—		
v	...—		
w	.——		
x	.—..		
y	.. ..		
z	... .		
&	. ...		

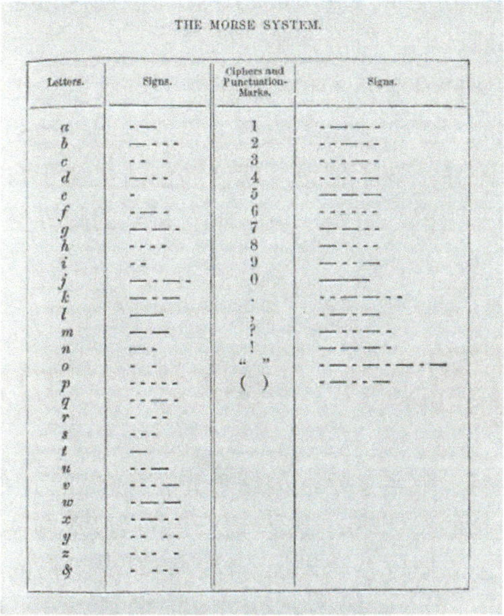

图 9-2　莫尔斯电码

起初，这个想法并不被外界看好，人们认为它太过原始且难以理解。但莫尔斯没有放弃，有了电码，莫尔斯又马上着手研制电报机（如图 9-3 所示）。在极度贫困的状态下，他依旧推进着研制工作。终于，莫尔斯在国会拨款支持下，建成一条连接华盛顿与巴尔的摩两个城市的电报线路。1844 年 5 月 24 日，华盛顿国会大厦联邦最高法院会议厅座无虚席（如图 9-4 所示），莫尔斯怀揣着激动的心，用颤抖的手，向 40 英里以外的巴尔的摩城发出了历史上第一份长途电报：“上帝创造了何等奇迹！”

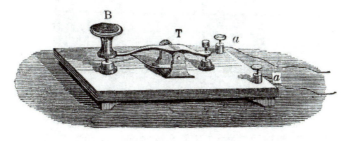

图 9-3　电报机

图 9-4   华盛顿国会大厦联邦最高法院会议厅

　　莫尔斯电码和电报机被发明之后，被迅速推广应用。战争的爆发、和约的缔结、风暴的来临……各种消息都通过电报而得到迅速的传递。

　　莫尔斯的一生始终保持着对艺术和科学的热爱与追求。他用自己的画笔描绘出了科学的美丽与神秘，用自己的智慧创造出了改变世界的发明。他的故事告诉我们，无论身处哪个领域，只要我们勇于跨界、敢于创新，就能够创造出属于自己的辉煌篇章。莫尔斯不仅是一位伟大的科学家和发明家，更是一位艺术与科学的跨界巨匠，他的名字将永远镌刻在通信史的丰碑之上。

第二节   电话之父：贝尔

　　在人类通信史上，有一个名字永远闪耀着光芒——亚历山大·格拉汉姆·贝尔（如图9-5所示），他不仅是电话的发明者，更是一位在电话线端施展魔法，让声音穿越时空的魔术师。贝尔的传奇故事，不仅仅是技术的突破，更是人类情感交流的深刻变革。

图 9-5   贝尔

　　贝尔的家族自祖辈起便与语言学结下了不解之缘，这种深厚的学术背景为他日后的发明之路奠定了坚实的基础。1847 年 3 月 3 日，贝尔出生于英国爱丁堡，一个充满学术氛围的家庭。他自幼便对声音和振动产生了浓厚的兴趣，这种兴趣在他成年后转化为对聋哑人语言教学的深入研究。也正是这份对声音的执着追求，悄然间为他日后发明电话埋下了伏笔。

1873 年，贝尔在进行聋哑人语言教学器材的研究时，偶然间发现了一种奇特的现象：当电流在导线中导通和截止时，螺旋形的线圈会发出类似莫尔斯电码的"滴答"声。这一发现如同一道闪电，照亮了他心中的探索之路。贝尔开始设想，如果能让电流的变化模拟出声波的变化，那么电流不就能传送声音了吗？这一大胆的设想，在当时看来无疑是天方夜谭，但贝尔却坚信这是可行的。

为了将这一设想变为现实，贝尔投入了巨大的精力和时间。他与助手托马斯·沃森携手尝试了各种材料和方法，试图将声波转化为电流，并将电流再转化为声波。这个过程并不顺利，但他们从未放弃。

经过无数次的试验与失败，贝尔终于在 1876 年 3 月 10 日迎来了他一生中最辉煌的时刻。在实验室里，他紧张地调试着设备，当助手托马斯·沃森在电话的另一端清晰地喊出"听到了！"时，贝尔知道，他成功了。那一刻，电话线仿佛变成了一根神奇的魔杖，将声音从一端传送到另一端，跨越了空间的障碍。这一刻，世界上第一部电话诞生了（如图 9-6 所示），它标志着人类通信史上的一个新纪元。

贝尔发明的电话

图 9-6　贝尔发明的电话

然而，关于电话机发明权的争论一直没有停止过。对于贝尔发明的电话，仍有菲利普·雷斯、伊莱沙·格雷、爱迪生、安东尼奥·梅乌奇等人同样发明了电话的异议。但法院根据贝尔申请专利的时间、内容，并且其发明具有实用性，成功实现了声音的双向传输，将专利权判定给了贝尔。

1877 年，贝尔创立了贝尔电话公司（AT&T 的前身），标志着电话从实验室走向了商业化应用。随着技术的不断进步和市场的不断扩大，电话迅速在全球范围内普及开来，成为了人们日常生活中不可或缺的一部分。

贝尔的发明不仅仅是一项技术上的壮举，更是一场声音的盛宴。他通过电话，让声音成为了可以触摸、可以感知的实体。人们不再需要面对面交流，只需拿起电话，就能听到远方亲人的声音，感受到那份跨越千山万水的温暖。贝尔就像是电话线那头的声音魔术师，用他的智慧和才华，为这个世界带来了前所未有的沟通体验。

第三节   无线电先驱：马可尼

在电话时代刚刚拉开序幕之际，另一位伟大的通讯先驱古列尔莫·马可尼（如图 9-7 所示），用他的智慧和勇气，将无线电通信推向了前所未有的高度。马可尼的发明不仅实现了无线电波的跨海传输，更开启了人类通讯史上的新纪元。

图 9-7   马可尼

马可尼从小家境富裕，童年生活衣食无忧。他从小就热爱科学，在自家阁楼中建了一个实验室，捣鼓自己的科学发明。对于他总是摆弄各种奇怪零件和线圈的行为，父亲总是皱眉，但马可尼毫不在乎，因为他有母亲温柔的鼓励，还有一位总是笑眯眯的邻居兼启蒙老师——博洛尼亚大学的物理学教授奥古斯托·里吉为他引路。里吉教授不仅允许马可尼使用学校的实验室和借阅图书，还鼓励他进行无线电波的研究。这些经历为马可尼日后的伟大发明奠定了坚实的基础。

1894 年，马可尼刚满 20 岁。有一天，他正和自己的哥哥在阿尔卑斯山度假，偶然读到了电气杂志上赫兹的实验介绍和论文。他马上想到，电磁波可以用于通信。于是，他匆忙结束假期赶回家中，着手进行相关的实践。很快，马可尼就取得了进展。他用那些看似不起眼的电流和线圈，组装出一个简陋的"魔法"装置，竟然能隔空让远处的电铃"叮当作响"。然而，当马可尼满怀希望地向意大利政府申请专利并希望获得研发经费时，却遭到了拒绝。于是，马可尼带着自己的发明来到了英国伦敦，并在这里成功申请到了无线电专利。

马可尼不满足于小小的成就，他将目光投向了更广阔的大海。他梦想着，如果电波能像信鸽一样，飞越英吉利海峡，甚至横跨大西洋，那该多棒啊！于是，他带着自己的"魔法装置"，踏上了征程。1897 年至 1899 年间，马可尼和他的助手在海边不断实验，使得无线电传输距离从 4.8 公里逐渐突破至 45 公里，这一壮举轰动了整个欧洲。

终于，在 1901 年一个狂风巨浪的夜晚，马可尼和他的团队在纽芬兰的海岸边试验，遭遇了强烈的风暴，导致预先吊起的天线气球被吹跑。马可尼不愿意放弃，他灵光一闪，用风筝拉起了天线。那一刻，整个世界都屏住了呼吸。突然，微弱的"嘀嗒"声从耳机中传来，那是来自英国的呼唤！电波穿越了数千公里的海洋，将两个大陆紧紧相连。

　　马可尼的这一壮举不仅赢得了无数荣誉和赞美，更开启了无线电通信的新纪元。他被誉为"无线电之父"，他的名字和故事被载入了史册。每当夜幕降临，我们仰望星空时，不妨想象那些穿越时空的电波，它们就像马可尼的"电波信鸽"，默默传递着人类的智慧和情感。

　　马可尼的故事告诉我们：只要有梦想和勇气，即使是最不可思议的事情也能成为现实。他就像一位勇敢的探险家，用无线电波绘制了一幅幅壮丽的蓝图，让我们在科技的海洋中自由翱翔。

第四节　无线电先驱：海蒂·拉玛

　　在璀璨夺目的好莱坞黄金时代，有这样一位女子，她不仅以绝世容颜和卓越演技征服了银幕，更在幕后以非凡的智慧，悄然改写了无线电通信的历史。她，就是海蒂·拉玛（如图9-8所示），一位集美貌与才华于一身的隐形发明家，被誉为"CDMA之母"和"Wi-Fi之母"。

图9-8　海蒂·拉玛

　　海蒂·拉玛，这个名字在当时的电影圈几乎无人不晓。她出生于一个富裕的犹太家庭，自幼便展现出了对科学与艺术的双重热爱。当同龄人还在为舞会上的装扮而烦恼时，海蒂已经沉迷于数学、物理等深奥的学科之中，梦想着能用自己的智慧改变世界。

　　然而，命运似乎更偏爱于她的美貌。在16岁时，一次偶然的机会，海蒂被发掘进入了好莱坞，放弃了优异的学业和通信专业，改攻表演。她迅速成为了银幕上的宠儿，她的每一次亮相都足以让人惊艳，但在这光鲜亮丽的背后，海蒂从未忘记过自己的科学梦想。

　　二战期间，海蒂·拉玛的故乡也被战争波及，看着同胞被屠害，海蒂·拉玛拿起了复仇的武器——通信技术。

　　一次偶然的机会，海蒂与音乐家乔治·安太尔在聚会上相遇。他们的话题从优雅的钢琴曲跳跃到了神秘的无线电通信。当乔治提到自动钢琴的打孔编码时，海蒂的眼中仿佛闪过了一道灵光。她仿佛看到了无线电波在空中跳跃、变换频率的奇妙景象。于是，经过两年日夜的苦思冥想和实验尝试（如图9-9所示），海蒂终于有了一项惊人的发明——"跳频技术"。这项技术通过让无线电信号在多个频率之间快速切换，从而有效避免了被敌方单一频率干扰的风险。

图 9-9　海蒂·拉玛做实验

　　然而，当海蒂满怀信心地将这项革命性的技术献给美国政府时，却遭遇了前所未有的冷遇和嘲笑。他们无法想象，一个女演员能捣鼓出如此复杂的科技发明。然而，海蒂并没有放弃。她巧妙地利用自己的明星身份，在她的电影中，她巧妙地融入了与无线电通信相关的元素，试图通过这种方式引起人们的关注和思考。

　　终于，在二战期间，海蒂的"跳频技术"被美国军方发现并采纳。这项技术迅速应用于军事通信领域，极大地提高了通信的可靠性和安全性。美国海军甚至专门为此项技术申请了专利，并将其视为战争胜利的关键因素之一。

　　然而，直到多年后，当"跳频技术"在无线通信领域得到广泛应用时，人们才逐渐意识到这位好莱坞女星的非凡贡献。海蒂·拉玛的名字也因此被重新提起，她不仅是一位银幕上的传奇女星，更是一位被遗忘的无线电通信先驱。

　　海蒂·拉玛的故事告诉我们，美丽与智慧并不矛盾。她用自己的行动证明了，即使身处好莱坞，也能保持一颗对科学探索的初心。她的发明不仅改变了战争的面貌，更为后来的移动通信、无线网络等技术的发展奠定了基础。海蒂·拉玛的名字将永远镌刻在科技史的丰碑上，成为一个不朽的传奇。

第五节　信息论之父：香农

　　他小时候玩发明，长大后玩科学，老了玩股票。他永远保持着一颗童心，像个孩童一样。他从不在乎一件事有没有用，只在乎好不好玩。他就是后来被誉为"信息论之父"的克劳德·艾尔伍德·香农（如图 9-10 所示），但在私下里，大家更喜欢称他为科学界的"老顽童"，而实际上，他更是一位在通信领域独步天下的宗师。

图 9-10　香农

　　香农的童年，简直就是一部活生生的"拆家宝典"。每当家里新添了什么电器，比如收音机、电话机，他总是第一个冲上去，眼睛闪闪发光。然后，不出所料，这些电器就会在"咔嚓咔嚓"声中变成了一堆零件。不过，神奇的是，香农总能神奇地把它们再组装回去，有时候还能让它们多出几个新功能来。这让他的父母既头疼又骄傲。

　　长大后，香农没有选择成为普通的工程师或数学家，而是成为了一个"跨界玩家"。他在麻省理工学院里，一边和电子工程的小伙伴们捣鼓电路，一边又和数学系的学霸们探讨复杂的公式。这种独特的经历，让他看待问题的角度总是那么与众不同。

　　香农的研究之路并非一帆风顺。他常常提出一些看似荒谬却极具洞察力的问题，让同行们感到困惑不解。但他从不气馁，他如同一位武学宗师，将电子与数学的精髓融会贯通，创造出属于自己的独门绝技。终于，在不懈的努力下，香农开创了信息论这一全新领域，成为了名副其实的"开山宗师"。他提出的"信息熵"概念，如同武学中的内功心法，为信息的量化与传输提供了坚实的理论基础。而"比特"这一单位，则如同江湖中的独门兵器，让信息的传递更加精准高效。

　　香农的信息论一经提出，便引起了学术界的轰动。人们惊叹于他那独特的思维方式和深邃的洞察力，纷纷投身于这一新兴领域的研究之中。香农也因此被誉为"信息论之父"（如图 9-11 所示），成为了通信与信息论领域的宗师级人物。

图 9-11　香农公式

　　除了信息论之外，香农还将其"玩"性延伸至数字电路、计算机科学、密码学以及人工智能等多个领域。他就像一位全能的游戏大师，不仅精通本领域的游戏规则和技巧，还能轻松驾驭其他领域的"玩法"。他的这种跨界融合的能力和创新精神，让他成为了科学界一颗璀璨的明星。

　　然而，对于香农来说，荣誉和地位并不是他追求的目标。他更享受的是那种在探索未知中获得的乐趣和成就感。他常常以一种玩世不恭的态度对待自己的研究成果，将它们比作是游戏中的"彩蛋"。

　　香农的故事告诉我们，科学探索是一场永无止境的冒险。只有保持一颗好奇心、勇于挑战常规、坚持不懈地追求真理，才能成为真正的宗师级人物。香农用他的一生诠释了这一真理，成为了我们永远的榜样和楷模。

第六节　光纤之父：高锟

在 20 世纪 60 年代末，高锟，一名就职于 ITT 设于英国的欧洲中央研究机构——标准电信实验有限公司的华裔科学家（如图 9-12 所示），正站在时代的十字路口，心中怀揣着一个看似遥不可及的梦想，用光来传输信息，让通信速度超越人类想象的极限。这个梦想，在当时许多人看来，无异于天方夜谭，但高锟却坚信，光的潜力远超我们所知。

图 9-12　正在做光纤早期实验的高锟

1959 年，激光的横空出世让通讯界看到了希望，但在经过一些试验后，其特性并不足以作为远距离传输的载体。在当时，通信领域的主流仍是传统的铜质电缆。这些电缆虽然可靠，但传输速度有限，且随着距离的增加，信号衰减问题日益严重。高锟意识到人类迫切需要寻找到一种高速、便捷，同时还要兼具制造成本低廉、信号损失很小的长距离信息传递介质。

高锟的光通信研究之路并非坦途。为了寻找介质，他尝试了大量的线缆材料，但效果都不理想。于是另辟蹊径，把目光转向了透明材料上。虽然在当时，许多研究都已证实透明材料的衰减率过大，无法实现长距离传输。可高锟坚信，只要找到合适的光纤材料和结构，就能大幅降低光的衰减率。于是高锟开始了几年的夜以继日的埋头实验。1966 年，高锟发表了一篇题为《光频率介质纤维表面波导》的论文（如图 9-13 所示），开创性地提出利用高纯度玻璃纤维在光通信上应用的基本原理和构想。也正是这篇具有划时代意义的论文，他于 43 年后收获了诺贝尔物理学奖。

Dielectric-fibre surface waveguides for optical frequencies

K. C. Kao, B.Sc.(Eng.), Ph.D., A.M.I.E.E., and G. A. Hockham, B.Sc.(Eng.), Graduate I.E.E.

Synopsis

A dielectric fibre with a refractive index higher than its surrounding region is a form of dielectric waveguide which represents a possible medium for the guided transmission of energy at optical frequencies. The particular type of dielectric-fibre waveguide discussed is one with a circular cross-section. The choice of the mode of propagation for a fibre waveguide used for communication purposes is governed by consideration of loss characteristics and information capacity. Dielectric loss, bending loss and radiation loss are discussed, and mode stability, dispersion and power handling are examined with respect to information capacity. Physical-realisation aspects are also discussed. Experimental investigations at both optical and microwave wavelengths are included.

图 9-13　高锟发表的论文

然而，高锟的理论在当时并未获得认同，所有人都认为，高锟所设想的"没有杂质的玻璃"是不存在的，甚至被媒体嘲笑为"痴人说梦"。为了证明自己的理论，高锟造访了世界各地的玻璃工厂，试图寻求合作。但是，这些工厂都因高昂的花费成本拒绝了高锟。万般无奈的高锟只能自己动手，但进展缓慢。

1966年的年底，事情终于迎来了转机。在论文发表4年后，美国康宁公司终于制造出了符合理论的低损耗试验性光纤，翻开了光通信时代的第一个篇章。1981年，第一个光纤系统面世，纤细的光纤取代了体积庞大、造价昂贵的铜缆，此后改变人类社会的互联网诞生，也以此为基础，信息的传输方式再次经历了一场全球革命，而高锟"光纤之父"之名由此传遍世界。

高锟的故事告诉我们，创新是推动社会进步的重要动力。只有敢于挑战传统、勇于探索未知领域的人，才能创造出改变世界的伟大发明。高锟用他的一生诠释了这一真理，成为了我们永远的榜样和楷模。

第七节　中国光纤之父：赵梓森

在改革开放的春风中，中国大地正经历着一场前所未有的科技变革。而在这场变革的浪潮中，有一位名叫赵梓森的科学家（如图9-14所示），他以非凡的智慧和坚韧不拔的精神，在中国光纤通信领域点亮了第一缕破晓之光，他也因此被誉为"中国光纤之父"。

图9-14　做实验的赵梓森

赵梓森出生在一个普通的家庭，自小便兴趣广泛，动手能力极强，对科学充满了好奇与向往。少年时期历经了抗日战争的苦难，赵梓森励志要科学救国。在那个信息闭塞的年代，他凭借着对知识的渴望和不懈的努力，不断提升自己的知识水平。在听说国外正在探索光纤通信后，赵梓森嗅到了一场呼之欲来的通信技术革命气息，于是毅然决定也要投身研究。

然而，当时的中国，光纤通信技术还一片空白，对于赵梓森想要研究的"玻璃丝通信"，大家都觉得是胡说八道。国外虽然已有相关研究，但技术封锁严密，资料稀缺。面对这样的困境，赵梓森没有退缩，他深知，自主创新才是突破封锁、实现跨越的唯一途径。

为了证明光纤能够通信，赵梓森开始了艰难的探索之旅。没有人？他拉来当时院里因改制而无处可去的物理、化学老师组成了10人小团队。没有实验室？他们就将厕所边的洗手间开辟为研究阵地。没有设备？也不怕，自己动手制作，用废弃车床改成玻璃车床。没有现成的理论指导？他们就自我发挥，根据现有资料，充分发挥想象，反复试验，总结经验。

终于，1976 年 3 月赵梓森团队（如图 9-15 所示）拉出了中国第一根石英光纤——一根 17 米的玻璃细丝。又历时 3 年，在 1979 年的一个不平凡的春日，赵梓森团队取得了历史性的突破。他们成功研制出了中国第一根实用化的光纤，并实现了光信号在其中的稳定传输。这一消息立即轰动了国内外科技界，标志着中国光纤通信技术的正式起步。

图 9-15　赵梓森团队

此后，赵梓森带领团队完成了从"六五"到"十五"期间几乎所有我国首创的光纤、光通信机、光电子器件、光测试仪表等全系列的技术突破与产品研发。更成功地转化为生产力，促进了光谷光纤通信产业的形成与发展。在他的带领下，光谷逐渐发展成为全球最大的光纤、光缆、光电器件生产基地和最大的光通信技术研发基地。这一成就不仅提升了中国在国际光纤通信领域的地位，也为光谷的经济发展注入了强大的动力。

在赵梓森的晚年生活中，他依然活跃在科研一线，积极参与各种学术交流和技术指导。他用自己的经历和智慧激励着年轻一代的科学家和工程师们不断前行、勇于探索。他常说："科技是国之重器，我们每一个人都要为国家的科技进步贡献自己的力量。"

中国光纤之父赵梓森，用一根玻璃丝开辟了中国光通信之路，仅比美国晚 6 年。随着技术的不断成熟和完善，从城市到乡村，从科研院所到千家万户，光纤以其独特的优势，彻底改变了人们的通信方式和生活面貌。赵梓森也因此成为了中国光纤通信领域的领军人物，他用自己的实际行动诠释了什么是科学精神、什么是爱国情怀。他像一束破晓之光，照亮了中国光纤通信的未来之路，也照亮了中国科技事业的光辉前程。

第八节　中国微波之父：林为干

位于成都的电子科技大学的校园里，一座半身雕像静静矗立，镌刻着"做一辈子研究生"的誓言。这句质朴的箴言，属于被尊为"中国微波之父"的林为干。他用一生探索电磁波的奥秘，在无形之境中构筑起连接天地的通信网络，让现代文明得以在电磁天穹下自由呼吸。

1919 年，林为干出生于广东台山，少年时便目睹了列强铁蹄下的山河破碎。二哥林基路"以学报国"的嘱托，如星火点燃少年胸中热血。16 岁考入清华大学电机系时，他已在昆明前线架设电话线，穿梭于日军炮火中保障通信。这段经历让他深知：电磁技术是守护家国的无形铠甲。

1945 年，林为干赴美攻读博士学位（如图 9-16 所示）。在加州大学伯克利分校，他向电磁场理论巅峰发起冲击。当时学界认为圆柱谐振腔仅能利用两个简并模，林为干却通过海量文献研读与数学推演，发现五个简并模共存的可能。1951 年，其博士论文《单腔多模微波滤波器》发表于《应用物理学报》首页，颠覆性理论令国际微波界震动——用单个谐振腔替代多个腔体，设备体积骤减 70%，重量减轻 50%。这项技术成为卫星通信的基石。

图 9-16　林为干在美国科罗拉多州

面对美国高薪挽留，林为干毅然选择回国。在成都电讯工程学院，他白手起家创建电磁场与微波技术学科，编写的《微波网络》成为首部中文教材。1978 年全国科学大会上，他提出的"闭合场 - 开放场 - 镜像理论"体系获重大奖项，攻克困扰学界半个世纪的介质平面双镜难题。90 岁高龄时，他仍在推导介质球静电镜像公式（如图 9-17 所示），最终成功破解这道自麦克斯韦时代遗留的"电磁学哥德巴赫猜想"。

图 9-17　林为干在实验室工作

林为干培养的"微波林家军"遍布全球：从"中国航天飞船掌舵人"曾令儒到毫米波技术开拓者吴正德，数千名弟子在卫星、5G、雷达等领域开疆拓土。他独创的"林 - 钟方法"至今仍是传输线特性阻抗计算的金标准，而椭圆波导理论更让中国制定出世界首套椭圆直波导标准。

2015 年，林为干辞世，但他的理论仍在编织现代文明的经纬。从手机里的 5G 信号到太空中的北斗卫星，从医院里的磁共振成像到厨房里的微波炉，这位东方智者构筑的电磁天穹，始终庇护着人类对无线连接的追求。正如他常说的："电磁波无国界，但科学家有祖国。"在无形的电磁世界中，林为干用一生谱写了一曲荡气回肠的科学史诗。

第九节　通信架构师：张煦

1913 年，江苏无锡的巷陌间，一个孩童捧着父亲从上海交通大学带回来的无线电杂志，眼中映着跃动的电波符号。这个叫张煦的少年不会想到，自己将成为中国通信史上不可或缺的织网人，用六十余载春秋编织出横跨神州的信息经络。

1934 年，当张煦以专业第一的成绩从交通大学电机系毕业时，马可尼铜柱在工程馆前的草坪上已矗立数载。这位无线电之父的来访，在少年心中埋下了以电磁波丈量世界的火种。留美期间，他在哈佛实验室彻夜推演磁控管方程，麻省理工学院的暑期实践让他触摸到通信技术的脉搏。当导师递来博士录取通知书和奖学金时，他却在实验记录本上写下："科学无国界，科学家有祖国。"

1940 年，张煦带着装满图纸的牛皮箱回到战火纷飞的祖国。在重庆九龙坡的校舍里，他执起教鞭，将《长途电话工程》的油印讲义发给衣着简朴的学生。黑板上，他绘制的载波机原理图与窗外防空洞的轮廓重叠；实验室中，他指导学生用真空管搭建的通信模型，竟在抗战通信中派上用场。这段"以学报国"的岁月，催生出中国首部《长途电话工程》教材，更培育出新中国第一代通信骨干。

历史的洪流将张煦推向成都电讯工程学院。在简陋的竹棚实验室里，他敏锐捕捉到半导体技术的曙光。1962 年，当《晶体管电路分析》付梓时，中国通信设备正式迈入晶体管时代。更令人惊叹的是，他带领团队研制的 1800 路晶体管载波机，让横跨秦岭的通信线路首次实现"零失真"。这份执着，在特殊年代里化作刻写蜡纸的沙沙声，在教材扉页留下"为同学服务，就是为人民服务"的题词。

改革开放的春风中，年过花甲的张煦（如图 9-18 所示）在交大校园种下光纤通信的种子。他亲自翻译的《光纤通信原理》教材，让青年学子得以窥见未来通信的轮廓。1984 年建立的光纤技术研究所，十年后跻身国家重点实验室，研制的波分复用器实现单纤万路传输，终结了国外技术垄断。当国际同行惊叹于中国光纤网的崛起时，张煦正伏案撰写《信息高速公路纵横谈》，布鞋踏过实验室的脚步从未停歇。

图 9-18　张煦在图书馆

　　2015 年，102 岁的张煦在上海逝世。他留下的不仅是 56 部著作、400 余篇论文，更有一张绵延半个世纪的通信人才网——从晶体管到光纤，从模拟到数字，他的学生中走出院士、总工程师、企业掌门人，共同织就覆盖九州的通信经络。这位终身未娶的科学家，用毕生心血在神州大地编织出永不消逝的电波，让每一声"喂，听得见吗？"都能穿越山海，抵达彼岸。

第十章　通信的精神丰碑

第一节　英雄李白，永不消逝的电波

李白（如图10-1所示），原名李华初，别名李朴、李霞、李静安等，1910年出生于湖南浏阳溪村（今白石村）的一个贫寒农家，8岁启蒙，13岁因交不起学费辍学，踏入染坊开启学徒生涯，这段经历磨砺了他的坚韧与初心。

图 10-1　李白

1925年社会变革浪潮涌动，少年李白勇立潮头，成为当地青年组织中的先锋人物。年仅15岁便展现出领导才能，带领同龄伙伴勇敢行动，16岁火烧敌团部，成为当地家喻户晓的少年英雄。1930年夏，他率领的队伍配合一支主力部队参与了长沙方向的军事行动。这场战斗中，由于通信联络不畅，几支部队没有按时会合，损失惨重。正是通过这次经历，李白深刻认识到高效通信在军事行动中的关键作用。

1931年初，当时的一支主要部队利用作战中获得的无线电设备，开始建立自己的通信网络，李白成为其无线电培训班的第二批学员。尽管只有小学文化程度，但他凭借刻苦努力，迅速掌握了英文缩写简语和无线电收发报技术。从培训班结业后，李白不仅成长为技术骨干，更以其坚定的信念——"通信是事业发展的基石"鼓舞着同伴。随后，他担任了部队通信部门的重要职务，多次在战火纷飞中守护通信设备，保障指令传递，立下显著功绩。

长征途中，他所在的部队作为后卫，奉命掩护主力军强渡湘江。面对敌人持续增兵、轮番猛攻的巨大压力，前沿阵地一度失守。刹那间，炮火连天，烟尘弥漫。危急关头，李白奋不顾身，用自己的身体掩护住电台（如图 10-2 所示），并向所有通信人员发出"电台重于生命"的铿锵誓言。这句话，从此成为他一生恪守的信念。

图 10-2　李白使用的电台

李白精心选择在人们都已沉入梦乡、空中干扰和敌人侦察相对较少的零点至四点作为通信时间。为了防止光线透出和声音外传，他每晚都要把 15 瓦的灯泡换成 5 瓦，并在灯泡外蒙上一层黑布，再将小纸片放在电键接触点上。近乎完美的准备、精细入微的处理，只为确保电波无声穿云、通信万无一失。

1942 年，日军攻占法租界，大肆搜捕，妄图压制反抗力量。尽管李白把电台功率从 50 瓦降到了 15 瓦，仍难逃日军侦测。中秋前夕，警报骤响，李白用最快的速度将最后一段电文发完，拉开一块地板，把拆散的发报机藏进去，然后抱起收报用的收音机跑回二楼。日本宪兵特务进门后，到处乱翻，在阁楼地板下找到了发报机。问李白："这是什么？"李白从容地说："我们是郑家的房客，郑太太住医院了，我们刚刚搬过来，没见过这些东西。"一个可能懂点无线电的日本特务拉起李白的手看了一会儿说："哼，你是老资格啦！"不容分说就把李白押走。在酷刑之下，李白被折磨得几次昏死过去，但他始终咬紧牙关，只字不吐露秘密。

一次李白带着电台路过淳安时，藏在箩筐里的发报机被查获，他第二次身陷囹圄。日本人把烧红的木炭烙在他的身上，给他灌辣椒水，用老虎钳子拔去他的指甲，鲜血洒了一地。李白始终坚持说自己的电台是私人商用的，是为生意人发报。敌人查无实据，只好把他关在牢里。后经多方营救，李白又一次脱离虎口。还未等身体恢复，他便坚定地表示："你只看到我的骨头打断了，皮打破了，但我的意志是打不掉的！敌人的残暴只能使我感到自己责任的重大！我们亲身经受过敌人的迫害，难道还能允许敌人继续残害无辜吗？不能！这需要我们这些从事秘密工作的人更加积极斗争，更好地完成使命。否则，民众是没有活路的。"

在这种极端条件下，李白长期经受着严峻考验，他勇敢、忠诚、无畏，一次次出色地完成了至关重要的通信任务，用无线电波架起了连接上海与外界关键力量的"空中桥梁"。

1948 年岁末，人们酣然入梦迎接新年时，李白在上海阁楼孤灯下指尖飞舞，快速敲击着一封关于重要军事动向的电报（如图 10-3 所示）。面对告密的威胁，他毅然决然："电台重于生命，有报即发！"在敌人的重重包围中，急促的三个"V"字取代了平时道别电码"GB"划破夜空，这是他对职责的坚守，也是生命的绝响。终于，他摘下耳机，长舒了一口气。可是，发报机内的余温尚未散去，敌人的枪口便对准了他，李白被捕。

图 10-3　李白使用的电台

寒夜漫长，在被捕后的 4 个多月里，李白受尽酷刑，但他始终坚贞不屈，严守机密，使得秘密通信网络得以迅速恢复，传递希望。仅 20 天后，上海迎来了新的局面，而他，却永远定格在了 39 岁的青春。

李白临终遗言，温暖而坚定："光明就在眼前，个人安危轻如鸿毛。愿大家享自由，勿忘来时路，勤俭前行。"在隐秘战线上，还有许多与李白一样的英雄，他们以生命守护通信，以信念传递信息。李白的精神，如同那不息的电波，穿越时空，激励着通信工作者们，在各自的岗位上追求卓越，为国家发展贡献力量。李白之名，化作一座丰碑（如图 10-4 所示），照亮着通信人的前行之路。

图 10-4　李白纪念雕像

第二节　通信兵的三分钟

1952 年的上甘岭战役，是朝鲜战争中一场异常残酷激烈的战斗。在这场战役中，涌现了许多可歌可泣的英雄人物，牛保才便是其中之一。

牛保才（如图 10-5 所示），1927 年出生在山西壶关县。自 19 岁从军起，便在战场上屡立战功。早年在淮海战场期间，他作为一名普通的电话员，为确保通信畅通，曾 7 次负伤不下火线，直至右腿重伤昏迷才被送医。然而，腿伤未愈，他便急切返回部队。在上甘岭战役前夕，从第五次战役到阵地防御战，他带领小分队如同"暗夜幽灵"，多次深入危险区域，累计切断对方通信线路超过 5000 米，同时为己方"补充物资"，提升战力！

图 10-5　牛保才

1952 年 10 月 14 日，一场针对 597.9 高地的猛烈攻势展开。进攻方投入了大量火炮、坦克，炮弹如雨倾泻，短短时间高地上便承受了数万发炮弹的轰击。

连接前沿阵地与指挥所的电话线，在猛烈的炮火下遭受重创，一天之内竟被炸断 800 多次。断线四处散落，有的断头深埋于浮土之下。在这危急关头，牛保才挺身而出！他穿梭在密集的爆炸和横飞的弹片中，一次次修复着断裂的通信生命线。当他满身尘土返回营部时，指挥官正通过电话部署反击。突然，一阵剧烈的爆炸震动了坑道，电话再次中断。反击命令无法传达，战机稍纵即逝，形势万分紧急！牛保才没有丝毫犹豫，习惯性地检查了腰间的工具和剩余的线材，说了声："我马上去！"便背起线拐和电话单机，毅然冲入硝烟弥漫的战壕。

牛保才沿着线路仔细排查，终于找到了断点所在。然而，就在此时，一发炮弹在他附近爆炸，左腿被炸断，血流不止，右手也被弹片击穿。他强忍剧痛，拖着伤躯爬向断线处，身后留下一条血路。更严峻的是，他携带的备用线也被炸断。望着近在咫尺却相隔一米多的断头，牛保才做出了一个震撼人心的决定——用身体连接起这段缺失的线路。他用尽最后的力气，爬到两处断线之间，一手握住一端线头，将另一端紧紧咬在口中，用自己的身躯充当了临时的导线（如图 10-6 所示），无情的电流，此刻承载着关键的命令，穿过他的身体，如同离弦之箭般传向前沿阵地。

图 10-6　牛保才（影视剧照）

三分钟，在战场上往往决定成败。而这位年仅 25 岁的青年，用血肉之躯换来了这宝贵的三分钟。当反击的号角终于吹响，高地得以稳固之时，牛保才却静静地躺在那里，保持着连接线路的姿态，时间仿佛凝固在他英勇献身的瞬间。

这是一场关于勇气、智慧与牺牲的壮烈史诗。牛保才用生命诠释了通信兵的至高使命，身线连心，三分通话铸就了不朽的军魂，书写了通信史上最崇高的篇章（如图10-7所示）。

图10-7　牛保才烈士证书

第三节　深山密林中的信息高速公路

在祖国的辽阔版图上，有不少被茂密森林覆盖的深山区域，被世人遗忘的秘境，群山环抱，云雾缭绕。长久以来，这片深山中的村落因交通不便、通信不畅，成为了现代文明的盲区。村民们世代以耕作为生，日出而作，日落而息，外界的繁华与变迁似乎与他们无关。孩子们渴望知识，却只能对着星空遐想；老人们渴望与远方的亲人联系，却只能将思念寄托于书信和偶尔传来的模糊电话声。信息的匮乏，像一道无形的墙，将这片土地与外界隔绝。

转机出现在一个春日的清晨。当第一缕阳光穿透云层，照耀在这片沉睡的土地上时，一支由工程师、技术人员和志愿者组成的团队，踏上了前往深山的征途。他们深知要想让乡村真正发展起来，就必须打破信息闭塞的桎梏，让现代信息技术的春风也能吹进这片封闭的土地。

起初，团队的想法并不被所有人理解。有些老一辈的村民习惯了世代相传的生活方式，对于"信息高速"这样的概念感到陌生甚至排斥。他们认为，山里的日子虽然艰苦，但自给自足，平静安详，何必去破坏这份宁静呢？面对这样的质疑，团队成员们没有放弃，他们耐心地与村民们沟通，用一个个生动的例子解释信息技术如何能够帮助他们改善生活，提高生产效率，甚至让山里的特色农产品走出大山，走向全国乃至全世界。

终于，团队的真诚与坚持打动了村民们的心。在政府的大力支持下，一项前所未有的工程——"深山信息高速公路"项目正式启动。这不仅仅是一条物理上的道路，更是一条无形的信息通道，它将深山与外界紧密相连，让信息高速穿越密林，照亮每一个角落。

面对陡峭的山坡、密布的荆棘、不时出现的野生动物，以及极端的气候条件，建设过程充满了挑战与艰辛（如图 10-8 所示）。工程师们需要克服地形复杂、施工难度大等重重困难，同时还要保护好脆弱的生态环境，实现人与自然的和谐共生。他们利用无人机进行地形勘测，采用环保材料建设基站，运用最新的通信技术确保信号稳定覆盖。

图 10-8　通信保障工程师野外作业

经过无数个日夜的奋战，一座座信号塔如雨后春笋般在群山之巅拔地而起，宛如守护这片土地的灯塔，指引着信息之舟破浪前行。当第一缕数据流穿越密林，抵达那些偏远的村落时，整个山谷都沸腾了。村民们簇拥在村头的广播前，听着从远方传来的清晰声音，脸上洋溢着前所未有的喜悦与激动。孩子们通过远程教育，第一次看到了外面的世界；老人们通过视频通话，与久未谋面的亲人重逢，泪水与笑容交织在一起，温暖了整个山谷。

信息高速公路的建成，不仅极大地改善了村民们的生活条件，更激发了他们内心深处的活力与创造力。农产品通过网络平台销往全国各地，甚至远销海外，村民们的腰包鼓了起来，生活水平显著提高。同时，外界的文化、技术、教育资源也源源不断地涌入这片土地，促进了当地教育、医疗、文化等各方面的全面发展。村民们开始尝试利用互联网创业，开设民宿、发展生态旅游，这片曾经被遗忘的秘境焕发出了新的生机与活力。

如今，这片深山已不再是一座孤岛，而是成为了信息时代的受益者。随着技术的不断进步和应用的深入，未来的深山将更加美好。智慧农业、绿色能源、远程医疗等项目的实施，将进一步推动当地经济的转型升级，实现可持续发展。而这一切的改变，都始于那条穿越密林的信息高速公路，它不仅是物理上的连接，更是心灵与希望的桥梁，让深山中的每一个梦想都能照进现实。

深山筑路，信息高速穿密林，是一段关于勇气、智慧与坚持的传奇。无论多么偏远与艰难，只要心中有光，脚下就有路，信息就能跨越千山万水，照亮每一个角落。

第四节　珠峰云端的5G信号

在世界屋脊之上，珠穆朗玛峰以其巍峨之姿，傲视着群山，被誉为"地球之巅"。这里，是自然与人类勇气的试炼场，每一块岩石、每一片雪花都承载着无尽的故事与挑战。而今，在这片神圣而遥远的土地上，一个新的篇章正被悄然书写——5G信号，这一现代科技的奇迹，穿越了重重困难，成功覆盖在了珠峰的雪冠之上。

让5G信号覆盖世界最高峰，这不仅仅是一项技术挑战，更是对人类探索未知、连接极限的一次致敬。中国通信巨头华为与三大运营商携手，决心将这一梦想变为现实（如图10-9所示）。他们知道，这将是一次前所未有的尝试，需要在极端环境下，解决高海拔、低温、强风等一系列技术难题。

图 10-9　雪山上施工的通信工程师

为了实现这一目标，团队首先需要解决的是如何在珠峰这样的高海拔地区建设基站。传统的通信设备在如此恶劣的环境下难以正常工作，因此，研发团队专门设计了适应高原气候的特殊基站，这些基站不仅能抵御零下几十度的严寒，还能在强风、暴雪中稳定运行。此外，由于珠峰地区地形复杂，信号传输难度大，团队还创新性地采用了卫星通信技术作为辅助，确保信号的稳定覆盖。

施工过程中，工程师们面临着身心的双重考验。他们背负着沉重的设备，在稀薄的空气中艰难前行，每一步都可能是生与死的考验。然而，正是这份对科技的执着与对梦想的追求,让他们不断突破自我,将基站一步步搭建至珠峰之巅。

经过数月的不懈努力,终于,在珠峰之巅,5G 信号成功点亮(如图 10-10 所示)。这一刻,不仅是通信技术的胜利,更是人类探索精神的胜利。信号的成功覆盖,意味着即使在最偏远、最极端的环境中,人们也能享受到高速、稳定的网络服务。这对于科学研究、登山救援、环境保护等多个领域都具有深远的意义。

图 10-10 雪山上的基站

科学家们可以通过 5G 网络实时传输高山气象数据,为气候变化研究提供宝贵资料;登山者遇到紧急情况时,可以立即通过 5G 信号发出求救信号,大大缩短救援响应时间;环保组织则能利用这一技术更好地监测珠峰周边的生态环境,保护这片净土不受破坏。

珠峰雪冠,5G 信号耀云端的背后,是人类对未知世界的无限向往与探索。它不仅是科技进步的象征,更是人类智慧与勇气的结晶。这一壮举不仅证明了现代通信技术的强大潜力,也为未来更多领域的创新合作开辟了道路。

随着 5G 乃至更先进的通信技术在更多极端环境下的应用,我们可以预见,无论是深海、极地还是其他人类难以触及之地,都将逐渐被连接,形成一个更加紧密、智能的地球村。这不仅能促进全球信息的无障碍流通,也将为保护地球、促进人类可持续发展贡献重要力量。

珠峰之巅的 5G 信号,如同一盏明灯,闪耀云端,照亮了人类探索未知的征途,未来的日子里,无论多么遥远艰难的地方,都将不再是信息的孤岛,而是人类智慧与文明光芒所能触及之处。这是一次科技的飞跃,更是人类探索精神的永恒赞歌。

第十一章　通信的企业版图

第一节　华为：坚持创新的全球通信巨头

华为技术有限公司（简称华为）的创始人任正非，于 1944 年出生在贵州安顺市镇宁县的一个偏远贫困山村。他的父亲是一位乡村中学老师，家里除了任正非，还有五个兄弟姐妹。任正非成长在艰苦的环境中，尽管家境贫寒，但他的父母深知教育的重要性，坚信知识能改变命运，即使在有限的条件下也尽力为他创造学习机会，而任正非也在学习中展现出了非凡的毅力和勤奋。

1963 年，任正非开始在重庆建筑工程学院（现已并入重庆大学）求学。毕业后，他加入一家建筑工程单位，开始了他的职业生涯。1974 年，他为了参与法国援建的辽阳化纤总厂项目而应征入伍，成为了一名基建工程兵。随着国家政策的变化，他退伍并转至深圳南海石油后勤服务基地工作。1987 年，他与几个合伙人共同集资了 21 000 元，在深圳南油新村的居民楼里开启了他的创业之旅。这一年，深圳华为技术有限公司正式创立，任正非在 43 岁的"高龄"，创立了这个在 21 世纪令人敬畏的科技巨头。

然而，华为的起步并不顺利，公司初期的业务主要为代理销售香港生产的 HAX 小型交换机等通信设备，为了维持公司的运营并寻求发展，任正非甚至涉足过减肥药市场。后来，在辽宁省农话处处长的介绍下，任正非才成功代理了 PBX 交换机，这是一种企业内部的通信系统。当时，华为所代理的产品主要面向国内的企事业单位，而中国通信市场正被外资企业牢牢占据，华为作为后来者，面临着巨大的市场竞争压力。

面对这种困境，任正非深知要想生存，就必须走上自主研发的道路。1991 年，华为租下了深圳市宝安县蚝业村工业大厦的三楼（图 11-1），走上了一条孤注一掷的自主研发之路。当时，公司员工不足百名，资金匮乏，随时有倒闭的风险。

图 11-1　华为实验室

　　这时，另一个传奇人物登场了，他就是大家非常熟知的天才少年——李一男。李一男是湖南长沙人，1970 年出生，15 岁就上了大学，毕业于华中科技大学少年班，23 岁研究生毕业后加入了华为。任正非非常器重和信任李一男，把 C&C08 万门数字程控交换机的研发重任交给了他。

　　李一男不辱使命，经过大半年的艰苦奋斗，在 1993 年初，华为成功研发出了 2000 门大型数字程控交换机，同年 9 月又研发出了万门机型。"C&C08" 这个名字蕴含着深刻的意义——是农村包围城市的战略（Country&City）和计算机与通信（Computer&Communication）的结合。为了迅速抢占市场，任正非采用了 "农村包围城市" 的市场策略，重点主攻外资企业看不上的农网市场。1995 年，C&C08 交换机通过了邮电部的生产定型鉴定。这一年，中央提出了 "村村通" 计划，凭借这一宝贵契机，华为实现了销售收入 15 亿元人民币。

　　C&C08 的成功暂时缓解了华为的危机，但公司又面临新的问题，即如何在获得资金支持后找到新的方向。1996 年，任正非决定引入竞争淘汰机制，让管理层的干部集体辞职，重新参加竞聘。这场声势浩大的下岗重聘，使大约 30% 的干部被替换。被替换下来的干部，很多重新回到基层，从零开始干起，但没有一个人闹事。

　　从此之后，华为就建立了 "干部能上能下、工作能左能右、人员能进能出、待遇能升能降" 的灵活管理机制。1996 年，华为公司邀请外部专家参与，成立了《华为基本法》起草小组，共同制定华为的管理体系和工作流程。经过九易其稿，《华为基本法》最终于 1998 年发布，如图 11-2 所示。这部企业 "宪法" 为华为后来的快速发展奠定了基础。

图 11-2　华为基本法

　　进入 21 世纪后，全球经济动荡，IT 泡沫破裂，给通信行业造成了重创。2001 年至 2002 年间，全球电信基础设施投资下降 50%，大量科技企业倒闭。期间，任正非发表了《华为的冬天》一文，华为面临的局面变得越来越严峻。

　　在那个风起云涌的时代，华为迎来了任正非的新战略。他决定，打破原有的局限，把公司推向一个更加多元和广阔的未来。任正非不满足于仅仅在程控交换机市场上争夺，而是开始关注国际市场的潮流，并着手引入新的产品线。1996 年，华为设立了新的业务部，专门研发会议电视系统、光传输和数据通信技术。这些新兴部门后来发展成了多媒体、传输和数据通信三大部门，成为了华为最重要的利润来源。

　　不仅如此，华为还在无线通信领域寻找突破，启动了 2G/3G 的研究计划。1997 年，华为推出了 GSM 解决方案，该方案标志着华为开始向世界展示自己的实力。为了支持这些业务的成长，华为也在人才培养上下了一番功夫，为此在上海和北京成立了研究所。从任正非在北京考察时与所长刘平的一段对话中，我们可以看出华为的人才观：在确定数据通信产品方向前，多招人做"洗沙子"工作也是必要的。正是有这样的人才储备，华为才构建起了强大的产品研发体系。

随着时间的推移，华为的全球化战略逐渐展开。它首先在香港市场取得突破，随后又迅速进入东欧和独联体国家的市场。此外，华为还成功进军了亚非拉地区市场，克服了语言和文化差异，赢得了客户的信任。

在积累了宝贵的市场经验后，华为将目光转向了欧洲这个老牌设备商的大本营。通过提供低价优质的服务，华为成功赢得了数个项目合同。2004 年和 2006 年，华为在欧洲高端市场取得了显著进展。

2011 年，华为在经营结构上进行了重大变革，逐渐形成了运营商 BG、企业 BG 和消费者 BG 三个独立的业务集团。这次转型不仅巩固了华为在传统通信领域的优势，还推动了公司整体业绩的增长。特别是消费者 BG 的成功，让华为手机迅速崛起，成为行业领导者。

华为的芯片业务同样不可小觑。早在 1991 年，他们就建立了 ASIC 设计中心，专注于专用集成电路的开发。2004 年，华为进一步成立了海思半导体有限公司，为手机芯片等领域的发展提供动力。现在，华为海思已成为业界知名的芯片供应商，尤其是麒麟系列手机 SoC 芯片（图 11-3），深受消费者喜爱。

图 11-3　麒麟芯片

在这个日新月异的科技时代，华为无疑是一个令人敬佩的存在。它的故事，不仅仅是一家企业的辉煌历程，更是中国乃至全球科技发展的缩影。从最初的小规模创业公司，到如今全球领先的 ICT（Information and Communications Technology，信息和通信技术）解决方案提供商，华为的成长之路充满了挑战与创新。

华为的成就可谓是数不胜数，但其中最耀眼的莫过于其在通信设备、网络设备、核心路由器、5G 专利、光伏逆变器等领域的全球领先地位。这些成就的背后，是华为长期坚持自主创新的不懈努力。华为坚持每年将 10% 以上的销售收入投入研究与开发，近十年的研发投入超过 8450 亿元人民币，这一数字在全球企业中位居第二，充分体现了华为对未来科技创新的深远布局和坚定信心。

华为不仅在技术创新上取得了巨大成就，其在人才培养方面的投入同样值得称赞。华为启动的"众智计划"开放了 4000 多种课题，累计投入约 2 亿元人民币，致力于培养关键核心人才。这种将技术与教育相结合的模式，不仅提升了华为自身的竞争力，也为中国科技产业的持续发展贡献了力量。

　　虽然华为的成功并不总是一帆风顺的，但是在面对外部压力和挑战时，华为通过持续地自主创新和战略调整，展现出了强大的韧性和生命力。华为的成就，不仅代表了中国科技企业走向世界的勇气和智慧，也展示了自主创新精神的强大力量。正如任正非所言："华为不需要历史。"他的视野和远见，让华为能够在复杂多变的环境中不断突破自我，引领行业前行。未来，华为还将继续以创新的姿态，书写属于自己的新篇章。

第二节　中兴：勇往直前的 5G 技术探索者

　　1985 年，深圳，这座充满活力与机遇的城市，迎来了它的新居民——中兴通讯股份有限公司（简称中兴）的前身：深圳市中兴半导体有限公司。那时的它，还只是一家从事简单电子组装的小厂，但正是这片热土，孕育了中兴人勇于创新的灵魂。

　　侯为贵，这位中兴的创始人，他的故事本身就是一部传奇。从工程师到航天人，再到改革开放的弄潮儿，侯为贵的一生充满了对未知世界的渴望与探索。面对瞬息万变的市场，他敏锐地捕捉到了通信行业的巨大潜力，于是，中兴半导体逐渐转型，踏上了发展通信技术的征途。

　　创业之路从不是一帆风顺的。面对技术封锁和市场挤压，中兴人没有退缩，而是选择了更加艰难的道路——自主研发。1986 年，深圳研究所的成立，标志着中兴正式迈入了通信技术的领域。那些年，侯为贵带领团队夜以继日地工作，攻克了一个又一个技术难关。从最初的电话交换机，到后来的数字程控交换机，中兴人以坚韧不拔的精神，逐渐打破了国外技术的垄断，为中国通信行业赢得了宝贵的自主权。

　　时间进入 21 世纪，通信行业迎来了新的变革。2002 年，侯为贵敏锐地发现了小灵通业务的商机：在国家政策调整的背景下，小灵通需求量暴增。面对这个突如其来的机遇，中兴迅速响应，凭借先进的技术和高效的生产能力迅速占领了市场。小灵通的一战成名，不仅为中兴带来了可观的利润，更重要的是，它让全世界看到了中兴在通信技术领域的实力与潜力，如图 11-4 所示。

图 11-4　中兴小灵通

随着通信技术的不断进步，4G 时代悄然而至。中兴凭借在 3G 时代积累的经验和技术优势，开始在 4G 领域发力。从 2011 年起，中兴开始局部领跑 4G 网络技术，为全球多个国家和地区提供了高质量的 4G 解决方案。这一时期的中兴，不仅在国内市场占据了一席之地，更是在国际市场上崭露头角，成为了全球通信行业的重要参与者。

当历史的车轮驶入 5G 时代，中兴更是以勇往直前的姿态，站在了技术的最前沿。2018 年，中兴迈出了创新步伐，成立了 5G 行业产品线，致力于将 5G 技术应用于各行各业。同年 4 月 2 日，中兴开通了 5G 商用系统的大规模外场站点，为中国乃至全球的 5G 商用时代奠定了坚实的基础。

在 5G 技术的研发和应用上，中兴展现出了强大的实力和创新能力。从基于 3GPP R15 标准的通话实现，到全球首个 5G 低频预商用站点的展示，中兴不断突破自我，引领着 5G 技术的发展潮流。在巴塞罗那举行的 MWC 世界移动大会上，中兴更是展示了全系列端到端的 5G 解决方案，荣获 Informa "最佳 5G 技术创新奖（Best Technology Innovation for 5G）"，赢得了业界的广泛赞誉。

5G 技术的真正价值，在于其广泛的应用前景。中兴深知这一点，因此在推动 5G 技术研发的同时，积极探索 5G 在各行业的应用场景。从智能制造的精密车间到智慧城市的脉动网络，从远程医疗的温馨连线到自动驾驶的未来出行，中兴的智慧与身影无处不在。

在南京滨江的全球 5G 智能制造基地，机器人成为了工厂的主角，它们高效、精准地完成着每一项任务。在这里，5G 技术不仅提升了生产效率，更重要的是改变了传统制造业的面貌。而在智慧医疗领域，5G 的赋能让远程手术成为可能，医生们可以通过高清视频实时指导手术过程，为患者带来更加安全、高效的医疗服务，如图 11-5 所示。

图 11-5　中兴拓展 5G 市场

在 5G 技术取得显著成就的同时，中兴并未停下脚步。他们深知，技术的竞争是一场没有终点的马拉松。因此，中兴开始积极布局 5G-A（5G-Advanced）和 6G 技术的研发。在 2024 年世界移动通信大会（MWC24）上，中兴发布了 5G-A 六大场景解决方案——"无缝万兆、千亿物联、确定能力全域通感、空天地一体、泛在智能"，展现了其在 5G 技术演进中的领先地位。

对于 6G 技术，中兴更是早早就开始了布局。他们成立了专门的 6G 研究团队，与著名高校共建联合创新中心，在 6G 的主要方向上进行深入分析和探索。中兴深知，未来的竞争将更加激烈，只有不断创新、不断突破，才能在市场中保持领先地位。

回顾中兴的发展历程，我们不难发现，中兴之所以能够成为 5G 技术的探索者，正是因为他们始终秉持着勇往直前的精神。无论面对多大的困难和挑战，中兴人都没有退缩过、放弃过。他们用智慧和汗水书写了一部部传奇故事，用实际行动践行着"创新、责任、卓越"的企业价值观。中兴在未来 5G 发展中仍将扮演着重要角色，持续为全球数字经济的发展注入强有力的技术动力。

第三节　爱立信：通信行业的百年坚守者

"在信息的浩瀚海洋中，谁能紧握方向的舵盘，谁就能扬帆破浪，勇往直前。"爱立信（Ericsson）（图 11-6）这艘通信行业的巨轮，历经百余年风雨洗礼，始终屹立在浪潮之巅。在通信这片波澜壮阔的领域里，爱立信以其百年的坚守与创新，书写了一部跨越世纪的辉煌传记。

图 11-6　爱立信商标

19 世纪中叶的瑞典，在一个名叫诺多姆塔的小农场里，诞生了一位名叫拉尔斯·马格努斯·爱立信的男孩，如图 11-7 所示。贫困的家庭、早逝的父亲、年幼即辍学的经历，似乎预示着爱立信的一生将充满坎坷。然而，正是这些磨难，铸就了他坚韧不拔的性格，激发了他对知识的渴望。

图 11-7　拉尔斯·马格努斯·爱立信

从在铁匠铺做学徒，到自学工程制图、数学和外语，爱立信凭借着不懈的努力，终于踏入了通信行业的大门。1876 年，在瑞典斯德哥尔摩的一个不起眼的小角落，他与好友卡尔·约翰·安德森共同创立了"L.M.Ericsson"公司。公司从修理电报机起步，逐步成长为全球通信领域的领军企业。这段逆袭之旅，不仅是爱立信个人奋斗史的缩影，也是爱立信公司百年辉煌篇章的序章。

随着电话（图 11-8）的普及和无线电技术的兴起，爱立信迎来了前所未有的发展机遇。从早期的电话交换机到无线电报系统，再到后来的移动通信网络，爱立信始终站在技术革新的前沿，引领着行业的进步。

图 11-8　爱立信手机

进入 20 世纪后，随着通信技术的快速发展，爱立信更是加大了对技术创新的投入力度。从模拟通信到数字通信，从 2G 到 5G，爱立信始终站在技术革新的最前沿，不断推出具有划时代意义的产品，并积极推动技术发展。例如，在 3G 时代，爱立信积极推动 WCDMA 技术的研发和应用，为全球移动通信产业的发展做出了重要贡献；在 4G 时代，爱立信则凭借其在 LTE 技术上的深厚积累，为全球众多运营商提供了高质量的通信解决方案。

进入 5G 时代后，爱立信对技术创新的坚持更是达到了新的高度。作为 3GPP 的长期贡献者与技术领导者，爱立信不仅积极参与 5G 标准的制定和推广工作，还推出了多款领先的 5G 网络设备（图 11-9）和应用解决方案。凭借其深厚的技术积累和创新实力，爱立信为全球客户提供了端到端的 5G 解决方案和服务，助力各行各业实现数字化转型和智能化升级。这些创新成果不仅满足了运营商对 5G 网络高速率、大容量、低时延的需求，也为全球数字经济的发展注入了新的动力。

图 11-9　爱立信 5G 设备

目前，爱立信已经在全球范围内获得了大量 5G 商用合同，并为众多国家的 5G 网络建设提供了高质量的设备和服务。爱立信的 5G 技术不仅推动了全球通信行业的快速发展，也为人类社会的数字化转型做出了重要贡献。

作为一家跨国企业，爱立信的视野从未局限于瑞典本土。自成立之初，爱立信便迈出了其全球布局的步伐。作为全球领先的通信解决方案提供商之一，爱立信的业务遍布全球 180 多个国家和地区，拥有超过 10 万名员工以及遍布全球的研发中心、生产基地和销售网络。

在中国这片充满活力的土地上，爱立信更是与中国通信产业结下了不解之缘。自 1892 年首批爱立信电话进入中国市场以来，爱立信便与中国通信产业共同成长、共同发展。如今爱立信已成为中国 1G 到 5G 移动网络建设的重要参与者和推动者之一，为中国通信事业的发展做出了重要贡献。

现今，作为全球通信行业的坚守者与引领者，爱立信依然不遗余力地推动着通信技术的持续进步，探索着未知的无限可能。它不仅见证了通信行业每一次重大的技术革新，更以其卓越的远见和实力，指引着整个行业未来的发展方向。爱立信的百年历程深刻昭示我们：唯有坚持不断创新、与时俱进，方能在这瞬息万变、竞争激烈的市场中屹立不倒，铸就长久的辉煌。

第四节　诺基亚：跨越世纪的北欧通信领航员

回望历史长河，诺基亚无疑曾是通信领域引领时代风潮的耀眼巨头之一。它不仅仅是一家企业，更是一个深深刻画在时代记忆中的传奇符号。诺基亚，这家拥有超过一百五十年辉煌历程的公司，如图 11-10 所示，实现了从原始的造纸厂到全球通信领域巨擘的传奇蜕变。自 1865 年弗雷德里克·艾德斯坦在芬兰的诺基亚河畔创立它的那一刻起，诺基亚便开启了它的非凡旅程，这个名字也随之成为了创新与技术进步的代名词。

图 11-10　诺基亚总部

在遥远的北欧芬兰，有一条蜿蜒流淌的河流，它的名字叫诺基亚。这条河流不仅孕育了诺基亚这座充满活力的城市，也滋养了一家伟大的企业。1865 年，弗雷德里克·艾德斯坦怀揣着对未来的无限憧憬，在诺基亚河畔创立了一家造纸厂，如图 11-11 所示。那是一个工业革命方兴未艾的年代，纸张作为最基本的书写材料，需求量空前巨大。借此机会，艾德斯坦的造纸作坊迅速崛起，成为当地知名的企业，为芬兰的经济发展做出了不可或缺的贡献。

图 11-11　诺基亚造纸厂

然而，诺基亚并不满足于单一领域的成就。随着技术的不断进步和市场的多元化需求，诺基亚开始勇敢地探索多元化经营的道路。从造纸到胶鞋、轮胎，再到子弹、电缆，诺基亚的产品线不断扩展，其业务范围也日益广泛，如图 11-12 所示。诺基亚就像一艘航船，在风浪中勇往直前，它在各个领域都展开了积极的探索，努力寻找属于自己的定位。

图 11-12　诺基亚的部分产品

真正让诺基亚声名鹊起的，是它的移动通信设备业务。20 世纪 70 年代，诺基亚敏锐地把握住了数字化的浪潮，毅然决然地向移动通信设备领域转型。那时候的移动电话还只是一个昂贵且不可靠的奢侈品，许多人对其持怀疑态度，但诺基亚已经深刻地意识到了这一市场的巨大潜力。1982 年，诺基亚推出了第一台 NMT450 移动电话 Senator，这一创举标志着一个新时代的开启。紧接着，Talkman 移动电话的推出更是将诺基亚的市场地位推向了巅峰。诺基亚坚信移动电话的潜力，不断投入研发和持续创新，最终成功打破了市场的壁垒，让移动电话走进了千家万户。2003 年，诺基亚的手机（图 11-13）发货量达到了惊人的 1.8 亿部，市场份额高达 34.8%，连续 14 年稳居全球最大手机制造商的宝座。

图 11-13　诺基亚手机

　　然而，历史的进程总是充满变数。进入 21 世纪，智能手机技术的飞速发展彻底颠覆了传统的手机市场格局。诺基亚虽然依然活跃在通信设备领域，但面对苹果等新兴竞争对手的强劲冲击，诺基亚逐渐显得力不从心。2013 年，微软以约 54.4 亿欧元的价格收购了诺基亚的设备与服务部门，这一事件标志着诺基亚在智能手机时代的落幕。

　　但正如凤凰涅槃、浴火重生，诺基亚并没有在困境中沉沦。尽管面临着激烈的市场竞争和技术迭代的挑战，诺基亚凭借其深厚的历史积淀和不屈不挠的创新精神，正逐步重返行业舞台中央。近年来，诺基亚成功转型为一家专注于 5G 通信服务的跨国公司，凭借其在通信技术领域的深厚积累，再次焕发出勃勃生机。5G 技术的突破为诺基亚带来了新的市场机遇，2022 年，诺基亚最大的收入来源正是 5G 通信服务，销售额高达 179.8 亿欧元，占总业绩的近八成。此外，诺基亚还通过积极的专利诉讼策略，维护了自己的专利优势，在与黑莓、苹果、HTC 等对手的多次较量中取得了胜利。

　　回顾诺基亚的辉煌历程，从一家简单的造纸厂成长为一家跨越多个行业的跨国公司；从早期的技术积累到后来的市场扩张，再到面对智能手机浪潮的挑战与成功转型，诺基亚展现出了不屈不挠的企业精神和对创新的不懈追求。诺基亚的传奇故事，是未来企业如何在快速变化的市场环境中生存与发展的一个生动示例。

第五节　摩托罗拉：无线通信的变革推动者

　　在无线通信的辉煌发展史上，摩托罗拉这个名字犹如一颗璀璨的星辰，在该领域熠熠生辉。摩托罗拉自 1928 年成立以来，就一直站在技术变革的前沿。从早期的对讲机到如今的 5G 手机，摩托罗拉的每一次创新都会对通信技术产生深刻影响。

　　1928 年，芝加哥商人保罗·高尔文和他的兄弟约瑟夫·高尔文，如图 11-14 所示，以姓氏为名创立了加尔文制造公司。起初，这家小公司专注于电子设备的制造，但命运却在两年后发生了转变。1930 年，当保罗在无线电制造商大会上展示世界上第一台可商用的汽车收音机时，订单如潮水般涌来。雪佛兰，作为美国汽车文化的象征之一，率先搭载了这款革命性的设备。保罗从中汲取灵感，将"汽车"（motor）与"留声机"（victrola）结合，创造了"Motorola"这一品牌，从此，一个无线通信的传奇诞生了。

图 11-14　高尔文兄弟

　　二战的烽火见证了摩托罗拉的崛起。如图 11-15 所示，应美国国防部之邀，摩托罗拉研发了军用手持对讲机等设备，这些设备在战场上大放异彩，极大地提升了通信效率。1946 年，摩托罗拉发明了汽车电话，汽车电话当时在美国大大小小的汽车中几乎每车一部，该现象能反映在那个年代的影视作品中，我们经常可以见到汽车电话的身影。而在更广阔的宇宙舞台上，当阿姆斯特朗踏上月球，那句"这是个人的一小步，却是人类的一大步"通过摩托罗拉通信器传遍全球时，摩托罗拉的名字再次被历史铭记。此外，1963 年，摩托罗拉还推出了全球首款彩色电视机显像管，为千家万户带去了色彩斑斓的世界。

图 11-15　摩托罗拉"大哥大"在影视剧中的应用

　　时间推进到 60 年代，芝加哥的暴力犯罪问题日益严峻，摩托罗拉接到了警察局的求助，希望升级警车的通信设施。这一需求催生了一项革命性的发明——蜂窝网络。摩托罗拉的技术人员巧妙地设计了将信号通过基站传输的系统，系统中每个基站覆盖一个六边形区域，众多六边形组合成一张庞大的通信网。1973 年 4 月 3 日，纽约曼哈顿的大街上，摩托罗拉的工程师马丁·库珀手持摩托罗拉研发的"砖头"大小的手机，拨通了竞争对手 AT&T 的电话，宣告了现代手机的诞生。

　　摩托罗拉的创新步伐从未停歇。1956 年，摩托罗拉推出了首款传呼机，这一"个人通信领域的新标准"迅速风靡市场，成为许多医院和企业的首选通信工具。随着技术的不断进步，摩托罗拉在 1989 年推出了"大哥大"——MicroTAC，如图 11-16 所示，这款手机虽然笨重，却标志着移动通信进入了一个新纪元。90 年代，摩托罗拉继续引领通信行业潮流，其与苹果、IBM 合作开发的 PowerPC 系列芯片，成为苹果电脑的核心动力。

图 11-16　摩托罗拉"大哥大"

进入 21 世纪，摩托罗拉在智能手机领域也留下了浓墨重彩的一笔。2009 年，摩托罗拉发布了首部 Android 手机 CLIQ，该设备预载了摩托罗拉自主研发的 MOTOBLUR 接口，主打社交功能。随后，摩托罗拉与 Verizon Wireless 及 Google 携手推出的 Droid 手机，更是掀起了 Android 智能手机的一股热潮。

然而，辉煌的背后往往隐藏着挑战。随着市场竞争的加剧和技术迭代的加速，摩托罗拉逐渐感受到了压力。面对诺基亚等竞争对手的强势崛起，摩托罗拉在模拟手机市场的固步自封，使其在数字通信时代显得力不从心。1997 年，摩托罗拉全球移动电话市场份额从巅峰时期的 50% 暴跌至 17%，持续了 20 年辉煌的摩托罗拉终于被来自欧洲的诺基亚击垮，标志着其市场领导地位的动摇。

面对困境，摩托罗拉选择了拆分与重组。2011 年，摩托罗拉正式拆分为摩托罗拉系统公司和摩托罗拉移动公司，分别专注于政府和企业业务以及移动设备及家庭业务。同年，谷歌宣布以 125 亿美元收购摩托罗拉移动公司，这一交易不仅为谷歌带来了宝贵的专利资源，也为摩托罗拉注入了新的活力。然而，好景不长，2014 年，联想集团以 29 亿美元从谷歌手中接过了摩托罗拉移动公司的接力棒，开启了新的篇章。

在联想的带领下，摩托罗拉并未停止前进的脚步。近年来，摩托罗拉陆续推出了多款备受好评的手机产品，如 Edge 系列和 Razr 折叠屏手机，这些产品不仅继承了摩托罗拉一贯的创新精神，还融入了联想的全球化视野。摩托罗拉系统公司则在政府和企业市场持续深耕，为公共安全、交通运输等领域提供先进的通信解决方案。

回顾过去的历程，摩托罗拉的发展是一部充满创新与挑战的传奇。从电报时代的先行者到"大哥大"的时代先锋，再到 5G 技术的领航者，这家公司始终承担着推动无线通信行业进步的使命，不断开创新时代。尽管历经风雨，摩托罗拉却从未放弃对技术的追求和对市场的探索。如今，摩托罗拉正以全新的姿态，继续书写着无线通信领域的辉煌篇章。

第六节　高通：CDMA 技术的创新开拓者

高通公司，这个名字在全球无线通信领域几乎是无人不知、无人不晓。它的成就不仅在于它是全球 CDMA（Code Division Multiple Access，码分多址）技术的领导者，还在于它引领了 3G 和 4G 时代的技术革命，让数十亿人享受到了移动通信的便利。然而，在其辉煌的背后，是一段充满挑战与创新的旅程。

1985 年的夏天，美国加利福尼亚州圣迭戈市，阳光明媚，海风轻拂。在这里，艾文·雅各布博士与其他六位志同道合的伙伴共同创立了高通公司。公司名称"Qualcomm"寓意着"高质量通信"，这个名字寄托了他们对未来通信技术的无限憧憬与追求。起初，高通只是无线通信领域的一名新丁，但正是这份对技术的执着与热爱，让它在未来的岁月里绽放出了耀眼的光芒。

高通成立之初，正值移动通信技术从模拟向数字转型的关键时期。在那个时代，欧洲 GSM（Global System for Mobile Communication，全球移动通信系统）标准与美国 CDMA 标准展开了激烈的竞争（图 11-17）。CDMA，即码分多址技术，该技术作为一种全新的数字调制方式，因其复杂的原理和高昂的研发成本曾让许多企业望而却步。然而，高通却敏锐地捕捉到了 CDMA 技术的巨大潜力，毅然决然地投身于这场技术革命之中。

图 11-17   GSM 标准与 CDMA 标准

高通深知，CDMA 技术的成功绝非易事。它不仅要面对技术上的重重困难，还要克服市场上的种种偏见与质疑。但高通的技术人员没有退缩，他们凭借深厚的专业功底和不懈的努力，逐步攻克了一个又一个技术难关。终于，在 1999 年，CDMA 技术被国际电信联盟评为 3G 背后的关键技术之一，这一决定标志着 CDMA 技术正式登上了国际舞台，如图 11-18 所示。

图 11-18   CDMA 技术

高通对 CDMA 技术的探索并未止步于理论研究。为了将 CDMA 技术转化为实际生产力，高通开始着手研发相关芯片和系统。在这个过程中，高通遇到了前所未有的挑战。由于 CDMA 技术的复杂性，其芯片设计难度极大，成本也居高不下。但高通人凭借坚韧不拔的意志和卓越的创新能力，成功开发出了第一代 CDMA 芯片，为 CDMA 技术的商业化应用奠定了坚实基础。

随着 CDMA 技术的不断成熟和市场需求的日益增长，高通开始将 CDMA 技术应用于更广泛的领域。从手机终端到网络设备，从无线通信到物联网，高通凭借其全面的技术布局和强大的研发实力，逐步构建起了 CDMA 技术的完整生态系统。在这个过程中，高通不仅推动了 CDMA 技术的普及与发展，也为自身赢得了巨大的商业成功。

　　进入 21 世纪，随着移动通信技术的飞速发展，高通再次站在了时代的前沿。面对 4G、5G 等新一代通信技术的挑战与机遇，高通没有停下脚步。它继续加大在 CDMA 及其后续技术上的研发投入，不断推出具有划时代意义的新产品和新服务。从骁龙系列芯片到 X 系列调制解调器，高通凭借其卓越的技术实力和敏锐的市场洞察力，始终保持着无线通信领域的领先地位。

　　尤为值得一提的是高通在 5G 技术上的布局与突破，如图 11-19 所示。作为全球领先的 5G 技术研发企业之一，高通不仅推出了多款支持 5G 网络的芯片产品，还积极参与全球 5G 标准的制定与推广工作。通过与全球运营商、设备制造商及产业链上下游企业的紧密合作，高通正引领着全球 5G 技术的快速发展与普及。

图 11-19　高通公司在 5G 领域的突破

　　除了无线通信领域外，高通还积极向其他领域拓展。在物联网领域，高通凭借其低功耗、广覆盖的物联网连接技术，为智能家居、智慧城市、智能交通等领域提供了全面解决方案；在人工智能领域，高通更是凭借其强大的 AI 芯片（图 11-20）和算法能力，推动了终端侧 AI 技术的快速发展与应用普及。从智能手机到智能家居再到自动驾驶汽车，高通正以其领先的技术实力和创新精神改变着我们的生活方式和工作环境。

图 11-20　高通公司的 AI 芯片

　　回望过去三十余年的发展历程，高通凭借其对 CDMA 技术的无尽探索与创新开拓的精神，在无线通信领域书写了一部辉煌的传奇。从初创时期的默默无闻到如今的全球领先企业，高通始终秉持着"创新驱动发展"这一理念。展望未来，随着新一代通信技术的不断涌现和应用场景的持续拓展，高通将继续发挥其技术优势和创新能力推动全球通信科技的进步与发展，为人类的数字化生活创造更加美好的未来。

第七节　中国移动：编织数字未来的网络巨擘

凌晨三点，青藏高原的星空璀璨如钻。在 6500 m 海拔的珠峰前进营地，中国移动工程师裹紧防寒服，正借着头灯的微光调试着 5G 基站设备。这是全球海拔最高的商用 5G 基站，如图 11-21 所示，也是中国移动编织数字未来的第 528 万个经纬坐标点。

图 11-21　中国移动在珠峰开通全球海拔最高的 5G 基站

当第一缕晨曦掠过绒布冰川时，基站信号如同金色的丝线，将登山者的智能手环、环境监测传感器与远在拉萨的指挥中心紧密连接了起来。海拔 8000 m 以上的生命体征数据实时传输，冰川移动轨迹通过 AI 算法即时分析，这座"云端上的基站"不仅支撑着人类探索极限的梦想，更悄然重构着高原生态的保护范式。

正午时分，上海洋山港的集装箱在 5G 网络的指挥下精准起落。中国移动打造的"5G+北斗"高精度定位系统，如图 11-22 所示，让 20 m 高的桥吊操作误差控制在 2 cm 以内。港口控制中心的数字孪生大屏上，每个集装箱的轨迹都化作流动的光点，这是全球最大规模的 5G 自动化码头，年吞吐量突破 2300 万标准箱的背后，是超过 2000 个 5G 基站的协同交响。

图 11-22　中国移动高精度定位系统

暮色渐浓，苏州工业园区的无人配送车正穿梭在街巷。基于中国移动 OneNET 平台的城市物联网，让 20 万盏路灯、5000 个智能井盖、3000 辆新能源车共同构成会思考的神经网络。当暴雨预警触发时，窨井盖自动弹起泄洪，路灯亮度智能调节，充电桩提前预留容量，这座"双千兆"示范城市用 0.1 s 的时延，诠释着数字基建的温度。

子夜时分，广州人工智能与数字经济实验室依然灯火通明。中国移动的 9One 平台正在孵化第 47 个行业解决方案：通过 5G+AI 视觉识别技术，让服装厂布料损耗降低 18%；借助 5G 边缘计算，汽车焊装车间的质检效率提升 7 倍。这些数字不是冰冷的统计结果，而是实打实的企业效益——在某汽车工厂，每节省 1 s 检测时间，就能多下线 1 台整车。

从世界之巅到智慧工厂，从无人码头到数字孪生城市，中国移动用 244 万座 4G 基站、128 万座 5G 基站编织的数字经纬，正在重塑物理世界的运行法则。当每个基站都成为数字生态的神经元，当每条光纤都化作智能社会的神经束时，这家全球最大运营商构建的就不仅是通信网络，更是一个能自我进化的数字生命体。在可以预见的未来，当 6G 卫星与地面基站形成天地一体网络，当算力网络让数据在云端自由流淌时，中国移动编织的数字未来，终将成为人类文明的新大陆。

第八节　中国联通：混改先锋驱动智能连接新时代

时针拨回 2017 年，当中国联通宣布引入腾讯、百度、阿里、京东等 14 家战略投资者时，整个通信行业都在计算这笔 780 亿元投资的得失。但这场被证监会特批的"史上最大混改"，绝非简单的资本融合。在联通总部精简 33% 部门的阵痛中，在员工持股计划激发的活力里，一场基因重组悄然发生——互联网巨头的触点资源与运营商的管道优势产生了化学反应，腾讯王卡半年狂揽 2000 万用户的奇迹，验证了混改首战的成功。

当行业还在争论 5G 建网成本时，联通与电信已携手开创超大规模接入网共享架构。在北京长安街的 5G 基站下，工程师们调试着全球首个"一张物理网、两张逻辑网"系统，如图 11-23 所示，区块链技术可支持跨运营商计费的毫秒级清算。这套让建网成本骤降 3400 亿元的方案，不仅让 5G 信号覆盖全国乡镇，更在雄安新区实现了每平方公里百万级连接的工业互联网试验。

图 11-23　北京新型信息通信基础设施建设

在格力智慧工厂，AGV（Automated Guided Vehicle，自动导引运输车）沿着 5G 信号绘制的"数字轨道"穿梭着，它们的轨迹数据实时上传至 MEC（Multi-access Edge Computing，多接入边缘计算）边缘云，与千里外联通总部的数字孪生系统同频共振。例如，某台小车出现 0.5 s 的时延异常，系统则立即调取苏州生产线历史数据，发现是电机轴承磨损前兆。这种"预测性维护"能力，正是联通为格力打造的 5G 专网带来的革新——设备故障率下降 47%，生产线效能提升 32%。

在宝武钢铁的 5G 智慧电厂，巡检机器人顶着 4K 摄像头穿梭于 60℃的锅炉房中，如图 11-24 所示，它们采集的 10 万 + 数据点可通过 5G 网络汇入武汉钢铁研究院的 AI 中枢。系统一旦发现某段管道热成像异常，则立即调取历史维修记录，生成包含 3D 打印备件方案的解决方案。这种从设备巡检到工艺优化的全流程数字化，让设备维修效率提升了 300%，更是填补了 5G 深入工业控制环节的全球空白。

图 11-24   巡检机器人

从三一重工的 5G 联合实验室到海尔智家的柔性生产线，从珀莱雅的数字化车间到贵州水钢的远程行车控制，联通的 5G 工厂已点亮 6000 个产业坐标。在重庆长安汽车的数字化底座项目中，MES（Manufacturing Execution System，制造执行系统）与 5G 专网的融合，让个性化选车订单与柔性制造系统无缝对接，曾经困扰行业的"多品种、小批量"魔咒就此打破。

这场始于混改的数字化革命，正在重塑中国制造的基因序列。中国联通用 8 年时间证明：当管道化运营商挣脱"流量贩子"的枷锁，当 5G 信号穿透工业控制系统的最后壁垒时，一个万物智联的新时代正破茧而出。

第九节   中国电信：云网融合铸就数字化转型基石

在青藏高原东北部的玉树藏族自治州，一场跨越两千公里的医疗会诊正在进行。通过中国电信搭建的 5G+ 千兆光网，青海省人民医院骨科专家王凯的影像清晰呈现在玉树州人民医院的远程诊疗屏幕上。患者的 CT 影像以近乎无损的画质传输至云端，通过天翼云平台的 AI 辅助诊断系统，同步标注出关节病变区域——这场发生在海拔 3700 m 的医疗实践，正是中国电信"云网融合"战略的生动注脚，如图 11-25 所示。

图 11-25　天翼云平台 AI 辅助诊断系统

作为全球首个提出云网融合发展理念的运营商，中国电信正以"网是基础、云为核心、网随云动、云网一体"的十六字方针，重构数字时代的基石。在新疆喀什地区，千兆光网如同信息的高速公路，将优质教育资源输送到帕米尔高原的每个村落，而天翼云则化身智慧教育的中枢神经，动态调配着 30 万学生同时在线所需的算力资源。这种云网协同的魔力，让喀什第六中学的物理课实现了 VR 实验演示，使阿图什市乡村小学的英语课用上了 AI 语音纠正系统。

云网融合的底层逻辑在于打破传统通信网络与云计算的界限。中国电信独创的"算力网络"技术，让云资源与网络资源实现了智能调度。在东数西算工程中，西部数据中心的海量算力通过优化后的网络路径，能以 20 ms 内的时延直达东部城市。这种突破物理距离的算力配送，使得杭州跨境电商的图像渲染任务可以交由贵州数据中心处理，而上海金融企业的风险模型计算能调用内蒙古的算力资源。天翼云与千兆光网的深度耦合，正在重塑数字经济的生产关系。

这种融合创新在工业领域展现出了更大价值。在三一重工北京产业园，中国电信部署的 5G+ 云网融合方案让工程机械装上了"数字反射神经"，如图 11-26 所示。每台设备产生的 2000 余个传感器数据，经由千兆光网实时传输至天翼云工业互联网平台，AI 算法在云端完成故障预测后，再通过边缘计算节点将指令回传至生产现场。这套系统使设备维护成本下降了 40% 的同时生产线协同效率提升了 65%。更令人瞩目的是，当深圳某工地挖掘机出现异常振动时，长沙研发中心的工程师通过数字孪生系统，可在 15 min 内完成远程诊断并调取西安备件库资源，整个过程的数据传输延迟不超过 8 ms。

图 11-26　三一重工用数字铸王座

在民生领域，云网融合正在消弭数字鸿沟。针对新疆牧区地广人稀的特点，中国电信创新推出"马背上的云课堂"：太阳能供电的 5G 基站与天翼云节点组成弹性网络，牧民转场时，孩子们的平板电脑将自动接入最近的光网节点，实现教育资源在云端的无缝接续。在智慧医疗场景中，克州人民医院与江苏省人民医院的 5G 远程手术系统，通过双千兆网络实现了手术影像的 4K 超清传输，天翼云提供的 GPU 算力确保医学影像三维重建的实时性，让相隔 5000 km 的手术刀精准同步。

当千兆光网成为数字世界的"高速公路"，天翼云则化身智能社会的"控制中枢"。中国电信的云网融合实践证明，未来的数字化转型不是单点技术的突破，而是光与云的协奏曲。在这首交响乐中，每个行业都能找到属于自己的数字化变奏，而支撑这一切的，正是中国电信用二十年时间编织的这张看不见的数字底座。

第十二章　通信的职业舞台

第一节　前沿技术开拓者：驱动通信技术创新发展

在通信技术的演进浪潮中，通信研发工程师与通信标准化工程师作为核心力量，承担着拓展技术边界、建立行业规范的重任。通信研发工程师深入钻研 5G-A、6G 通信协议、量子通信等前沿技术，通过理论建模与算法优化，推动通信系统性能的提升；通信标准化工程师则参与国际国内标准制定，在无线频谱分配、网络接口协议等关键领域建立统一规范，确保技术发展与行业规范协同共进。

一、通信研发工程师

通信研发工程师站在行业技术创新的前沿，专注于通信核心技术的突破与新产品的开发。在产品研发环节，从芯片架构设计到终端设备集成，通信研发工程师需综合运用信号处理、射频技术等专业知识，确保设备在速率、功耗、稳定性等方面达到行业领先水平（如图 12-1、图 12-2 所示）。同时，通信研发工程师还需关注 AI、区块链等新技术与通信领域的融合趋势，探索智能通信网络、可信数据传输等创新应用场景。

图 12-1　通信研发工程师在微波暗室测试毫米波雷达产品信号

图 12-2　通信研发工程师在微波暗室测试卫星导航产品信号

二、通信标准化工程师

通信标准化工程师是行业规范的制定者，通过参与 ITU（International Telecommunication Union，国际电信联盟）、3GPP（3rd Generation Partnership Project，第三代合作伙伴计划）等国际国内标准组织，主导或参与通信技术标准的起草与修订。他们需要精准把握通信技术演进方向与产业发展需求，在无线频谱分配、网络接口协议等关键领域建立统一规范，保障不同厂商设备间的兼容性与互操作性。随着物联网、工业互联网等新兴领域对通信标准提出了更高要求，通信标准化工程师需推动标准的动态更新，确保技术发展与行业规范的协同共进。

第二节　网络基石建设者：构建稳定通信基础设施

通信网络的稳定运行离不开设计、运维、优化、监理等多岗位的协同工作，如通信设计工程师、通信运维工程师、网络优化工程师、通信监理工程师，其中，通信运维工程师还包括综合化维护工程师、智慧家庭装维工程师，他们共同构建起通信网络的坚实基石。从网络的顶层规划设计到日常的运行维护、性能优化，再到工程质量监督以及家庭端的服务保障，他们各司其职，确保通信网络能够高效、稳定地服务社会。

一、通信设计工程师

通信设计工程师负责通信网络的顶层规划与方案设计，他们需综合考虑技术可行性、成本效益和环境因素。在 5G 基站部署、光纤网络规划等项目中，通信设计工程师需运用地理信息系统（GIS，Geographic Information System）、网络仿真软件，完成基站选址、天线布局和传输线路走向的优化，确保网络覆盖、容量和质量满足业务需求。同时，他们需与设备供应商、施工单位紧密协作，在项目全周期内协调技术方案、行政审批与工程进度，保障网络建设的高效推进。

二、通信运维工程师

通信运维工程师承担着保障网络稳定运行的核心职责，他们通过实时监控、故障处理和性能优化，确保通信网络能 7×24 h 不间断服务。他们运用网络管理系统（NMS，Network Management System）对核心网元、传输设备进行状态监测，利用日志分析、协议解码等技术手段快速定位并排除故障。此外，他们通过定期的网络巡检、资源调度和参数优化，提升网络利用率与服务质量。随着智能化运维技术的发展，运维工程师需掌握 AI 故障预测、自动化修复等新技术，推动运维模式向智能化方向转型。目前通信行业有两类运维岗位需求人数较多，分别是综合化维护工程师和智慧家庭装维工程师。

综合化维护工程师负责通信网络全业务、全流程的综合维护工作，其工作职责涵盖传输网、接入网、核心网等多类型网络设备的维护与管理，如图 12-3、图 12-4 所示。他们不仅需要掌握传统通信设备的维护技能，还需熟悉 IP 数据网、动力与环境监控等系统的运行原理，能够针对不同类型的网络故障进行快速诊断和修复。在日常工作中，综合化维护工程师需执行预防性维护计划，对网络设备进行定期巡检和性能分析，通过优化设备配置、更新软件版本等方式，提升网络整体运行效率和稳定性。他们是保障通信网络高效、稳定运行的多面手。

图 12-3 综合化维护工程师在室外进行网络维护与修复

图 12-4 综合化维护工程师在机房内进行网络维护

智慧家庭装维工程师专注于家庭用户端的通信网络服务与智能设备部署，如图 12-5 所示。他们负责光纤宽带的入户安装、调试及故障处理，确保家庭网络具备高速、稳定的接入性能。随着智能家居的普及，智慧家庭装维工程师还需掌握智能网关、智能安防、智能家电等设备的安装与组网技术，能够根据用户需求，设计并搭建个性化的智能家居系统。同时，他们要为用户提供设备使用培训和技术支持，及时响应家庭网络及智能设备的故障报修，提升用户家庭网络使用体验与智能化生活水平。他们是连接通信技术与家庭生活场景的重要纽带。

图 12-5 智慧家庭装维工程师为家庭用户安装维护网络

三、网络优化工程师

网络优化工程师聚焦于通信网络性能的持续提升，通过实地测试、数据分析和参数调整，解决网络覆盖、容量和用户体验等问题，如图 12-6 所示。他们运用路测设备采集信号强度、干扰水平等数据，结合网络拓扑与业务需求，优化基站发射功率、切换参数等配置。在 5G 多载波聚合、Massive MIMO（Massive Multiple-Input Multiple-Output，大规模天线阵列技术）等新技术的应用场景下，他们需深入研究业务特性，运用智能算法实现网络资源的动态调度与精准优化，保障用户获得低时延、高带宽的优质网络服务。

图 12-6　网络优化工程师现场测试信号

四、通信监理工程师

通信监理工程师作为工程质量的把关者，需依据国家法规、行业标准和合同要求，对通信工程建设进行全过程监督。从施工准备阶段的材料检验、设备验收，到施工过程中的工艺把控、进度管理，再到竣工验收的质量评估，需确保每个环节符合规范要求。他们通过组织工程例会、协调多方资源等途径，及时解决施工中的技术与管理问题，保障项目按时交付并达到设计标准，为通信网络的长期稳定运行奠定基础。

第三节　跨界融合领航者：拓展通信应用新边界

云网融合工程师与解决方案工程师致力于打破技术壁垒，推动通信技术与其他领域的深度融合。他们将通信技术与云计算、行业业务需求等相结合，在企业数字化转型、智慧城市建设等领域开拓创新通信技术应用，为通信技术注入新的活力，拓展行业发展的新边界。

一、云网融合工程师

云网融合工程师致力于推动云计算与通信网络的深度融合，构建新型智能化基础设施。他们通过 SDN（Software Defined Network，软件定义网络）、NFV（Network Functions

Virtualization，网络功能虚拟化）等技术实现网络资源的虚拟化与软件定义，将计算、存储和网络能力进行统一编排，为用户提供弹性、高效的云网服务。在企业上云、边缘计算等场景中，需设计云网融合解决方案，打通云与网络的技术壁垒，实现资源的协同调度与智能管理，支撑智慧城市、工业互联网等领域的数字化转型。

二、解决方案工程师

解决方案工程师面向垂直行业需求，将通信技术与行业业务深度融合，提供定制化解决方案。他们需深入调研客户所在行业的业务流程与痛点，结合 5G 专网、物联网、大数据等技术，设计涵盖网络架构、业务平台、安全防护的整体方案。从需求分析、方案设计到项目实施与运维，解决方案工程师需全程与客户沟通协作，确保方案满足业务需求并实现商业价值，推动通信技术在智慧交通、智慧医疗等领域的创新应用。

第十三章 通信的智驭未来

第一节 智慧茶园：茶叶也玩起了"高科技"

在数字化转型的大趋势下，传统农业领域正经历着一场前所未有的变革，而智慧茶园便是其中极具代表性的成果之一。中国电信在云南打造的"5G 智慧茶园 + 云上智慧工厂"项目，成功搭建起了一座连接传统农业与现代通信技术的桥梁，为茶叶产业的升级发展开辟了新路径，如图 13-1 所示。

图 13-1 5G+ 智慧茶园

茶树生长环境的细微变化，都会对其生长状态和茶叶品质产生显著影响。过去，茶农主要依靠长期积累的经验和有限的人力，对茶园进行粗放式管理。这种管理方式不仅效率低下，而且难以精准满足每一棵茶树在不同生长阶段的需求。例如，在天气多变的季节，茶农无法及时掌握每一片区域的环境变化，从而导致茶树容易遭受病虫害侵袭或生长不良，茶叶的产量和质量也因此受到较大影响。

随着 5G 技术的成熟与应用，使这一难题得到了有效解决。5G 网络具备的高带宽特性，能够支持茶园内大量传感器所产生的海量数据快速传输。而其低时延特点，则确保了数据传输的及时性，使得茶农能够实时获取茶园的各项信息。遍布茶园的温湿度传感器、光照传感器、土壤 PH 值传感器等设备，如同为茶树配备了"健康监测仪"，使茶农能够实时收集茶园的气温、湿度、光照强度、土壤墒情等关键数据。这些传感器通过物联网技术，将数据以无线传输的方式，快速、稳定地发送至数据中心，就像快递员以最快速度将包裹送达目的地一样。

在数据中心，强大的云计算平台如同一个智慧"大脑"，对收集到的海量数据进行深度分析与处理。它运用先进的数据算法和模型，结合茶树生长的专业知识，为茶农提供科学、精准的种植决策建议。当"大脑"分析得出茶园湿度低于茶树生长的适宜区间时，会即刻向茶农的移动终端发出灌溉提醒，并根据不同区域的实际情况，给出具体的灌溉水量和灌溉时间建议；若检测到土壤中的氮、磷、钾等养分失衡，便会生成精准的施肥方案，包括肥料种类、施肥量以及施肥方式等。

通过这种智能化、精细化的管理模式，茶树得以在最适宜的环境中生长，茶叶的品质得到了显著提升。相关数据显示，采用 5G 智慧茶园管理模式后，茶叶的优质率提高了 20%～30%，产量也有了 15%～25% 的增长 。此外，该项目还打通了茶叶生产、加工、销售全产业链的数据流通渠道。在加工环节，通过对采摘茶叶的品质数据进行分析，能够为加工工艺的优化提供依据，确保茶叶的风味得以最大程度保留，使茶叶品质得以提升；在销售环节，借助大数据分析消费者的喜好和购买习惯，企业可以精准定位市场，推出更符合消费者需求的产品，进一步提升了茶叶产业的市场竞争力，为茶农增收创造了有利条件。

智慧茶园项目的成功实施，充分证明了通信技术能够为传统农业注入智慧"灵魂"，推动其从劳动密集型产业向智能化、数字化农业转型升级，为乡村振兴战略的实施提供强有力的科技支撑。

第二节　5G-A 移动通信技术在杭州亚运会上的交通革新应用

在第 19 届杭州亚运会期间，中国移动率先将 5G-A 移动通信技术大规模应用于赛事保障，其在智能网联汽车、智能场馆管理、高清沉浸观赛等多个领域展现出强大的创新实力，尤其在交通领域引发的一系列革新，成为本届亚运会的一大亮点，如图 13-2 所示。

图 13-2　5G-A 智能亚运示范区

5G‐A 通感一体技术赋予了交通系统超视距感知的"千里眼"能力。通过在城市关键路段、交通路口部署特殊的 5G-A 通感基站，系统能够突破传统视觉和雷达监测的局限，实时感知到数百米外车辆和行人的动态信息。即使目标处于建筑物遮挡、弯道等视线盲区，也能被精准捕捉。例如，在复杂的交叉路口，该技术可以提前检测到即将驶入路口的车辆和行人，通过车路协同系统向周边车辆发送预警信息，有效降低了诸如"鬼探头"等交通事故的发生概率，极大提升了交通安全性。据统计，在应用 5G-A 通感一体技术的区域，交通事故发生率降低了约 30%。

在智能交通管理与控制方面，5G-A 网络的高带宽、低时延特性被发挥得淋漓尽致。智能交通管理系统借助高宽带、低时延这一优势，能够实时获取并深度分析来自道路监控摄像头、车载传感器、交通流量监测设备等多源数据。通过对这些海量数据的处理，系统可以精准掌握每一辆车的位置、速度、行驶轨迹以及周边交通环境信息。基于这些精确数据，智能交通管理系统能够对交通流量进行动态监测与智能调度。在交通拥堵时段，系统会根据实时路况，自动调整信号灯时长，优先保障公共交通和紧急车辆通行，同时向驾驶员推送实时路况信息和最优绕行路线，引导车辆合理分流，从而有效缓解交通拥堵状况。在 5G-A 网络的支持下，自动驾驶的班车和物流车辆得以实现车与车、车与路、车与人之间的实时通信，从而达到有序、高效行驶，进一步提升了整个交通系统的运行效率，为赛事期间每天数万人次的人员和物资的顺畅流通提供了坚实支撑。

5G-A 技术还为低空无人机的监测与管理开辟了全新路径。在杭州亚运会上，中国移动联合合作伙伴完成了全球首个 5G-A 通感一体收发融合的基站低空外场连片部署。这一创新性举措实现了低空无人机通信与感知的深度融合，为无人机物流配送、飞行表演等业务提供了安全可靠的通信保障。通过 5G-A 网络，无人机可以实时将自身位置、飞行状态、拍摄画面等信息传输至地面控制中心，同时，地面控制中心也能快速向无人机发送指令，实现对无人机的精准控制。此外，该技术还能对低空区域进行实时监测，及时发现是否有未经授权的无人机闯入，为低空交通的安全管理提供了全新手段，有力维持了赛事期间低空领域交通的安全有序运行。

此外，5G-A 技术支撑下的综合交通信息服务系统，集成了地铁、公交、出租车、共享单车等多种交通数据源，通过大数据分析和人工智能算法，为运动员、观众和工作人员提供了实时、精准、个性化的交通信息服务。无论是公交线路查询、出租车预约，还是停车场空位查询，用户只需通过查询手机上的相关应用，便能迅速获取所需信息。系统还能根据用户的出行时间、目的地、偏好等因素，为其规划最优出行路线，并提供实时的行程提醒和交通状况预警，帮助用户合理规划出行，大大提高了用户出行效率。

5G-A 技术在杭州亚运会上的交通革新应用，全方位展示了其在提升交通效率、保障交通安全、优化交通服务等方面的巨大价值，为未来智能交通的发展树立了典范，也为5G-A 技术在智慧城市、智慧物流等更多领域的应用拓展奠定了坚实基础。

第三节　无人机应急通信：天空中的"信息桥梁"

在 2023 年京津冀地区遭遇的暴雨洪涝灾害中，强降雨引发的洪水冲毁了大量地面通信基站、光缆等基础设施，导致多个乡镇通信失联，瞬间变成与外界失去联系的"信息孤岛"。在这紧急关头，无人机应急通信系统凭借其独特优势，迅速响应灾情，成为连接灾区与外界的"信息生命线"。

应急通信突击队在接到任务后，迅速携带装备精良的无人机奔赴灾区。这些无人机不同于普通民用无人机，它们经过特殊改装，搭载了卫星通信设备、宽带自组网设备、高清摄像设备等一系列高精尖通信装备，宛如一个移动的"空中通信基站"，如图 13-3 所示。其中，卫星通信设备能够通过与太空中的通信卫星建立连接，实现灾区与外界建立远距离、稳定的通信；宽带自组网设备则可以在灾区现场构建起一个局部的通信网络，为救援队伍和受灾群众提供通信服务。

图 13-3　无人机高空基站

抵达灾区附近后，突击队员迅速选定合适的起飞点启动无人机。无人机如肩负使命的"天空使者"，腾空而起，升至数百米的高空。无人机利用自身搭载的通信设备，与远在千里之外的应急指挥中心建立起稳定的通信链路。随后，无人机上的高清摄像设备开始工作，将灾区的受灾情况，包括洪水淹没范围、道路损毁状况、群众受困位置等关键信息，以高清视频的形式实时传输至指挥中心，同时，指挥中心的救援指令也能通过这条通信链路迅速传达至灾区一线的救援队伍，为救援工作的科学、高效开展提供了关键信息支撑。

但在执行任务过程中，无人机面临着诸多挑战。灾区恶劣的天气条件，如强风、暴雨等，都会严重影响其飞行稳定性；长时间的工作也使得无人机电量消耗巨大，时刻考验着其续航能力。此外，复杂的地形环境，如高楼、树木等，也增加了无人机飞行的难度和风险。然而，在突击队员的专业操作与精心维护下，无人机克服重重困难，持续工作数小时，最终为灾区搭建起一条稳定的通信通道。在这期间，它让灾区群众得以通过卫星电话与外界取得联系，进而报平安、寻求帮助；也让救援队伍能够精准掌握灾情，合理调配救援力量，制定更具针对性的救援方案。例如，在某次救援行动中，通过无人机传回的画面，救援队伍及时发现了一处被洪水围困的村庄，根据灾情信息，救援人员迅速制定救援计划，成功解救出被困群众。

此次无人机在应急通信中的出色表现，充分彰显了其作为新兴应急通信手段的独特优势。与传统应急通信方式相比，无人机应急通信技术具有快速响应的特点，能够在灾害发生后的第一时间抵达现场；其灵活部署的特性，可以根据灾区实际情况，快速调整飞行路线和通信覆盖范围；其覆盖范围之广，能够为大面积受灾区域提供通信服务。随着无人机技术、通信技术的不断发展与完善，无人机应急通信有望在未来的各类自然灾害、突发事件救援中发挥更为关键的作用，成为守护生命、传递希望的重要力量。同时，它也将与卫星通信、应急通信车等其他应急通信手段相互配合，构建起更加完善的应急通信保障体系。

第四节　银河号事件的启迪：北斗导航与卫星通信

时间回溯至 1993 年，在浩瀚无垠的印度洋上，中国货轮"银河号"（如图 13-4）正按照既定航线，执行着一次普通的商业运输任务。船上装载的大多是文具、五金、机械零件等日常用品，目的地为中东港口。然而，一场毫无征兆的风波，打破了这份平静。美国突然毫无根据的指控"银河号"运载了违禁化学品前往伊朗，并凭借其在全球卫星导航领域的垄断地位，采取恶劣手段切断了"银河号"的 GPS 卫星通信信号。霎时间，"银河号"失去了导航指引，巨轮犹如在茫茫大海中失去了眼睛，陷入了孤立无援、迷失方向的困境。这一事件不仅严重侵犯了中国的国家主权和尊严，更给中国敲响了在关键核心技术领域必须实现自主可控的警钟，也让中国深刻认识到掌握自主卫星导航与通信技术的重要性和紧迫性。

图 13-4　银河号船只

卫星导航系统，作为现代社会不可或缺的"定位神器"，其工作原理基于卫星与用户设备之间的信号交互。它由空间段、地面段和用户段三部分组成。空间段通常由多颗卫星组成庞大的星座，这些卫星在太空中按照特定轨道运行，协同工作，形成一张覆盖全球的"定位网络"。当用户使用卫星导航设备，如手机、车载导航仪时，设备会向卫星发送信号。卫星接收到信号后，可利用自身携带的精确原子钟和存储的轨道信息，通过复杂的几何运算和信号处理算法，计算出用户的位置，并将这一位置信息连同其他相关数据反馈给用户设备，从而提供精准的定位、导航和授时服务。在日常生活中，我们使用的手机地图导航、车辆自动驾驶、物流运输监控等，都离不开卫星导航系统的支持。

经历了"银河号"事件的屈辱后，中国痛定思痛，毅然加大在卫星导航领域的研发投入，开启了研发自主卫星导航系统的艰难征程。科研人员们日夜攻关，克服了技术封锁、资金短缺、人才不足等重重困难。经过二十余年的不懈努力，我国成功研发出具有完全自主知识产权的北斗卫星导航系统（如图13-5）。2024年9月，我国成功发射第59、60颗北斗导航卫星（如图13-6），如今，北斗系统已发展成为与美国GPS、俄罗斯格洛纳斯、欧洲伽利略比肩的全球卫星导航系统，如同高悬于中国天空的"天眼"，全天候、高精度地为全球用户提供定位、导航和授时服务。无论是在辽阔海洋上破浪前行的远洋船只，依靠北斗系统精准导航，安全抵达目的地；还是在崇山峻岭中探险的户外运动爱好者，借助北斗导航设备确定自己的位置，避免迷失方向；抑或是在城市街巷中穿梭的自动驾驶车辆，通过北斗系统的高精度定位实现安全、高效行驶，北斗系统都发挥着不可替代的作用。

图13-5　北斗卫星导航系统标识

图13-6　我国西昌卫星发射中心成功发射第59、60颗北斗导航卫星

北斗系统的意义不仅在于提供导航服务，其在卫星通信领域同样发挥着举足轻重的作用。在偏远山区、广袤海洋、沙漠荒原等传统通信手段难以覆盖的区域，北斗系统凭借其强大的卫星网络，实现了信息的实时传输与通信。它不仅支持语音通信，让身处偏远地区的人们能够与外界保持联系；还能高效传输数据、图像和视频等多种信息形式，为灾害救

援、远洋航行、野外探险等特殊场景下的人员提供了可靠的通信保障。特别是北斗系统独具特色的短报文通信功能，用户可通过北斗终端发送短报文，在无法依赖传统通信网络的环境中实现信息的即时传递与交流。例如，在远洋捕鱼作业中，渔民可以通过北斗短报文功能向家人报平安，向渔业管理部门汇报渔获情况和位置信息；在山区发生地震等自然灾害导致通信中断时，救援人员可以利用北斗短报文功能及时向外界发送灾情信息，请求支援，该功能极大增强了通信的自主性和可靠性。

在 2024 年世界移动通信大会上，中国电信发布的"5G + 北斗"高可信时空体系，更是将北斗卫星导航系统与 5G 移动通信系统深度融合。通过构建 5G + 北斗 + X"四层四域"高可信时空体系，整合了 5G 网络的高速数据传输能力、北斗系统的高精度定位授时能力以及其他相关技术，该体系为用户提供了更为泛在、融合、智能、安全的 PNTS（定位、导航、授时、感知）时空信息服务。该体系在智慧交通、智能电网、工业互联网、智慧城市等领域也有着广泛的应用前景。例如，在智慧交通领域，"5G + 北斗"技术可以实现车辆的厘米级定位和毫秒级授时，从而为自动驾驶车辆的安全运行提供保障；在智能电网领域，高精度的时空信息能够帮助电网实现更精准的负荷预测和调度，提升电网运行的稳定性和效率。"5G + 北斗"高可信时空体系的推出，推动了时空能力在数字经济等领域的规模化应用，为我国数字化发展筑牢了坚实的时空底座。北斗系统从无到有、从弱到强的发展历程，是中国科技自立自强的生动写照，它向世界展示了中国在关键核心技术领域突破封锁、实现跨越发展的坚定决心与强大实力。

03

第三篇

字节的跳动——信息技术科普

第十四章 历史长河——信息新技术起源

第一节 信息技术的萌芽：从结绳记事到电子计算

在人类文明的长河中，信息的记录、传递与处理始终是推动社会进步的重要力量。从最初的简单符号到复杂的电子系统，信息技术的萌芽历经了数千年的演变，每一步都凝聚着人类智慧的火花。本节将带您穿越历史的长廊，探索信息技术如何从最原始的"结绳记事"发展到现代电子计算的壮丽历程。

一、结绳记事的朴素智慧

在文字产生之前，古人们靠结绳记事、认事，此举起到了帮助人们记忆的作用。《周易·系辞下》："上古结绳而治，后世圣人易之书契，百官以治，万民以察。"汉代郑玄注："结绳为约，事大，大结其绳；事小，小结其绳。"这时文字并没有产生，但是古人们需要一种方式来记录生活，所以用了打结这一最为简便的方法进行记事，通过在绳子上打结（如图 14-1 所示），人们可以表示数量、事件或约定，这些结绳不仅是记忆的载体，更是文化传承的纽带。

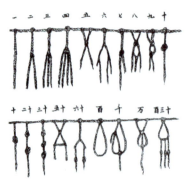

图 14-1　古人结绳记事的方式

尽管结绳记事在信息量、精确度和存储效率上极为有限，但它却标志着人类开始有意识地尝试将抽象思维转化为可触摸、可传递的物理形态，为后来更复杂的信息记录方式奠定了基础。

二、文字与符号的飞跃

随着社会的进步，人们逐渐意识到结绳记事的局限性，开始寻求更加高效、准确的信息记录方式。于是，文字与符号系统应运而生（如图 14-2 所示），古埃及的象形文字、苏美尔人的楔形文字、中国的甲骨文……这些古老的文字体系不仅记录了历史、法律、宗教，还促进了贸易、文化的发展。文字的出现，使得信息的传递不再受时间和空间的限制，极大地推动了人类文明的进步。

古埃及的象形文字　　苏美尔人的楔形文字　　中国的甲骨文

图 14-2　古代文字符号

　　同时，随着书写材料的不断改进，从最初的泥板、甲骨到后来的纸张（如图 14-3 所示），信息的记录与保存变得更加便捷与持久。这些变化不仅提高了信息处理的效率，也为后来发展更复杂的信息技术提供了可能。

泥板　　　甲骨　　　竹简　　　绢帛　　　　　　纸张

图 14-3　信息记录载体变迁

三、机械计算的萌芽

　　进入中世纪后，随着商业和科学的繁荣，人们对计算的需求日益增长。为了应对繁琐的算术运算，人们开始设计并制造各种机械计算工具。例如，古希腊的安提基特拉机械被认为是世界上最早的模拟计算机之一，它能够预测天文现象；而中国的算盘则是另一种典型的机械计算工具（如图 14-4 所示），其独特的珠算系统至今仍在使用。

图 14-4　算盘：世界上最古老的计算机之一

这些机械计算工具虽然简单，但它们已经具备了现代计算机的一些基本特征，如输入、处理和输出信息的能力。更重要的是，它们激发了人们对自动化计算的无限遐想，为后来的电子计算机奠定了思想基础。

四、电子计算的曙光

时间来到20世纪中叶，随着物理学、电子学、数学等多个学科的飞速发展，电子计算机终于应运而生。1946年，世界上第一台电子数字式计算机ENIAC（Electronic Numerical Integrator And Computer）在美国宾夕法尼亚大学诞生。如图14-5所示的这台重达30 t、占地170 m² 的庞然大物虽然只能进行简单的数值计算，但它却标志着人类正式进入了电子计算时代。

图14-5　世界上第一台电子数字式计算机ENIAC

ENIAC诞生之后，计算机技术开始迅速发展。晶体管、集成电路等新型电子元件的发明使得计算机体积不断缩小、性能大幅提升。个人电脑的普及更是将计算机技术带入了千家万户，彻底改变了人们的生活方式和工作模式。

从结绳记事到电子计算，信息技术的萌芽历经了数千年的漫长岁月。信息技术的发展每一步都凝聚着人类智慧的结晶，每一次进步都推动了人类文明的飞跃。

第二节　计算机时代的开启：从ENIAC到个人电脑的普及

随着ENIAC的诞生，计算机时代正式拉开帷幕，这一领域的发展如同脱缰的野马，以前所未有的速度奔腾向前，彻底改变了人类社会的面貌。本节将继续探索计算机技术从初露锋芒到个人电脑普及的辉煌历程。

一、ENIAC之后的快速迭代

ENIAC的问世，不仅标志着电子计算机时代的到来，也激发了在全球范围内对计算机技术的浓厚兴趣与深入研究。随后的几十年里，计算机经历了从第一代电子管计算机到第二代晶体管计算机，再到第三代集成电路计算机的快速迭代。每一次技术的飞跃，都伴随着计算机计算速度的大幅提升、体积的显著缩小以及成本的逐渐降低。

特别是集成电路的发明，它像一把钥匙，打开了计算机小型化、便携化的大门。集成电路将大量的晶体管、电阻、电容等元件集成在一个微小的芯片上，极大地提高了电路的集成度和可靠性，同时降低了功耗和成本。

计算机第一定律——摩尔定律：摩尔定律是由英特尔 (Intel) 的创始人之一：戈登·摩尔 (Gordon Moore) 提出来的。其内容为：当价格不变时，集成电路上可容纳的晶体管数目，约每隔 18 个月便会增加一倍，性能也将提升一倍。换言之，每一美元所能买到的电脑性能，将每隔 18 个月提升一倍以上。这一定律揭示了信息技术进步的速度之快。

二、软件与操作系统的兴起

在计算机硬件飞速发展的同时，软件技术也迎来了它的春天。早期，计算机主要依赖于机器语言或汇编语言进行编程，这些语言对程序员的要求极高，且程序的可读性和可维护性极差。随着高级编程语言（如 FORTRAN、COBOL、BASIC 等）的出现，编程变得更加直观和高效，从而大大促进了软件产业的发展。

而操作系统的诞生，更是计算机发展历程中的一个重要里程碑。操作系统作为计算机硬件与软件之间的桥梁，负责管理计算机的硬件资源，为上层应用程序提供一个稳定、统一的运行环境。从早期的 DOS、UNIX 到后来的 Windows、macOS，操作系统的不断演进，不仅提升了计算机的整体性能，也极大地丰富了计算机的应用场景。

三、个人电脑的萌芽与成长

20 世纪 70 年代末至 80 年代初，随着微处理器技术的成熟和成本的降低，个人电脑（Personal Computer，PC）开始崭露头角。1975 年，由两位计算机爱好者在自家车库中组装的 Altair 8800（如图 14-6 所示），被普遍认为是世界上第一台真正意义上的个人电脑。尽管它的外观简陋、功能有限，但它却点燃了人们对个人电脑的热情与期待。

随后，IBM PC 的推出更是将个人电脑推向了市场的主流。IBM PC 采用了开放的架构标准，使

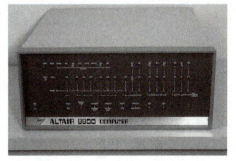

图 14-6 世界上第一台个人电脑：Altair 8800

得第三方厂商可以生产与之兼容的硬件和软件，从而促进了个人电脑市场的蓬勃发展。与此同时，苹果公司的 Macintosh 系列电脑也以其独特的图形用户界面（GUI，Graphical User Interface）和易用的操作体验，赢得了广大用户的喜爱。

四、个人电脑的普及与影响

进入 90 年代，随着计算机技术的进一步成熟和价格的持续下降，个人电脑开始在全球范围内迅速普及。学校、办公室、家庭……几乎每一个角落都能看到电脑的身影。个人电脑的普及，不仅极大地提高了人们的工作效率和生活质量，也深刻改变了人们的思维方式和学习方式。

在教育领域，个人电脑成为了学生学习和获取知识的重要工具。通过互联网，学生们可以轻松地获取全球范围内的教育资源，拓宽视野，增长见识。同时，个人电脑也为教师提供了丰富的教学手段和教学平台，使得教学更加生动有趣、高效便捷。

在工作领域，个人电脑则成为了职场人士不可或缺的助手。无论是处理文档、制作报表、设计图形，还是进行数据分析、编程开发，个人电脑都能轻松应对。此外，随着电子邮件、即时通信等网络应用的普及，人们之间的沟通和协作也变得更加方便快捷。

五、个人电脑时代的反思与展望

当然，个人电脑时代的快速发展也带来了一些问题和挑战。比如，信息安全问题日益严峻，网络犯罪、数据泄露等事件频发；数字鸿沟问题也日益凸显，不同国家和地区、不同社会群体之间的信息技术应用水平存在巨大差异。然而，这些问题并不能阻挡计算机时代前进的步伐。相反，这些问题促使我们不断反思和创新，以寻求更加安全、公平、可持续的信息技术发展道路。未来，随着人工智能、物联网、量子计算等新兴技术的不断涌现和融合应用，我们有理由相信，计算机时代将会迎来更加广阔的发展空间和更加美好的发展前景。

总之，从 ENIAC 到个人电脑的普及，计算机时代的开启不仅见证了人类科技与文明的巨大飞跃，也深刻地改变了我们的生活方式和工作模式。在这个充满无限可能的时代里，我们应当以史为鉴、守正创新，为数字文明的可持续发展奠定技术基础。

第三节　互联网的诞生与变革：从ARPANET到全球互联

在上一节中，我们见证了个人电脑如何从一个新颖的概念发展成为日常生活中不可或缺的工具。而这一切的飞跃，都离不开一个更加庞大且深远的影响者——互联网。本节将深入探索互联网的诞生历程，见证从 ARPANET（Advanced Research Projects Agency Network，阿帕网）的初步尝试到全球互联的壮丽图景。

一、ARPANET：互联网的先驱

互联网的起源可以追溯到 1960 年，当时美国国防部高级研究计划局（ARPA，后更名为 DARPA）启动了一个名为 ARPANET 的项目，旨在开发一个能够抵御核打击的通信网络，从而确保在局部地区通信设施被摧毁后，信息仍能在军事机构间传递。ARPANET 采用了分组交换技术，即信息被分割成小的数据包，通过不同的路径在网络中传输，然后在目的地重新组合。这一技术突破，为后来互联网的诞生奠定了基础。

ARPANET 的背景：从某种意义上，Internet 可以说是美苏冷战的产物。在美国，20 世纪 60 年代是一个很特殊的时代。60 年代初，古巴核导弹危机发生，美国和苏联之间的冷战状态随之升温，核打击的威胁成了人们日常生活的话题。由于美国联邦经费的刺激和公众恐惧心理的影响，"实验室冷战"也开始了。人们认为，能否保持科学技术上的领先地位，将决定战争的胜负。而科学技术的进步依赖于电脑领域的发展。到了 60 年代末，每一个主要的联邦基金研究中心，以及纯商业性组织、大学，都配备了由美国新兴电脑工业提供的、采用最新技术装备的电脑设备。通过电脑中心互联以共享数据的思想得到了迅速发展。

ARPANET 的首次成功通信发生在 1969 年，位于加州大学洛杉矶分校和斯坦福研究院的两台计算机通过 ARPANET 发送了第一条消息——"login"。虽然这条消息看似简单，但它标志着互联网时代的开始。随着更多节点的加入和技术的不断完善，ARPANET 逐渐发展成为一个覆盖全美、连接多个军事和学术机构的庞大网络（如图 14-7 所示）。

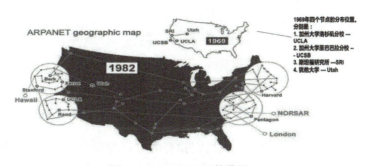

图 14-7 ARPANET 的发展

二、TCP/IP 协议的诞生与互联网的标准化

在 ARPANET 发展的同时，互联网另一个重要的里程碑出现了——TCP/IP 协议的诞生。TCP（Transmission Control Protocol，传输控制协议）和 IP（Internet Protocol，互联网协议）是互联网通信的基础协议，它们共同定义了数据如何在网络中传输和路由。TCP 负责确保数据的可靠传输，而 IP 则负责将数据从源地址传输到目的地址。

通信协议类似于人类的沟通语言，TCP/IP 协议的提出为网络通信提供了统一的标准，也为不同网络之间的互操作性提供了可能。随着越来越多的计算机和网络开始采用 TCP/IP 协议，一个统一的、全球性的互联网开始形成。1983 年，ARPANET 正式采用 TCP/IP 协议，标志着互联网正式进入标准化时代。

三、万维网的兴起与互联网的普及

虽然互联网在 ARPANET 时期就已经存在，但真正让互联网走进千家万户的，是万维网（World Wide Web）的兴起。1989 年，英国计算机科学家蒂姆·伯纳斯·李提出了万维网的概念，并开发了第一个网页浏览器和服务器软件。万维网通过超文本标记语言（HTML，Hyper Text Markup Language）和统一资源定位符（URL，Uniform Resource Location）等关键技术，使得信息在互联网上的呈现和访问变得更加直观和便捷。

1991 年，第一个网站在互联网上公开亮相，标志着万维网时代的开始。随后几年里，随着网络基础设施的不断完善、互联网接入成本的降低以及网络应用的丰富多样，互联网迅速普及到全球各地。1994 年，中科院建设了国内第一台 WWW 服务器，中国第一个网站 www.ihep.ac.cn 也诞生了（如图 14-8 所示）。此后，人们开始通过电子邮件、即时通信软件、论坛、博客等方式进行交流和分享信息，互联网逐渐成为连接世界的桥梁。

WELCOME TO

CHINA HOME PAGE

Please select one of the two servers you are close to:

The Server in

The Server in US

_____

webmaster@www.ihep.ac.cn

图 14-8   我国第一个网站

四、互联网的变革与影响

互联网，这个 21 世纪的奇迹，正以它独有的方式深刻地改变着我们的世界，它不仅仅是一种技术的革新，更是一场生活方式的全面变革，其影响之深远，用"翻天覆地"来形容也不为过。曾几何时，信息的传递依赖于书信或电报，那份"鸿雁传书"的浪漫与期待，在如今互联网的高速公路上显得如此遥远。现在，我们只需轻触手机屏幕，或轻点几下鼠标，便能瞬间跨越千山万水，与世界各地的朋友分享生活的点滴，获取来自全球的最新资讯。这种即时性、跨越性的交流方式，极大地缩短了人与人之间的距离，让"地球村"的概念变得触手可及。互联网还是一位无所不知的智者，它拥有海量的知识库，从基础的百科知识到深奥的学术研究都应有尽有。无论你是对宇宙起源充满好奇的孩子，还是追求专业精进的学者，都能在这里找到满意的答案。更有趣的是，互联网还催生了在线教育、远程办公等新兴业态，让学习、工作不再受地域限制，为人们的生活带来了前所未有的便利与自由。

然而，互联网的变革并非全然美好。在这个信息爆炸的时代，我们也面临着信息过载、隐私泄露等挑战。如何在享受互联网带来的便利的同时，保护好自己的隐私安全，成为了每个人都需要思考的问题。此外，互联网还加剧了社会的不平等现象，数字鸿沟成为了亟待解决的问题。

　　总的来说，互联网是一把双刃剑，它以其独特的魅力引领着时代的潮流，同时也带来了诸多挑战。我们需要以更加理性、包容的态度去拥抱这个变革的时代，充分利用互联网的优势，积极应对其带来的挑战，共同创造一个更加美好、和谐的数字世界。

第四节　移动互联网的浪潮：智能手机与物联网的兴起

　　随着互联网的普及和信息技术的飞速发展，人类社会正式步入了移动互联网的新纪元。在这一波变革的浪潮中，智能手机与物联网作为两大核心驱动力，不仅深刻改变了人们的生活方式，还引领了全球经济的数字化转型。

一、智能手机的普及与变革

　　早在上世纪 90 年代初，智能手机的概念就开始萌芽。1993 年，IBM 与 BellSouth 合作推出了世界上公认的第一部智能手机—IBM Simon（西蒙个人通信设备，如图 14-9 所示）。它不仅是世界上第一款使用触摸屏的智能手机，更是为后来的智能手机发展奠定了基础。2007 年 1 月 9 日，在苹果公司全球软件开发者大会上，苹果教父史蒂夫·乔布斯在美国旧金山马士孔尼会展中心面向全球手机用户与科技媒体正式推出了苹果公司史上首款智能手机，即第一代 iPhone 手机（如图 14-10 所示）。这款产品迅速引发了全球科技爱好者的追捧，上市后立刻掀起热潮，销情反应热烈，部分媒体称之为"上帝手机"。随着技术的不断成熟和成本的降低，智能手机逐渐从奢侈品变成了大众消费品。这些集通话、上网、娱乐、办公等功能于一体的设备，以其便捷性、高效性和强大的互联能力，迅速占据了市场的主导地位。

图 14-9　世界上第一部智能手机：IBM Simon　　图 14-10　2007 年发布的第一代 iPhone 手机

　　智能手机的普及，极大地推动了移动互联网的发展。人们可以随时随地通过智能手机访问互联网，完成获取信息、社交、购物支付、娱乐休闲等活动，极大地丰富了人们的生活体验。同时，智能手机也成为了移动互联网应用的重要载体，各种 APP 的涌现，进一步拓展了智能手机的功能和应用场景。

在智能手机市场竞争激烈的同时，其技术创新也层出不穷。从最初的触摸屏、多任务处理，到后来的指纹识别、面部识别、5G 通信等技术的应用，智能手机不断突破自我，为用户带来更加智能、安全、高效的使用体验。

二、物联网的兴起与融合

与智能手机并行的，是物联网技术的兴起。物联网，即通过信息传感设备，将任意物品与互联网连接起来，进行信息交换和通信，以实现智能化识别、定位、跟踪、监控和管理的一种网络。物联网技术的出现，打破了传统互联网的界限，将互联网的应用范围从人与人之间的连接扩展到了物与物、人与物之间的连接。

随着物联网技术的不断发展，越来越多的设备被接入到互联网中。智能家居、智慧城市、工业 4.0 等领域纷纷涌现出许多物联网的应用案例。智能家居通过物联网技术，实现了家电设备的互联互通和远程控制；智慧城市则利用物联网技术，提高了城市管理的效率和居民生活的便利性；工业 4.0 则通过物联网技术，推动了制造业的智能化和数字化转型。

物联网的兴起，不仅改变了人们的生活方式，还促进了各行业的创新与发展。物联网技术的应用，使得数据的采集、分析和利用变得更加高效和精准，从而为企业的决策提供了有力的支持。同时，物联网也推动了新兴产业的崛起，如云计算、大数据、人工智能等，这些技术与物联网的深度融合（如图 14-11 所示），将进一步推动全球经济的数字化转型。

图 14-11　物联网的应用场景

三、智能手机与物联网的融合展望

展望未来，智能手机与物联网的融合将成为不可逆转的趋势。随着 5G、6G 等新一代通信技术的普及和应用，智能手机与物联网设备之间的连接将更加快速、稳定和高效。智能手机将作为物联网的重要入口和控制中心，通过 APP 等方式实现对物联网设备的远程控制和智能化管理。

同时，随着人工智能技术的发展和普及，智能手机与物联网的融合将更加深入。智能手机将利用 AI 技术提供更加智能的语音助手、人脸识别、图像识别等功能；而物联网设备也将通过 AI 技术实现更加精准的数据采集、分析和预测。这些技术的应用将进一步提升智能手机和物联网设备的智能化水平和人们的使用体验。

综上所述，在移动互联网的浪潮中，智能手机与物联网的兴起不仅改变了人们的生活方式和工作方式，还推动了全球经济的数字化转型。随着信息技术的不断进步和应用场景的不断拓展，我们有理由相信，智能手机与物联网的融合将为我们带来更加智能、便捷和高效的生活体验。

第五节　新兴技术的崛起：大数据、云计算、人工智能的飞跃

在人类科技发展的浩瀚星空中，新兴技术如同璀璨星辰，不断引领着我们向未知领域探索前行。其中，大数据、云计算与人工智能作为三大核心驱动力，正以前所未有的速度改变着世界的面貌，推动着社会各领域的深刻变革。本节将深入探讨这三大技术的崛起背景、技术原理、应用场景以及未来展望或里程碑事件，揭示它们如何共同编织出一幅智能互联的未来图景。

一、大数据：信息时代的石油

1. 崛起背景

随着互联网的普及和物联网技术的发展，各类数据正以前所未有的速度增长，我们迎来了一个数据爆炸的时代。据估计，全球数据量正以每年约 50% 的速度增长，2025 年，全球数据量达到惊人的 175 ZB（泽字节）。这些数据蕴含着巨大的价值，但如何有效收集、存储、处理并挖掘其价值，成为了新的技术挑战。大数据技术的兴起，正是为了应对这一挑战。

小知识

bit（位）：是计算机对数据存储和移动的最小单元，它只有 2 个值：0 和 1。它的简写为小写字母"b"。作为信息技术最基本的存储单元，因为比特实在太小了，所以大家生活中可能接触不到。

Byte（字节）是字节的英文写法。它的简写为大写字母"B"。英文字符通常是一个字节，也就是 1 B。中文字符因为字符集的问题通常会超过 2 个字节。

1 Byte=8 Bit

1 Kilo Byte (KB) = 1024 Bytes

1 Mega Byte (MB) = 1024 KB

1 Giga Byte (GB) = 1024 MB

1 Tera Byte (TB) = 1024 GB

1 Peta Byte (PB) = 1024 TB

1 Exa Byte (EB) = 1024 PB

1 Exa Byte (EB) = 1024 PB

1 Zetta Byte (ZB) = 1024 EB

1 Yotta Byte (YB) = 1024 ZB

具体换算如表 14-1 所示。

表 14-1　数据存储单位换算表

存储单位	描　述
Kilo Byte	1 KB = 1024 Bytes
Mega Byte	1 MB = 1024 KB
Giga Byte	1 GB = 1024 MB
Tera Byte	1 TB = 1024 GB
Peta Byte	1 PB = 1024 TB
Exa Byte	1 EB = 1024 PB
Zetta Byte	1 ZB = 1024 EB
Yotta Byte	1 YB = 1024 ZB
Bronto Byte	1 Bronto Byte = 1024 YB
Geop Byte	1 Geop Byte = 1024 Bronto Bytes

2. 技术原理

大数据技术包括数据采集、存储、处理、分析以及可视化等多个环节。其中，数据采集技术是通过各种传感器、社交媒体、企业 ERP 系统等渠道收集海量数据；存储技术则利用分布式存储系统（如 Hadoop HDFS）实现海量数据的可靠存储；处理技术则采用并行计算框架（如 MapReduce、Spark）提高数据处理效率；分析技术则运用数据挖掘、机器学习等算法从数据中提取有价值的信息；最后，可视化技术是将复杂的数据分析结果以直观、易懂的方式呈现出来。

3. 应用场景

大数据技术在各行各业都有广泛的应用。在零售业，大数据分析能够帮助商家了解消费者行为，实现精准营销；在金融领域，大数据分析可用于风险评估、欺诈检测，提升金融服务的安全性和效率；在医疗健康领域，大数据分析可助力疾病预测、个性化治疗方案的制定；在智慧城市建设中，大数据分析可参与优化交通管理、能源分配等城市运营环节。

4. 未来展望

随着信息技术的不断进步，大数据将更加深入地渗透到我们生活的方方面面。实时大数据处理能力的提升，将使得数据驱动的决策变得更加迅速和精准。同时，随着隐私保护技术的加强，人们将更加愿意分享数据，从而进一步推动大数据产业的发展。此外，大数据与人工智能、区块链等技术的融合，将开启更多创新应用的可能性。

二、云计算：算力无处不在

1. 崛起背景

在大数据时代的背景下，传统 IT 架构面临着成本高、扩展性差、运维复杂等问题。

云计算技术的出现，为解决这些问题提供了新思路。云计算通过将计算资源、存储资源和网络资源封装成一个独立的虚拟环境，以按需服务的方式提供给用户，实现了计算资源的灵活调度和高效利用。

2. 技术原理

云计算技术主要包括虚拟化技术、分布式计算技术、资源管理技术、安全技术等。虚拟化技术是云计算的核心技术之一，它通过在物理资源上抽象出一层虚拟层，使得多个虚拟环境可以共享同一套物理资源；分布式计算技术则通过多台计算机协同工作，共同完成大规模的计算任务；资源管理技术负责动态调整计算资源、存储资源和网络资源，以满足用户的不同需求；安全技术则负责保障云环境的安全性和数据的隐私性。

3. 应用场景

云计算技术在各行各业都有广泛的应用。在企业级市场，云计算提供了灵活的计算资源和服务，降低了企业的IT成本，提高了业务敏捷性；在创业领域，云计算为初创企业提供了低成本、高可用的IT基础设施，降低了创业门槛；在科研领域，云计算提供了强大的计算能力和数据存储能力，加速了科学研究的进程。

4. 未来展望

随着5G、物联网等技术的普及，云计算将与这些技术深度融合，从而推动边缘计算、云边协同等新兴模式的发展。未来，云计算将更加智能化和个性化，通过AI算法优化资源配置和服务质量，为用户提供更加高效、便捷、定制化的云服务。同时，随着云计算技术的不断成熟和普及，其安全性、可靠性、易用性等方面也将得到进一步提升。

三、人工智能：机器的智慧觉醒

1. 崛起背景

人工智能作为计算机科学的一个分支，旨在研究和开发能够模拟、延伸和扩展人类智能的理论、方法、技术及应用系统。大数据、云计算等技术的兴起，为人工智能提供了丰富的数据资源和强大的计算能力支持，推动了人工智能技术的快速发展和广泛应用。

2. 技术原理

人工智能技术涵盖了机器学习、深度学习、自然语言处理、计算机视觉等多个领域。机器学习是人工智能的核心技术之一，它通过让计算机从数据中学习规律从而做出预测或决策；深度学习则是机器学习的一个分支，通过构建深层神经网络来模拟人脑的学习过程；自然语言处理则关注于计算机与人类语言之间的交互；计算机视觉则致力于让计算机具备"看"的能力，从而理解图像和视频中的信息。

3. 应用场景

人工智能技术在各行各业都有广泛的应用。在智能制造领域，人工智能通过优化生产流程、提高设备效率等方式推动制造业的智能化升级；在智能金融领域，人工智能用于风险评估、智能投顾等方面，以提升金融服务的智能化水平；在智能交通领域，人工智能通过大数据分析和预测模型，可对交通流量进行精准调度，优化信号灯配时，减少拥堵现象，提升整体交通运行效率。

4. 里程碑事件

（1）第一辆自动驾驶汽车诞生：早在 1986 年，德国慕尼黑联邦国防军大学的研究人员就在一辆奔驰面包车上安装了摄像头和智能传感器，成功地在空无一人的街道上行驶。几年后，一位名叫 Dean Pomerleau 的卡内基梅隆大学的研究人员建造了一辆自动驾驶的庞蒂克运输小货车。该车沿海岸线从宾夕法尼亚州的匹兹堡到加州的圣地亚哥，共行驶了4501 km（2797 英里）。

（2）IBM 的"深蓝"战胜国际象棋冠军：对于人工智能来说，1997 年是一个标志性的年份，IBM 的"深蓝"超级计算机在一场人机大战中战胜国际象棋冠军 Garry Kasparov。毫无疑问，"深蓝"的处理信息比人类更快，但真正的问题是，它是否能更有策略地思考。事实证明这是可以的！ 这一结果可能并没有证明人工智能有能力在有明确规则的问题上表现得异常出色，但它仍然是人工智能领域的巨大飞跃。

（3）IBM "沃森"在智力竞赛节目中大获全胜。 就像"深蓝"与 Garry Kasparov 的比赛一样，IBM 的人工智能在 2011 年迎接了另一个巨大的挑战并获胜——沃森人工智能在著名的智力竞赛节目 "Jeopardy" 中击败了对手布拉德·拉特和肯·詹宁斯，成功赢取了100 万美元的大奖。比赛结束后，肯·詹尼斯打趣道："欢迎我们的新机器人霸主。"人工智能的再次胜利，又一次向世界证明了人工智能比人脑更快。

（4）谷歌 AlphaGo 战胜世界围棋冠军李世石。2016 年 3 月，继 IBM "深蓝"之后，谷歌 DeepMind 的 AlphaGo 在四场比赛中击败了国际围棋世界冠军李世石（如图 14-12），而这场激烈的人机大战吸引了来自世界各地 6000 万人的观看。同样，2017 年的升级版 AlphaGo 再次击败了国际围棋大师柯洁，引发了全世界的关注。

（5）生成式 AI 产品井喷式爆发。2022年 11 月 30 日，美国 OpenAI 公司推出的聊

图 14-12　谷歌 AlphaGo 战胜世界围棋冠军李世石

天机器人程序 ChatGPT 正式上线。ChatGPT 能够通过学习和理解人类的语言来进行对话，还能根据聊天的上下文进行互动，完成撰写邮件、视频脚本、文案、翻译、代码等多种任务。ChatGPT 的推出引发了全球范围内的广泛关注，Bard、文心一言、豆包、星火大模型等生成式 AI 平台井喷式爆发，推动了人工智能技术在自然语言处理领域的进一步发展。尤其在 2025 年，中国深度求索（DeepSeek）公司通过突破性技术创新，研发出具备多模态交互能力的认知智能体，不仅在代码生成、知识推理等核心能力上实现超越，更能在医疗诊断、教育辅导、科研辅助等领域形成系统化解决方案，为生成式 AI 的发展提供了重要范式，标志着人工智能技术在产业深度融合与人机协领域作向新阶段迈进。

第十五章　领航之光——行业发展人物传

第一节　艾伦·图灵：计算机科学与人工智能的先驱

在计算机科学与人工智能的浩瀚星空中，艾伦·图灵无疑是一颗璀璨的星辰。他的智慧和创新精神，不仅为计算机科学的发展奠定了坚实的基础，更为人工智能的崛起开辟了道路。本节将带大家走进这位伟大先驱的世界，探寻他是如何以自己的才华和努力，引领了信息技术不断突破边界，并开启了人工智能的新纪元。

一、图灵的生平与贡献概述

1. 早年生活与教育背景

艾伦·图灵（如图 15-1），1912 年出生于英国伦敦，成长在一个充满学术氛围的家庭。他的父亲是一位英国殖民地的官员，母亲则对数学和逻辑学有着深厚的兴趣，这样的家庭环境为图灵日后的学术成就奠定了坚实的基础。在图灵的成长过程中，他展现出了对科学和数学的浓厚兴趣，尤其是在逻辑和推理方面展现出了非凡的天赋。

图 15-1　图灵年轻时的照片

图灵的学术生涯始于剑桥大学，他在那里攻读数学专业，并以优异的成绩毕业。随后，他前往美国普林斯顿大学深造，这进一步拓宽了他在数学和逻辑学领域的知识视野。在普林斯顿大学的学习经历对图灵产生了深远的影响，也为他后来在计算机科学和人工智能领域的开创性贡献打下了坚实的基础。

2. 职业生涯亮点

图灵的职业生涯留下了诸多开创性的贡献。在二战期间，他作为密码破译专家，在破解纳粹德国的恩尼格玛机密码方面发挥了关键作用，为盟军的胜利做出了巨大贡献。这一时期的经历不仅展示了图灵在数学和逻辑学方面的卓越才能，也锻炼了他的问题解决能力和创新思维。

战后，图灵将他的才华转向了计算机科学和人工智能领域。他提出了著名的图灵机模型，为现代计算机的理论基础提供了关键框架。此外，他还在人工智能领域进行了开创性的研究，提出了"图灵测试"作为评估机器智能的标准，这一标准对后来的人工智能研究产生了深远影响。

 **小知识**

恩尼格玛机：恩尼格玛机（如图15-2）是二战时期纳粹德国使用的一种高级密码机，以其独特的多转子系统、插线板和反射器等复杂加密机制而著称。这种密码机能够实现高效的动态加密，每次按键后转子自动旋转，改变加密方式，使得破译变得极为困难。同时，恩尼格玛机还采用了每日更换密钥和密钥与算法分离的设计，这些措施进一步增强了通信的安全性。在战争期间，恩尼格玛机为纳粹德国提供了相对安全的通信方式，对战争局势产生了深远的影响。然而，这一"不可破译"的神话最终被以图灵为首的盟军密码学家打破。图灵团队在布莱切利公园研发的"Bombe"机电解密装置，通过逆向工程还原了恩尼格玛机的反射器设计缺陷，并利用德军通信中重复性固定格式的"已知明文"漏洞，构建了基于概率统计的密码分析体系。图灵的创新不仅影响了整个战争进程，更开创了现代计算机理论与密码分析学的先河，其"图灵测试"思想与可编程计算机概念均萌芽于此项研究。

图15-2 恩尼格玛机

3. 先驱地位的确立

艾伦·图灵因其卓越贡献而被誉为计算机科学和人工智能的奠基人。他的图灵机模型为现代计算机的发展提供了理论基础，而他在人工智能领域的开创性研究则激发了后来几代科学家对这一领域的探索。图灵的思想和成果不仅指引了计算机科学和人工智能的发展轨迹，也对其他领域产生了深远的影响。

图灵的先驱地位不仅体现在他的学术成就上，还体现在他对未知领域的勇敢探索和跨学科思维上。他的创新精神和对科学的执着追求激励着后来的科学家不断挑战自我，从而推动科技的不断进步。

二、图灵在计算机科学领域的成就

1. 图灵机模型

图灵机模型（如图 15-3）是艾伦·图灵提出的一个理论计算模型，它奠定了现代计算机的理论基础。图灵机由一个无限长的纸带、一个读写头和一个控制单元组成。纸带被划分为一个个的小格子，每个格子上可以写上一个符号。读写头可以在纸带上左右移动，读取或写入符号，并根据控制单元中的指令进行下一步操作。这个简单的模型却能够模拟任何算法的逻辑结构，因此被视为现代计算机的鼻祖。

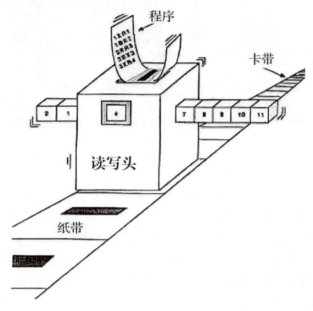

图 15-3　图灵机模型的示意图

2. 计算理论与算法研究

艾伦·图灵在计算理论和算法设计方面也做出了杰出的贡献。他深入研究了"可计算性"问题，提出了著名的"图灵判定定理"，为判断一个问题是否可以被计算机解决提供了理论依据。此外，他还提出了一系列重要的算法，这些算法在后来的计算机科学发展中发挥了关键作用。图灵的计算理论不仅为计算机科学提供了坚实的理论基础，也为后来的算法设计和优化提供了重要的指导。

三、图灵与人工智能的起源

1. 图灵测试的意义

图灵测试（如图 15-4），这一概念由艾伦·图灵提出，是评估机器智能的一个重要标准。其核心在于，如果一台机器能够与人类进行自然语言交互，且其表现无法被人类区分出是机器还是真人，那么这台机器就可以被认为是具有智能的。这一测试并不关注机器是如何思考的，也不要求其具备人类的情感或意识，而是专注于机器在交互中能否展现出与人类相似的智能行为。图灵测试为人工智能领域提供了一个明确的评估标准，推动了这一领域的深入研究和快速发展。

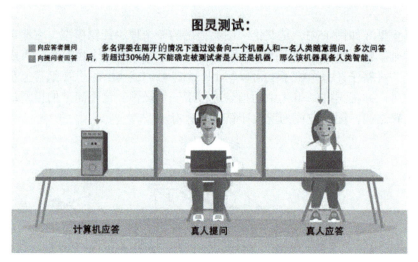

图 15-4　图灵测试：机器智能的评估标准

2. 人工智能的萌芽

艾伦·图灵的思想不仅涉及密码学领域，他还对人工智能领域进行了深入的探索。在图灵看来，机器不仅可以执行复杂的计算任务，还可以模拟人类的思维和智能行为，这一思想激发了人工智能领域的早期研究。许多科学家开始尝试构建能够模拟人类智能的机器，图灵提出的"图灵机"模型为这一尝试提供了理论基础。这些早期的探索使得人们开始思考如何用机器来模拟人类的思维过程，这些研究为后来的人工智能研究奠定了坚实的基础，并推动了这一领域的蓬勃发展。

第二节　比尔·盖茨与史蒂夫·乔布斯：个人电脑时代的双雄

在个人电脑时代，有两位巨人以其非凡的远见和卓越的领导力，共同塑造了行业的面貌，他们就是比尔·盖茨与史蒂夫·乔布斯。本节将带您回顾这两位科技巨擘的传奇故事，感受他们是如何在个人电脑领域掀起了一场革命，用创新的产品和理念，深刻改变了人们的工作和通信方式。

一、比尔·盖茨：微软帝国的缔造者

1. 早年经历与教育背景

比尔·盖茨出生于美国华盛顿州的一个中产家庭，自幼便展现出了对科技的浓厚兴趣。他的父亲是一位律师，母亲则是一名教师，家庭环境的熏陶使他从小就接触到了丰富的知

识资源。在少年时期，比尔·盖茨便对计算机产生了浓厚的兴趣，他常常花费大量时间在学校的计算机上编程和学习。

　　进入哈佛大学后，比尔·盖茨继续加深他对计算机科学的热爱。然而，他对学术的追求很快就被创业的梦想所取代。在与好友保罗·艾伦的共同探讨下，他们决定离开校园，投身于计算机行业的创业浪潮中。

2. 微软的诞生与崛起

　　1975 年，比尔·盖茨与保罗·艾伦共同创立了微软公司，开始了他们的创业之旅。起初，微软主要为一些小型计算机公司开发编程语言。然而，随着个人电脑市场的兴起，他们看到了更大的机遇。他们与 IBM 合作，为 IBM 的个人电脑开发了操作系统 MS-DOS，这一合作使微软迅速在行业中崭露头角。

　　随后，微软推出了 Windows 操作系统（如图 15-5），这一创新的产品彻底改变了个人电脑市场的格局。Windows 的图形用户界面和鼠标操作使得计算机更加易于使用，迅速赢得了消费者的喜爱。随着 Windows 的不断升级和完善，微软逐渐成为了个人电脑市场的领导者。

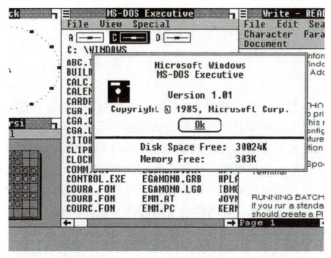

图 15-5　早期 windows 操作系统界面

　　跨世纪大作——Windows：1983 年 11 月 10 日，Windows 操作系统首次登台亮相。该产品是 MS-DOS 操作系统的演进版，并提供了图形用户界面。Microsoft Windows 1.0 于 1985 年正式推出，该版本结束了微软操作系统的命令行时代。与 Windows 不同，MS-DOS 是通过使用命令来进行操作，系统根据用户输入的命令进行程序的运行。而 Windows 1.0 允许用户通过指向并单击的方式访问 Windows，而不是键入 MS-DOS 命令。微软发布的 Windows 1.0 操作系统其实就是对 MS-DOS 的扩展，但在当时没有受到欢迎。随着系统不断迭代，Windows 3.0 终于迎来了最初的胜利。那是 1989 年末，微软正在努力工作，最终敲定了它所知道的迄今为止最好的 Windows 版本。Windows 3.0 版通过一个新的 3D 斜面设计和闪亮的新图标在图形用户界面上投下了重注。

3. 商业策略与影响

比尔·盖茨以其敏锐的商业洞察力和果断的决策能力而著名。他与 IBM 的合作使微软迅速获得了市场的认可，而他对技术创新的持续投入也使微软始终保持在行业领先地位。在面对苹果公司的竞争时，比尔·盖茨采取了一系列有效的策略，包括推出更加亲民的产品、扩大市场份额等，最终使微软在个人电脑市场上占据了主导地位。

此外，比尔·盖茨还积极推动微软的全球化战略，以此将微软的产品和服务推向全球市场。他的商业决策不仅影响了微软的发展，也对全球个人电脑行业产生了深远的影响。

在技术愿景与社会贡献方面，比尔·盖茨一直坚信技术的力量能够改变世界。他不断增加微软在技术创新上的投入，致力于推出更加智能、便捷的产品和服务。同时，他也非常关注技术对社会的影响，积极倡导技术伦理和社会责任。

在慈善事业方面，比尔·盖茨和他的妻子梅琳达共同创立了比尔及梅琳达·盖茨基金会，致力于解决全球性的健康问题和社会不平等问题。他们通过捐赠资金和支持科研项目，为全球的贫困人口提供了医疗援助和教育机会。比尔·盖茨的慈善事业不仅展现了他的社会责任感，也为他赢得了全球的赞誉。

二、史蒂夫·乔布斯：创新与设计的代名词

1. 叛逆天才的成长之路

史蒂夫·乔布斯（如图 15-6），这位科技界的传奇人物，他的早年生活充满了探索与叛逆。尽管乔布斯在里德学院的学习经历短暂，却为他日后追求创新与设计奠定了坚实的基础。在那里，他深入研究了书法和设计艺术，这些学科不仅塑造了他的审美观，也影响了他对产品外观和用户体验的极致追求。此外，乔布斯对东方文化，尤其是禅宗文化产生了浓厚的兴趣。他阅读了大量相关书籍，也曾前往印度进行灵魂之旅，这些经历进一步拓宽了他的视野，也影响了他对产品设计的简洁与功能性的理解。

图 15-6　乔布斯年轻时期照片

早期的工作经历也是乔布斯成长之路上不可或缺的一部分。在视频游戏公司 Atari 担任技术员期间，他深入探索了计算机和电子技术的奥秘，为日后的创业之路积累了宝贵的经验。

2. 苹果公司的起伏

1976 年，乔布斯与斯蒂夫·沃兹尼亚克（如图 15-7）共同创立了苹果公司，开启了他们的科技创业之旅。他们推出的苹果 II 型计算机在市场上取得了巨大的成功，推动了个人计算机领域的发展。然而，随着公司的壮大，内部权力斗争也日益激烈。1985 年，乔布斯被迫离开苹果公司，这是他职业生涯中的一次重大挫折。

图 15-7　乔布斯（右）与斯蒂夫·沃兹尼亚克（左）

然而，乔布斯并没有因此放弃。他创办了 NeXT 电脑公司，并同时担任 Pixar 动画公司的 CEO。在 Pixar，他展现了出色的领导才能和商业眼光，并将这家动画公司打造成了行业巨头。而 NeXT 虽然起初并不成功，但却为乔布斯日后重返苹果并推出革命性产品奠定了技术基础。

3. 回归苹果与传奇再创

1996 年，苹果公司陷入困境，乔布斯被重新聘为首席执行官。他回归后的第一件事情就是对苹果公司进行大刀阔斧的改革。他停止了不合理的研发和生产项目，结束了与微软的专利纷争，并开始了全新产品的研发和操作系统的升级。

在他的领导下，苹果公司推出了 iMac、iPod、iPhone 和 iPad 等一系列革命性产品（如图 15-8）。这些产品不仅技术领先、设计精美、用户体验极佳，还引领了行业潮流。例如，iPhone 的推出彻底改变了智能手机的概念，让人们重新认识到了手机的可能性，而 iPad 则开创了平板电脑这一全新的产品类别，极大地丰富了人们的移动生活方式。

图 15-8　2007 年苹果发布会上的乔布斯

三、双雄对决与合作：个人电脑时代的传奇

1. 竞争与合作

（1）竞争态势。

在个人电脑市场上，比尔·盖茨与史蒂夫·乔布斯的竞争态势尤为激烈。他们分别

代表着微软和苹果，这两家公司在操作系统、办公软件以及硬件产品上展开了全面的较量。乔布斯以其独特的创新能力和对用户体验的极致追求，不断推出革命性的产品，如Macintosh 电脑、iPod 音乐播放器、iPhone 智能手机等，这些产品不仅改变了行业格局，也重新定义了用户对个人电脑和消费电子产品的期待。

而比尔·盖茨则凭借 Windows 操作系统的广泛兼容性和强大的市场策略，使微软成为个人电脑市场的领导者。他注重技术的实用性和市场的广泛覆盖，通过不断升级Windows 系统和推出 Office 办公软件套件，满足了大量企业和个人用户的需求。

（2）合作案例。

尽管在市场竞争中双方存在激烈对抗，但比尔·盖茨与史蒂夫·乔布斯在某些关键时刻也展现出了合作的精神。一个显著的例子是在 1997 年，当时苹果正面临财务困境，乔布斯重返苹果并宣布与微软达成了一项重要协议。微软向苹果投资了 1.5 亿美元，并承诺将继续为苹果电脑开发软件，包括 Office 套件等。这一合作不仅为苹果带来了急需的资金支持，也为其后续的产品开发和市场复苏奠定了基础。

2. 时代影响与遗产

（1）技术创新。

乔布斯和盖茨都是个人电脑时代的创新先驱。乔布斯以其对产品和用户体验的极致追求，推动了苹果在个人电脑、音乐播放器、智能手机等多个领域的创新。他注重产品的外观设计和用户交互体验，为用户带来了前所未有的便捷和享受。而盖茨则通过不断升级Windows 系统和推出新的办公软件套件，推动了个人电脑技术的普及和应用。

（2）市场策略。

在市场策略方面，乔布斯注重高端定位和精美外观，通过打造独特的品牌形象和用户体验来吸引忠实用户。乔布斯善于洞察市场趋势和用户需求，不断推出符合市场需求的创新产品。而盖茨则更注重产品的通用性和兼容性，通过低价策略和广泛的市场覆盖来提高市场占有率。盖茨善于利用市场营销手段和推广策略，从而使微软成为个人电脑市场的领导者。

（3）用户体验。

乔布斯对用户体验的极致追求是苹果成功的关键因素之一。他坚信产品的外观、手感和操作体验远远超过纯粹的技术规格。这种理念在苹果的产品中得到了充分体现，从精美的外观设计到流畅的操作体验，都让用户感受到了前所未有的舒适和便捷。而盖茨也注重用户体验的提升，通过不断改进 Windows 系统的界面设计和功能优化，使用户能够更加方便地使用个人电脑。

第三节　杰夫·贝索斯：电子商务与云计算的领航者

在电子商务与云计算的浪潮中，有一位领航者以其敏锐的洞察力和卓越的执行力，引领着行业不断前行。他就是杰夫·贝索斯，亚马逊的创始人。本节将带您回顾亚马逊的传奇历程，感受杰夫·贝索斯是如何以创新的商业模式和技术实力，打造出了一个全球领先的电子商务平台，并推动了云计算技术的普及和发展。

一、杰夫·贝索斯的创业之路

1. 早年经历与创业初衷

杰夫·贝索斯（Jeff Bezos）于 1964 年出生在美国新墨西哥州的一个普通家庭。他从小就展现出了对科技和创新的浓厚兴趣。在普林斯顿大学学习期间，他专攻计算机科学和电气工程，这段学习经历为他日后的创业之路奠定了坚实的基础。毕业后，他在多家科技公司工作，由此积累了丰富的经验和人脉。然而，他并不满足于现状，渴望创造属于自己的事业。

创立亚马逊的初衷源于杰夫·贝索斯对互联网潜力的深刻洞察。当时，他意识到互联网将彻底改变人们的生活方式，而电子商务则是一个充满无限可能的新领域。他决定抓住这个机遇，打造一个全新的在线购物平台，让消费者能够更加方便地购买到各种商品。

2. 亚马逊的诞生

1994 年，杰夫·贝索斯在西雅图的一间小办公室里创立了亚马逊。最初的亚马逊只是一个在线书店，但杰夫·贝索斯有着更大的野心。他希望通过互联网，将亚马逊打造成一个无所不包的"万货商店"（如图 15-9）。为了实现这一目标，他投入了大量的时间和精力来完善网站的界面设计、商品分类和搜索功能，确保用户能够享受到便捷、高效的购物体验。

图 15-9　亚马逊网页

亚马逊的商业模式非常独特。它采用了"长尾理论"，即通过互联网销售大量的小众商品，以满足消费者的多样化需求。同时，亚马逊还注重与供应商建立紧密的合作关系，以确保商品的质量和供应的稳定性。在市场定位上，亚马逊瞄准了那些对传统购物方式感到不满的消费者，为他们提供了一个全新的、更加便捷的购物选择。

然而，亚马逊的创立过程并非一帆风顺。当时，电子商务领域还处于起步阶段，很多人对这个行业持怀疑态度。此外，亚马逊还面临着资金短缺、技术难题和市场竞争等多重挑战。但杰夫·贝索斯凭借着坚定的信念和出色的领导能力，带领团队克服了一个又一个难关，最终让亚马逊在电子商务领域崭露头角。

3. 创新与拓展

杰夫·贝索斯一直坚信创新是推动企业发展的关键。因此，他不断鼓励团队进行尝试和探索，以寻找新的业务增长点。在他的带领下，亚马逊陆续推出了 Kindle 电子书、亚马逊 Prime 会员服务等创新业务。

Kindle（如图 15-10）电子书的推出是亚马逊在数字阅读领域的一次重大突破。它不仅为消费者提供了更加便捷、环保的阅读方式，还为亚马逊开辟了一个新的收入来源。而亚马逊 Prime 会员服务则通过提供免费的快递服务、视频流媒体服务等福利，吸引了大量忠实用户，进一步提升了亚马逊的市场竞争力。

图 15-10　kindle 电子书

除了这些创新业务外，杰夫·贝索斯还带领亚马逊积极拓展国际市场。他深知全球化是企业发展的重要趋势，因此他积极寻求与海外合作伙伴的合作机会，借此将亚马逊的业务拓展到了全球多个国家和地区。

二、亚马逊的电子商务帝国

1. 电子商务的崛起

（1）亚马逊的成长历程。

亚马逊，由杰夫·贝索斯于 1994 年在美国创立，最初仅从一家在线书店起步。然而，贝索斯的前瞻性视野和坚定信念使得亚马逊迅速发展成为全球最大的电子商务平台之一。亚马逊的成功不仅在于其精准的市场定位，更在于其不断适应市场变化、持续创新的能力。

（2）成功的关键因素。

客户至上：亚马逊始终将客户需求放在首位，不断优化购物体验，提升客户满意度。

这一理念贯穿了亚马逊从商品选择、价格竞争到售后服务的每一个环节。

多元化经营：亚马逊不仅限于图书销售，而是迅速将商品种类扩展到电子产品、家居用品、服装鞋帽等多个领域，形成了庞大的商品体系，满足了消费者对商品多样化的需求。

技术创新：亚马逊在技术创新方面不遗余力，通过大数据、人工智能等技术手段，实现了对客户的精准营销、个性化推荐等，大大提升了用户体验和销售效率。

高效物流：亚马逊建立了遍布全球的物流体系，通过自建仓库、与第三方物流合作等方式，实现了快速、准确的配送服务，增强了消费者的信任。

2. 用户体验与技术创新

（1）提升用户体验。

智能推荐系统：亚马逊利用大数据技术分析用户的购买历史和浏览行为，为用户提供个性化的商品推荐，极大地提高了用户的购物效率和用户满意度。

便捷支付：亚马逊支持多种支付方式，包括信用卡、借记卡、支付宝、微信支付等，使消费者能够轻松完成支付过程。

快速配送：亚马逊的 Prime 会员服务提供了免费且快速的配送服务，部分地区甚至实现了当日达或次日达，极大地提升了消费者的购物体验。

（2）技术创新成果。

人工智能应用：亚马逊在人工智能领域取得了显著进展，通过机器学习算法优化了产品推荐、客户服务等环节，为消费者提供了更加智能、便捷的服务。

云计算服务：亚马逊的 AWS（Amazon Web Services）已成为全球领先的云计算服务提供商之一，为企业提供了高效、安全的云计算解决方案，推动了整个行业的数字化转型。

无人机配送：亚马逊还积极探索无人机配送等前沿技术，试图通过技术创新进一步提升物流效率和服务质量。

三、云计算的先驱：亚马逊 AWS

1. 云计算的兴起

（1）发展背景与趋势。

随着互联网的飞速发展和数据量的爆炸式增长，传统的 IT 架构已无法满足企业和个人用户对计算资源高效、灵活的需求。基于以上需求，云计算技术应运而生，它通过网络提供动态、可扩展、虚拟化的资源和服务，使用户能够按需获取计算能力、存储空间和软件应用。

云计算的发展趋势体现在多个方面：一是技术不断创新，包括虚拟化技术、分布式存储、大数据处理等；二是应用范围不断扩展，从最初的互联网企业逐渐渗透到金融、医疗、教育等传统行业；三是市场规模持续扩大，越来越多的企业和个人用户开始采用云计算服务来降低成本、提高效率。

（2）亚马逊的选择。

亚马逊作为全球最大的电子商务平台之一，拥有庞大的用户群体和海量的数据资源。为了更有效地管理和利用这些资源，亚马逊开始探索新的技术解决方案。云计算技术的出现为亚马逊提供了一个绝佳的方法，它可以通过构建自己的云计算平台来优化资源利用、降低成本，并为外部用户提供高效的计算服务。

2. AWS 的诞生与成长

（1）创立过程。

亚马逊 AWS 于 2006 年正式推出，是亚马逊公司旗下的云计算服务平台。AWS 的创立过程充满了创新和挑战，亚马逊的团队在研发过程中不断尝试新的技术架构和服务模式，最终打造出了一套完整、可靠的云计算解决方案。

（2）核心服务。

AWS（如图 15-11）提供了包括计算、存储、数据库、网络、数据分析、机器学习等一系列核心服务。其中，EC2（Elastic Compute Cloud，弹性计算云）提供了可伸缩的计算能力；S3（Simple Storage Service，对象存储服务）提供了无限的存储空间；RDS（Relational Database Service，托管式数据库服务）则提供了易于设置、操作和扩展的关系数据库服务。这些服务共同构成了 AWS 强大的云计算能力。

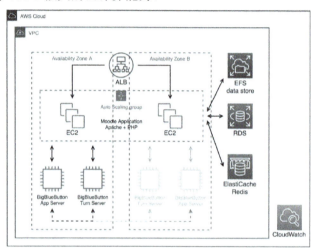

图 15-11　AWS 服务架构图

（3）市场地位与影响力。

自 AWS 推出以来，AWS 凭借其卓越的性能、丰富的功能和不断创新的技术，迅速占据了全球云计算市场的领先地位。它不仅为亚马逊自身提供了强大的技术支持，还为全球数百万的企业和个人用户提供了高效、灵活的云计算服务。AWS 的成功推动了整个云计算行业的发展，并成为了行业内的标杆。

第四节　当代科技领袖：马斯克、扎克伯格等人的创新故事

在当代科技领域，有一群科技领袖以其非凡的创新精神和领导力，不断推动着科技的进步和社会的发展，如马斯克、扎克伯格等人。本节将带您走进这些当代科技领袖的世界，

探寻他们是如何以自己的才华和努力，创造出了一个个令人瞩目的科技奇迹，深刻改变着人们的生活和未来。

一、马斯克：跨界创新者

1. 特斯拉：电动汽车技术突破与行业影响

特斯拉（Tesla）（如图 15-12）是马斯克在电动汽车领域的杰作。他领导的特斯拉团队不仅在电池技术、电动驱动系统等方面取得了突破，还成功地将电动汽车推向了大众市场。特斯拉的 Model S、Model X、Model 3 等车型，凭借其卓越的性能、时尚的外观和较高的续航里程，赢得了消费者的广泛认可。特斯拉的崛起，不仅推动了电动汽车技术的发展，也对传统汽车行业产生了深远的影响，促使众多传统汽车制造商加速向电动汽车方向转型。

图 15-12　特斯拉汽车

2. SpaceX：太空探索的私企先锋与火星移民计划

SpaceX 是马斯克在太空探索领域的杰作。他成立的这家私人航天公司，不仅成功地将火箭发射成本大幅降低，还实现了火箭的部分可重复使用。SpaceX 的龙飞船已经成功地将宇航员送往国际空间站，并计划在未来进行更多的太空探索任务。此外，马斯克还提出了宏伟的火星移民计划，旨在将人类送往火星，建立新的基地。SpaceX 的"北极星黎明"任务（如图 15-13）是一种私人载人航天飞行任务，旨在推动商业太空探索的发展，该任务于 2024 年 9

图 15-13　Spacex "北极星黎明" 任务

月 10 日从佛罗里达州肯尼迪航天中心的 39A 发射台发射。飞船在 15 h 内达到了 1400 km 的高度，创造了自阿波罗计划以来的最高轨道纪录。

3. Neuralink 与 The Boring Company：跨界探索与创新

除了特斯拉和 SpaceX，马斯克还在其他领域进行了跨界探索。Neuralink（如图 15-14）是他创立的一家致力于研究脑机接口技术的公司，旨在通过技术手段实现人脑与计算机的直接交互。而 The Boring Company 则是一家专注于研究地下交通创新的公司，马斯克希望通过挖掘地下隧道的方式来缓解城市交通拥堵问题。

图 15-14　脑机接口技术

二、扎克伯格：社交网络的缔造者

1. Facebook：社交网络的创立、成长与影响力

扎克伯格在大学时期就创立了 Facebook（如图 15-15），该社交网络平台发布后迅速在全球范围内获得了广泛的用户基础。Facebook 不仅改变了人们的社交方式，还成为了一个重要的信息传播和分享平台。它允许用户发布和更新状态、分享照片、视频和链接，并与朋友和家人保持联系。随着 Facebook 的成长，它也逐渐融入了人们的日常生活，并对社交媒体行业产生了深远的影响。

图 15-15　Facebook 应用

2. Instagram 与 WhatsApp：社交帝国的构建与全球化战略

除了 Facebook，扎克伯格还领导公司收购了 Instagram 和 WhatsApp 这两个重要的社交平台。Instagram 是一个以图片和视频分享为主的社交网络平台，它允许用户通过滤镜和编辑工具来美化他们的照片，并与朋友分享。WhatsApp 则是一个跨平台的即时通讯应用，它提供了文本、语音和视频的通信功能。这两个平台的加入，进一步丰富了扎克伯格的社交帝国，并帮助他实现了全球化战略，覆盖到了更广泛的用户群体。

第五节　马化腾：互联网社交与数字经济的领航者

在互联网社交与数字经济的浪潮中，有一位领航者以其敏锐的洞察力和卓越的执行力，引领着中国互联网行业不断前行。他就是马化腾，腾讯的创始人。本节将带您走进马化腾的传奇世界，感受他是如何以自己的才华和努力，打造出了一个涵盖社交、游戏、金融等多个领域的互联网帝国，并推动了数字经济的蓬勃发展。

一、腾讯的崛起：从即时通讯到多元化帝国

1. 即时通讯的先驱：QQ 的诞生与风靡

腾讯公司的发展历程始于即时通讯工具 QQ 的诞生。1997 年，马化腾接触到了 ICQ（一款网络即时通信软件）；1998 年 11 月 11 日，马化腾和同学张志东在广东省深圳市注册成立了"深圳市腾讯计算机系统有限公司"；1999 年 2 月 10 日，QQ 的前身：OICQ99a 发布，该软件的功能包括中文网络寻呼机、公共聊天室、传输文件（如图 15-16），这款即时通讯软件以其简洁易用的界面和强大的功能迅速吸引了大量用户。QQ 不仅提供了文字聊天功

能，还支持文件传输、语音通话等多种通信方式，极大地丰富了人们的沟通手段。随着软件用户数量的不断增长，QQ逐渐成为了中国即时通讯市场的领导者，并风靡全国。

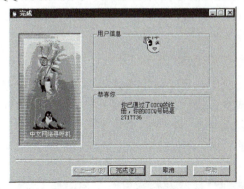

图15-16　OICQ99a界面

2. 游戏王国的构建：腾讯游戏的崛起与影响

在QQ取得巨大成功之后，腾讯开始将业务拓展到游戏领域（如图15-17）。他们先后推出了多款热门游戏，如《QQ堂》《QQ飞车》等，这些游戏以其独特的玩法和丰富的社交功能吸引了大量玩家。随着移动互联网的发展，腾讯又推出了《王者荣耀》等手游，进一步巩固了其在游戏市场的领先地位。腾讯游戏的崛起不仅为公司带来了丰厚的收入，还对中国游戏产业的发展产生了深远影响。

图15-17　腾讯游戏界面

3. 多元化战略：从社交到金融、云计算的拓展

在稳固了即时通讯和游戏市场的地位之后，腾讯开始实施多元化战略，将业务拓展到金融、云计算等领域。他们先后推出了微信支付、腾讯云等产品，为用户提供了更加便捷、高效的金融服务和云计算服务。同时，腾讯还积极投资并购其他企业，不断扩大自己的业务范围和影响力。通过多元化战略的实施，腾讯逐渐构建起了一个涵盖社交、游戏、金融、云计算等多个领域的多元化商业帝国。

二、微信：移动互联网时代的社交新篇章

1. 微信的创新：语音消息、朋友圈与小程序

微信作为腾讯公司在移动互联网时代的重磅产品，自推出以来就以其创新的功能和良好的用户体验赢得了大众的广泛赞誉。微信不仅提供了基本的文字聊天功能，还创新

性地推出了语音消息功能，让用户能够更便捷地进行语音沟通。此外，微信朋友圈（如图15-18）的推出更是让用户能够分享生活点滴，与好友保持更紧密的社交联系。近年来，微信还推出了小程序平台，为开发者和用户提供了一个全新的应用生态，进一步丰富了微信的功能和用户体验。

2. 社交与商业的融合：微信支付与微信生态

微信不仅是一款社交应用，更是一个商业平台。微信支付方式（如图15-19）的推出，让用户能够在微信内完成支付操作，极大地提升了支付的便捷性。同时，微信还积极构建自己的生态体系，通过公众号、小程序、微信支付等工具，为商家提供了一个全新的营销和服务平台。微信生态的繁荣，不仅推动了微信商业化的进程，也为用户带来了更加便捷、丰富的服务体验。

图15-18　微信朋友圈

图15-19　微信移动支付

3. 全球化布局：微信在海外的推广与挑战

随着移动互联网的全球化发展，微信也开始积极布局海外市场（如图15-20）。微信通过与国际运营商合作、推出多语言版本等方式，使微信在海外市场的用户数量不断增长。然而，在海外市场推广过程中，微信也面临着诸多挑战，如文化差异、法律法规限制等。为了克服这些挑战，微信不断优化产品功能和服务体验，努力适应不同市场的需求。

图15-20　美国纽约时代广场大屏幕上的微信红包

第十六章　经典故事——新技术里程碑记

第一节　万维网的诞生：一个简单想法如何改变世界

风靡世界的互联网环球信息技术 World Wide Web（简称 WWW）发明于上世纪八十年代。英国人蒂姆·伯纳斯·李（Tim Berners-Lee）于 1989 年成功地开发出了世界上第一个 Web 服务器和第一个 Web 客户端软件，把互联网的应用推上了一个崭新的台阶，极大地促进了人类社会的信息化进程。因其"发明万维网、第一个浏览器和使万维网得以扩展的基本协议和算法"而授予了蒂姆·伯纳斯·李图灵奖（2016 年）。

互联网的雏形早在 1960 年代就诞生了，但为什么没有迅速流传开来呢？其实，很重要的原因是早年计算机联接到网络上需要经过一系列复杂的操作，并且不同的计算机具有不同的操作系统和不同的文件结构格式，使得跨平台的信息文件只能相互独立地划成孤岛。蒂姆曾经用一幅非常形象的图画表明了他的创意（如图 16-1），即通过一种超文本方式，把分布在网络上的不同计算机内的信息有机地结合在一起，通过超文本传输协议（HTTP）从任意的 Web 服务器转到一台 Web 浏览器上进行无障碍的信息检索。这个叫 Web 的软件还能支持图文并茂的信息，甚至还允许发布音频和视频，这就使得后来的互联网远程教育及在线购物等等功能得以实现。此外，互联网的许多其它功能，如 E-mail、Telnet、FTP、WAIS 等内容也都可通过 Web 框架进行实现。

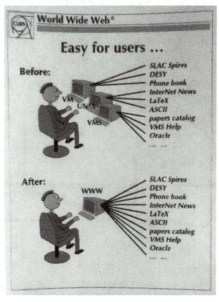

图 16-1　WWW 创意图

1990 年 12 月 25 日，蒂姆和法国的一名网络高手罗伯特·卡里奥（Robert Cailliau）在欧洲核子研究中心（CERN）一起成功地通过互联网实现了基于 Web 原理的 HTTP 代理与服务器的第一次通信。短短的时间内，这项技术就推广到了全世界。

英国女王伊丽莎白二世 2004 年向伯纳斯·李颁发了大英帝国爵级司令勋章。2009 年 4 月，他获选为美国国家科学院外籍院士。在 2012 年夏季奥林匹克运动会开幕典礼上，蒂姆获得了"万维网发明者"的美誉，他本人也参与了开幕典礼。

根据有关资料介绍，蒂姆·伯纳斯·李出生于英格兰伦敦西南部，他的父母都参加过世界上第一台商业计算机的建造。1973 年，他中学毕业进入牛津大学王后学院深造，1976 年从牛津大学物理系毕业后供职于一些高科技公司，从事集成电路和系统设计的研究。1980 年，一次偶然的机会，蒂姆来到瑞士的日内瓦，进入到 CERN 的一个实验室组里。该实验室组的首席是华裔物理学家、诺贝尔奖获得者丁肇中教授。

享誉世界的实验物理学家丁肇中教授在基本粒子研究方面取得了一系列重大突破，独立发现了第四种夸克的束缚态，即 J 粒子，由此开拓了基本粒子研究的新领域。那段时期，丁教授在欧洲核子研究中心领导着 L3 的实验，该实验组首次邀请了来自美国、苏联、中国、欧洲等 600 名科学家共同参加这项大型国际合作研究。

在那里，年轻的蒂姆接受了一项极富挑战性的工作：为了使实验组里来自各国的高能物理学家能通过计算机网络及时沟通并传递信息，实验组委托他开发一个软件，以便让分布在各国的实验组成员能够把最新的信息、数据、设计图资料等及时地提供给全体人员共享，使大家随时随地都犹如在一个地方同步工作。早在牛津大学主修物理时蒂姆就不断地思索，是否可以找到一个"点"，就好比人脑，能够通过神经传递自主作出反应。以此为思路，蒂姆经过努力，终于编制成功了第一个高效局部存取浏览器"Enquire"，并把它应用于数据共享浏览中。

1984 年蒂姆作为正式成员重返欧洲核子研究中心，他恢复了过去的工作，并正式写下了世界上第一个网页浏览器（World Wide Web）和第一个网页服务器（httpd）的软件源码。这时蒂姆把目标瞄向了建立一个全球范围的信息检索系统，以彻底打破信息存取的孤立行为。1989 年 3 月，蒂姆向 CERN 递交了一份立项建议书，建议采用超文本技术（Hypertext）（如图 16-2）首先把 CERN 内部的各个实验室连接起来，在系统建成后，可以扩展到全世界。这个激动人心的建议尽管在 CERN 引起轩然大波，但一开始没有被上司通过。

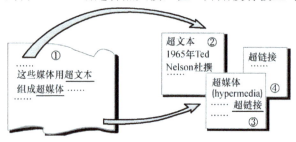

图 16-2 超文本技术

蒂姆并没有灰心，关键是他看到了打破孤岛的突破口，是金子总会闪亮的！他花了 2 个月重新修改了建议书的措辞，最后终于得到了批准。于是蒂姆有了一笔经费，以此购买了一台 NEXT 计算机，并带领一批助手在该计算机上面开发系统。在 1991 年 8 月 6 日，蒂姆建立了第一个 WWW 网站（也是世界上第一个网站）（如图 16-3），网址是 http://info.cern.ch/，在这个网站里还罗列出了各国跟进的 WWW 网站名单。这项利用互联网 + 超链接的闪亮原创在 CERN 顺理成章地迅速推广开来。

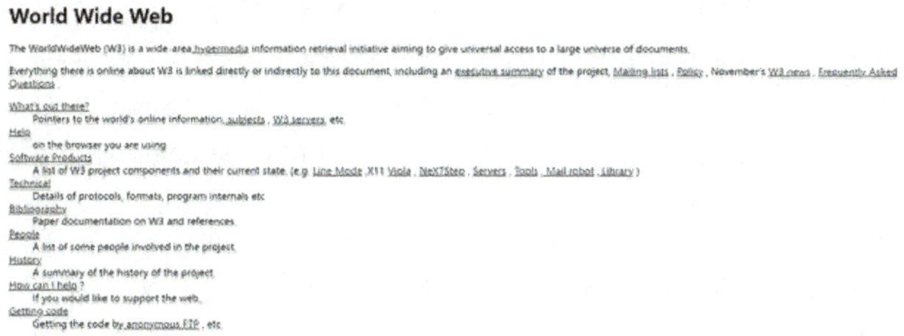
World Wide Web

The WorldWideWeb (W3) is a wide-area hypermedia information retrieval initiative aiming to give universal access to a large universe of documents.

Everything there is online about W3 is linked directly or indirectly to this document, including an executive summary of the project, Mailing lists, Policy, November's W3 news, Frequently Asked Questions.

What's out there?
Pointers to the world's online information, subjects, W3 servers, etc.
Help
on the browser you are using
Software Products
A list of W3 project components and their current state. (e.g. Line Mode, X11 Viola, NeXTStep, Servers, Tools, Mail robot, Library)
Technical
Details of protocols, formats, program internals etc
Bibliography
Paper documentation on W3 and references.
People
A list of some people involved in the project.
History
A summary of the history of the project.
How can I help?
If you would like to support the web.
Getting code
Getting the code by anonymous FTP, etc.

图 16-3　世界上第一个网站

如今作为 Web 之父的蒂姆已经功成名就。但他并不像大多数普通人都认为的那样，通过 WWW 的建立是走向致富的捷径。与那些依托互联网一夜暴富之士不同，蒂姆仍然坚守在学术研究岗位上，那种视富贵如浮云的胸襟，真正展现了一个献身科学的学者风度。回顾过去，我们能看到伟大的全球互联网事业，正是由无数像蒂姆 · 伯纳斯 · 李这样的先驱们的无私耕耘才成长起来的。

在 WWW 诞生 29 周年之际，63 岁的蒂姆发表了一封公开信，信中强调了目前互联网发展似乎正面临着一些威胁。蒂姆意识到了网络的无穷威力将给政府、企业和社会带来剧烈改变。他预见这个发明一旦落入不适当的人手中，将成为世界的灾难。有人忙着打造一个接一个的社群网络、在线商业平台，却很少会去设想他们可能带来什么危害。而蒂姆过去近三十年的时间里却都在努力保护互联网的纯洁，使自己的这项发明更好地造福人类，尽管他未曾因为这个发明而直接获利。

蒂姆还出席了美国华盛顿的全球信息网基金会（World Wide Web Foundation）年度会议，这个基金会致力于保障数字环境中的人权。他认为这是一项迫切的任务，因为据他的估计，到 2025 年下半年全球网络人口将达到四十亿。随着越来越多的人在网络上分享他们的履历、政治倾向、DNA 信息，网络将变得更加强大、更有价值，但同时也更加危险。

在早年网络泡沫时期，有人评论在中国 WWW 网站的涌现率比人口出生率还高。实际上，我们拥有世界上最多的用户，但是也存在很多的问题。涉及到网络安全，不能不说我国用户和运营商的安全意识还需努力提高。网络安全形势不可小视，蒂姆的忧虑不是空穴来风，它预示着互联网新的一波挑战又在开始。不管是加固 WWW 的系统，还是采用所谓“去中心化”的架构，我们都拭目以待去迎接挑战。

第二节　谷歌的崛起：搜索引擎如何重塑信息获取方式

1996 年 8 月，拉里 · 佩奇和谢尔盖 · 布林在斯坦福大学的网络上共同推出谷歌，谷歌一开始是拉里·佩奇的研究项目，名为 BackRub。之后，拉里遇到了同在斯坦福的谢尔盖·布林。结合布林的数学专业知识，二人创建了以拉里命名的 PageRank 算法，可根据链接行为对搜索结果进行排名。这两项技术为当时世界上最强大的搜索引擎的创造奠定了基础，之后，该引擎于 1996 年 8 月在斯坦福大学的网络上发布。

1998 年 9 月 4 日，Google 获得 10 万美元的天使投资。拉里·佩奇和谢尔盖·布林重新命名了他们的公司，两人搬到了 Susan Wojcicki 的车库（Susan Wojcicki 后来成为了 YouTube 的 CEO）。他们将公司注册为谷歌，Sun Microsystems 的联合创始人 Andy Bechtolsheim 向其投资了 10 万美元。

2001 年 3 月，施密特加入谷歌董事会并担任董事会主席，并于 8 月成为公司的首席执行官。施密特在这个职位上待了 10 年，经历了谷歌 2004 年的首次公开募股、收购 YouTube 以及 Google Docs 和 Gmail 等产品的推出，看到了它怎样一步步成为搜索巨头。2011 年，他转任执行主席，佩奇成为首席执行官。

2001 年，谷歌员工 Paul Buchheit 开始研究电子邮件产品，旨在满足公司日益增长的内部通信和存储需求。Buchheit 决定使用 Ajax（Asynchronous JavaScript and XML，异步通信）构建一个更快速、响应更灵敏的客户端。这是一组新的 Web 开发技术，允许产品从服务器接收信息而无需重新加载整个页面。

2002 年夏季，雅虎尝试以 30 亿美元收购谷歌。早在"谷歌"成名之前，雅虎已经是首屈一指的互联网搜索引擎了。2002 年夏天，雅虎试图以 30 亿美元的价格收购谷歌，但谷歌拒绝了这笔交易，它觉得自己至少价值 50 亿美元。而今天，谷歌及其母公司 Alphabet 的市值为 8400 亿美元。另一方面，雅虎在 2017 年以低于 50 亿美元的价格出售给了 Verizon。

2003 年 7 月，谷歌进驻 Googleplex。2004 年 4 月 1 日，谷歌向公众推出了 Gmail，其有 1GB 的存储空间和高级搜索功能，使当时的同类产品相形见绌，因为它们只提供了几兆的存储空间。2004 年 8 月 19 日，Google 上市（如图 16-4）。谷歌将其股价定为每股 85 美元，在融资近 17 亿美元后，估值达到 270 亿美元。如今，这家公司正朝着成为一家市值万亿美元的公司的目标迈进。

2005 年 2 月 8 日，谷歌地图（如图 16-5）发布。谷歌在 2005 年首次推出地图时说："地图非常实用且有趣。"当时的谷歌地图呈现了一步一步的指示和可缩放的地图，以及一些可供搜索的酒店等商家。2009 年，谷歌在智能手机上为地图增加了转向 GPS 导航功能。

图 16-4　Google 上市

图 16-5　Google 地图

2006 年 10 月 9 日，Google 以 6.5 亿美元的价格收购了 YouTube。2007 年 4 月 14 日，Google 以 31 亿美元收购了 DoubleClick，巩固了其在广告行业的主导地位。2008 年 9 月 2 日，Google 推出了 Chrome 浏览器。

谷歌聘请了几位 Mozilla Firefox 开发人员，他们一起制作了 Windows 系统的 Chrome，后来又推出了其他操作系统的版本。在短短四年时间里，谷歌的浏览器比 Firefox 和 Internet Explorer 都更受欢迎。现在，Chrome 已成为全球主流的网络浏览器，全球使用率约为 60%。

谷歌在 2005 年以 5000 万美元的价格购买了安卓。2008 年 9 月 23 日，安卓推出首款智能手机 T-Mobile G1/HTC Dream。

2011 年 6 月 15 日，Chrome OS 首次推出。Chrome OS 是一个开源系统，现在被称为 Chromebook。起初，谷歌发布了它的源代码，然后给出了新操作系统的演示。到 2011 年 6 月，宏碁和三星制造的第一批 Chromebook 开始在零售店销售。从那以后，Chromebook 成为教育领域的主力军。

2011 年 6 月 28 日，Google+ 发布。2012 年 6 月，谷歌推出带有跳伞演示的谷歌眼镜。2013 年 7 月 1 日，谷歌阅读器关闭。2013 年 7 月 24 日，谷歌发布 Chromecast。

2014 年 1 月 24 日，Google 收购了 AI 研究实验室 DeepMind。据报道，谷歌仅通过承诺成立一个独立的道德委员会来监督公司的技术，就击败了 Facebook，成功收购 DeepMind。DeepMind 的成功被誉为全球科学的成就，成为当前人工智能热潮的象征。DeepMind 在英国医疗保健系统最初的尝试中挫败之后，该公司恢复了自己的业务，同时也开始将其专业知识直接注入谷歌系统，从而改进谷歌的语音合成技术，并重组其数据中心以提高运行效率。谷歌被广泛视为人工智能领域的全球领导者，如果没有 DeepMind，情况将不会如此。

谷歌公司的发展历程是一部充满创新和挑战的史诗。它从一个搜索引擎项目起步，通过不断的技术创新和市场拓展，成长为全球科技巨头。谷歌的故事告诉我们，创新是企业发展的核心驱动力，而全球化则为企业提供了无限的发展机遇。展望未来，谷歌将继续在科技创新的前沿探索，为全球用户提供更加智能、便捷的服务，同时也将承担起更多的社会责任，推动人类社会的进步。

第三节　区块链的冒险：从比特币到去中心化未来的探索

区块链技术的雏形可追溯至 2008 年全球金融危机时期。2008 年 11 月 1 日，署名为中本聪（Satoshi Nakamoto）的密码学家发布了《比特币：一种点对点的电子现金系统》白皮书，创造性地融合 P2P 网络、密码学和时间戳技术，提出去中心化的数字货币解决方案。这一理论在 2009 年 1 月 3 日具象化为创世区块（Genesis Block）的诞生，1 月 9 日出现序号为 1 的区块，并与序号为 0 的创世区块相连接形成了链，这一事件标志着区块链的诞生。

近年来，世界对比特币的态度起起落落，但作为比特币底层技术之一的区块链技术却日益受到重视。在比特币形成过程中，区块是一个一个的存储单元，记录了一定时间内各个区块节点全部的交流信息。各个区块之间通过随机散列（也称哈希算法）实现链接，后一个区块包含前一个区块的哈希值，随着信息交流的扩大，一个区块与一个区块相继接续，形成的结果就叫区块链（如图 16-6）。

图 16-6　区块链

2008 年中本聪第一次提出了区块链的概念，在随后的几年中，区块链成为了电子货币比特币的核心组成部分，并作为所有比特币交易的公共账簿。通过利用点对点网络和分布式时间戳服务器，区块链数据库能够进行自主管理。为比特币而发明的区块链技术使它成为第一个解决重复消费问题的数字货币，比特币的设计已经成为其他应用程序的灵感来源。

2014 年，"区块链 2.0" 成为一个关于去中心化区块链数据库的术语。对于这个第二代可编程区块链，经济学家们认为它是一种编程语言，可以允许用户写出更精密和更智能的协议。因此，当利润达到一定程度的时候，就能够从完成的货运订单或者共享证书的分红中获得收益。区块链 2.0 技术跳过了交易和"价值交换中担任金钱和信息仲裁的中介机构"。它们被用来使人们远离全球化经济，使隐私得到保护，使人们"将掌握的信息兑换成货币"，并且有能力保证知识产权的所有者得到收益。第二代区块链技术使存储个人的"永久数字 ID 和形象"成为可能，并且为"潜在的社会财富分配"不平等提供解决方案。

2016 年 1 月 20 日，中国人民银行数字货币研讨会宣布对数字货币的研究取得阶段性成果。会议肯定了数字货币在降低传统货币发行成本等方面的价值，并表示央行正在探索发行数字货币。中国人民银行在数字货币研讨会的表达大大增强了数字货币行业信心。这是继 2013 年 12 月 5 日央行五部委发布关于防范比特币风险的通知之后，第一次对数字货币表示明确的态度。

2016 年 12 月 20 日，数字货币联盟——中国 FinTech 数字货币联盟及 FinTech 研究院正式筹建。

如今，比特币仍是数字货币中的绝对主流，而数字货币呈现出了百花齐放的状态，常见的有 bitcoin、litecoin、dogecoin、dashcoin。除了货币的应用之外，还有各种衍生应用，如以太坊 Ethereum、Asch 等底层应用开发平台以及 NXT，SIA，比特股，MaidSafe，Ripple 等行业应用。

第四节　自动驾驶的梦想：从概念到路测的科技飞跃

自动驾驶技术的百年发展史，最早可追溯到 20 世纪 20 年代，其大致分 5 个阶段，分别是概念启蒙（1925—1965 年）、技术筑基（1966—2003 年）、美国现实版神盾局国防先进研究计划局（DARPA，Defense Advanced Research Projects Agency）开启智能驾驶序幕（2004—2007 年）、谷歌推动智能驾驶产业化发展（2008—2016 年）、特斯拉加速智能驾驶落地与普及（2017 年—至今），谷歌与特斯拉在智能驾驶产业发展过程中，各自发挥了关键作用，并分别在两条路径上进行探索。

谷歌继承了美国国防 DARPA 3 届自动驾驶形成的高精地图与激光雷达方案，按照互联网思维，将汽车硬件终端与自动驾驶软件系统分离，不自己生产汽车，而是直接研发高阶 L4 ～ L5 级自动驾驶，在极少部分城市区域运营 Robotaxi 服务，目前主要在美国旧金山、凤凰城运营。谷歌智能驾驶依赖高精地图，但保证高精地图的精度与广度需要巨量时间与财力投入，这极大影响谷歌智能驾驶在更大范围规模化复制、拓展的速度。

马斯克基于第一性原理，坚持特斯拉以摄像头为主的纯视觉技术路线，作为车企，将智能驾驶以软硬一体化思路进行系统性研发设计，不依赖高精地图与激光雷达，而是采取渐进式路线，逐步实现 L2 ～ L5 级智能驾驶；并基于全球接近 600 万辆、还在持续增加的特斯拉汽车终端，不断实时收集各种复杂路况数据信息，并进行反馈、训练、升级。如今随着 FSD V12 的推出，特斯拉智能驾驶能力将加速进化。

美国现实版神盾局国防部 DARPA，拉开了智能驾驶大航海时代序幕（2004—2007 年）：从 2001 年开始，美国相继陷入阿富汗战争、伊拉克战争，美国国防部为加速军事领域自动驾驶技术发展，减少战争中的人员伤亡，因此授权 DARPA 举办无人驾驶挑战赛。DARPA 在 2004 年、2005 年、2007 年，共举办 3 届自动驾驶挑战赛，吸引了大量大学与企业研究团队参加，积累大量研发人才后，开始引入高精地图与激光雷达，确立智能驾驶基本技术路线，拉开智能驾驶大航海时代序幕。

谷歌继承 DARPA 自动驾驶挑战赛成果，推动智能驾驶产业化发展（2008—2016 年）：谷歌从美国国防部 DARPA 自动驾驶挑战赛中看到了自动驾驶的潜力，几乎将 3 届 DARPA 挑战赛人才尽数收入麾下，大力度投入研发智能驾驶技术，从美国军方手中接过智能驾驶主导权。谷歌智能驾驶技术承袭于 DARPA 挑战赛采用的激光雷达与高精地图组合，这与后面特斯拉坚持以摄像头为主的纯视觉技术路线形成鲜明对比。谷歌大力布局智能驾驶领域，吸引了全球大量车企、科技企业、创业公司，在资本支持下，大量企业涌入智能驾驶市场，推动智能驾驶产业化发展。2011 年，谷歌开始将机器学习引入智能驾驶技术，此后 10 年，智能驾驶依旧以人工编写的规则算法为主导。

特斯拉取代谷歌，成为智能驾驶引领者（2017 年至今）：特斯拉智能驾驶技术，从硬件、算法、数据、算力四大领域进行系统性构建，实现软硬件结合，经过 8 年发展，已成为智能驾驶的引领者。大量智能电动车企、智能驾驶厂商跟随特斯拉的脚步，推进大模型上车，全面提升了智能驾驶能力，并加速智能驾驶能力的提升与普及。

特斯拉借用苹果硬件先行、软件更新的方式：特斯拉早在 2014 年 10 月发布了硬件模块 Autopilot 1.0，可以先预装智能驾驶硬件，后续通过 OTA 升级，推送智能驾驶软件包，到 2015 年 10 月，用户可以开始使用 Autopilot 1.0。特斯拉智能驾驶技术，最初依赖第三方供应商 Mobileye 提供的芯片 + 算法，2016 年 10 月转为采用英伟达芯片 + 自研算法，2019 年 4 月实现芯片 + 算法全自研，从而推动智能驾驶能力迅速提升。

特斯拉智能驾驶加速进化，关键转折点与分水岭在于特斯拉决定自研算法。马斯克挖到多位 AI 与芯片技术大牛，组建了特斯拉 AI 团队，包括 OpenAI 研究科学家 Andrej Karpathy、AMD K7/K8/Zen 架构开拓者 Jim Keller、苹果芯片团队核心成员 Pete Bannon、Swift 编程语言发明人 Chris Lattner 等。

Andrej Karpathy 是特斯拉智能驾驶取得突破的关键专家。2017 年 6 月，马克斯邀请 OpenAI AI 科学家 Andrej Karpathy 加入特斯拉，任特斯拉 AI 总监，直接向马斯克汇报工作，是特斯拉 AI 团队重要缔造者之一。Andrej Karpathy 直到 2022 年离职，2023 年重返 OpenAI，之后又从 OpenAI 离职。

2021 年，在 Andrej Karpathy 的主导下，特斯拉重构智能驾驶代码，推出基于 Transformer+BEV 技术的 FSD V11，开始用自动化程度更高的大模型取代人工规则代码，当时主要是将车辆的感知部分交给大模型，提升智能驾驶感知能力。

2022 年，在 Andrej Karpathy 从特斯拉离职后，特斯拉自动驾驶团队继续研发基于大模型的智能驾驶系统。特斯拉的感知网络架构，通过引入时空序列特征层，对 BEV 进行升级，引入占用网络 Occupancy，使特斯拉智能驾驶算法的泛化能力得到提升。

2023 年，特斯拉推出 FSD V12 版本（如图 16-7），该版本重塑了特斯拉智能驾驶研发逻辑，是智能驾驶领域的一次全新进化，更是一次范式革命，将加速无人驾驶车辆的实现。

图 16-7　特斯拉 FSD V12

特斯拉在此前的 FSD 版本，主要依赖基于规则的算法体系，需要特斯拉工程师编写数十万行 C++ 代码，并将这些规则应用于复杂道路情况。这种依赖预先编程设计的规则与算法，需要对各子系统模块进行专门优化，不断积累的代码增加了系统的复杂度与更新维护难度,同时无法遍历各类真实驾驶场景出现的极小概率事件,也增加了系统功耗与成本。

特斯拉 FSD V12 采用基于神经网络的算法体系,不是根据规则确定汽车行驶路径,没有一行规则与条件判断代码,而是通过让神经网络学习数 10 亿帧人类驾驶视频,教会系统如何驾驶,就像 ChatGPT 等聊天机器人通过学习数 10 亿字的人类文本,训练自己生成答案。FSD V12 实现了完全端到端方案,不需要高清联网地图,将感知、决策、控制算法都交给大模型,输入一端是图像,输出一端是操控汽车的指令,中间完全由神经网络处理,人工规则算法从 V11 版本的 30 多万行降低到 2000 行。端到端自动驾驶体系,区别于传统智能驾驶模块化架构,而是利用神经网络完成所有任务。神经网络通过观察与学习大量驾驶数据,学会如何开车。与传统智能驾驶不同,端到端智能驾驶优势在于简化架构、灵活性、高效性,可处理意外或罕见驾驶情况,不局限于程序员编程预设驾驶规则,理论上可实现更流畅与自然的智能驾驶体验。未来这种能力还可迁移到机器人领域,相当于机器人通过看视频就可学会在现实世界移动。

第五节　人工智能跃迁:从棋局博弈到通用人工智能的进化之路

人工智能的演进历程见证了人类突破认知边界的探索轨迹。自 20 世纪中叶计算机诞生以来,这项技术经历了三次关键跃迁:1956 年达特茅斯会议奠定理论基石,1997 年"深蓝"攻克国际象棋象征机器决策能力的突破,2016 年 AlphaGo 征服围棋揭示了深度学习的潜力。当前,以大模型为载体的通用人工智能正推动第四次技术跨越——我国自主研发的 DeepSeek 等创新成果,通过超大规模神经网络架构实现跨领域知识融合,使机器不仅具备专项任务处理能力,更展现出类人的逻辑推理与持续学习特性。这场从专用智能向通用智能的进化,正在重塑人类社会与技术文明的互动范式。

一、棋局博弈:人工智能的起点

人工智能的故事,要从一场棋局说起。1956 年,在美国达特茅斯学院举行的一场历史性会议上,"人工智能"这一术语正式诞生。而就在这一时期,人工智能在棋局领域迈出了重要的探索步伐。

1951 年,英国科学家艾伦·图灵(Alan Turing)编写了一个国际象棋程序。虽然受限于当时的计算机性能,这一程序无法在实际的计算机上运行,但它的设计理念却开启了人工智能与棋局博弈的先河。图灵设想通过赋予计算机一系列规则和策略,让计算机能够模拟人类棋手的思维过程,从而进行棋局对弈。这一设想在当时极具前瞻性,为后续人工智能在棋类游戏中的发展奠定了基础。

1966 年,俄罗斯计算机科学家亚历山大·克朗罗德(Alexander Kronrod)开发出了世界上第一个能够在计算机上运行的国际象棋程序——Kaissa。Kaissa 能够分析棋局中的多种可能性,并根据预设的算法选择最佳走法。它的出现,让人们首次看到了计算机在棋局博弈中的潜力，尽管它的棋艺在当时还无法与顶尖人类棋手相媲美，但它标志着人工智能在棋局领域的实际应用迈出了关键一步。

1997 年，一场举世瞩目的人机大战震撼了世界。IBM 的超级计算机"深蓝"（Deep Blue）与国际象棋世界冠军加里·卡斯帕罗夫（Garry Kasparov）展开对决。"深蓝"拥有强大的计算能力，每秒能够分析 2 亿个棋局位置。在六局比赛中，"深蓝"以 3.5：2.5 的总比分战胜了卡斯帕罗夫。这一场胜利具有里程碑式的意义，它向世人证明了人工智能在特定领域可以超越人类的表现。"深蓝"的成功，不仅是计算机硬件性能提升的成果，更是人工智能算法不断优化的体现。它采用了深度搜索算法，结合大量的棋谱数据，能够对棋局进行深入分析和预测，从而做出最优决策。这场胜利引发全球热议：当《纽约时报》头条写着"计算机击败人类冠军，新时代来临"时，中国棋院的研究员却在沉思另一个问题——在复杂度高达 10^{170} 的围棋领域，这样的暴力计算是否还能奏效？这个疑问在 19 年后得到回答：2016 年 3 月 15 日，谷歌 DeepMind 研发的 AlphaGo 以 4：1 的比分战胜围棋九段棋手李世石（如图 16-8），其采用的深度学习＋强化学习＋蒙特卡洛树搜索技术组合，开启了人工智能的新纪元。

表 16-1　深蓝与 AlphaGo 对比表

项　　目	深蓝 (1997)	AlphaGo(2016)
核心技术	暴力搜索算法	深度神经网络＋强化学习
计算量	11.38 GFLOPs	1.92 PFLOPS（提升 168 倍）
能耗效率	每步棋耗电 2.3 kW·h	每局棋耗电 1.8 MW·h
学习方式	人工编写评估函数	3000 万局自我博弈训练
决策特征	确定性规则驱动	概率化直觉判断
硬件架构	专用 ASIC 芯片	GPU+TPU 异构计算
社会影响	引发"机器取代人类"恐慌	推动 AI 产业化落地浪潮

图 16-8　Alpha Go 与韩国棋手李世石对弈

二、人工智能的寒冬与复苏

然而，"深蓝"的胜利并没有如人们所期待的那样，立即带来人工智能的全面繁荣。在之后的一段时间里，人工智能陷入了所谓的"寒冬"。这一时期，人工智能的发展面临诸多困境。一方面，早期的人工智能研究主要基于规则和逻辑推理，但这种方法在处理复杂的现实世界问题时显得力不从心。例如，在自然语言处理中，仅仅依靠语法规则和语义模板，很难准确理解人类语言的丰富内涵和上下文语境。另一方面，当时的计算机硬件性能仍然有限，无法满足人工智能算法对大规模数据处理和复杂计算的需求。以上原因导致许多人工智能项目进展缓慢，甚至停滞不前，投资者和研究机构对人工智能的热情也逐渐消退。

但科学家们并没有放弃对人工智能的探索。随着计算机技术的不断发展，特别是互联网的普及带来了海量的数据，以及机器学习算法的逐渐兴起，使人工智能迎来了复苏的曙光。机器学习算法让计算机能够从大量数据中自动学习模式和规律，而不再仅仅依赖于人工编写的规则，决策树、神经网络等机器学习算法开始得到广泛研究和应用。在图像识别领域，通过对大量图像数据的学习，计算机能够识别出不同的物体和场景；在语音识别方面，机器学习算法也显著提高了语音识别的准确率。这些技术的突破，为人工智能的进一步发展奠定了新的基础。

三、从棋局到多领域应用的拓展

21 世纪以来，人工智能在不断克服技术难题的过程中，逐渐从棋局博弈这一特定领域向多个行业广泛渗透。

在医疗领域，人工智能展现出了巨大的潜力。IBM 的 Watson for Oncology 系统就是一个典型例子。它能够快速分析大量的医学文献、病例数据和临床指南，为医生提供诊断建议和治疗方案参考。例如，在面对复杂的癌症病例时，Watson for Oncology 可以在短时间内梳理出多种可能的治疗方案，并根据患者的具体情况进行优先级排序。这有助于医生更全面地了解病情，做出更精准的决策，提高治疗效果。同时，人工智能在医学影像分析方面也取得了显著进展。通过深度学习算法，计算机可以对 X 光、CT、MRI 等医学影像进行分析，快速准确地检测出病变部位，如肿瘤、骨折等，大大提高了医生的诊断效率和准确性。

在金融领域，人工智能被广泛应用于风险评估、欺诈检测和投资决策等方面。许多金融机构利用机器学习算法构建风险评估模型，通过分析客户的信用记录、财务状况、消费行为等多维度数据，更准确地评估客户的信用风险，从而为贷款审批、信用卡发放等业务提供决策支持。在欺诈检测方面，人工智能系统能够实时监测交易行为，识别出异常交易模式，及时发现潜在的欺诈行为，保护金融机构和客户的资金安全。在投资领域，量化投资策略可借助人工智能算法，对市场数据进行实时分析和预测，自动做出投资决策，实现资产的优化配置。

在交通领域，除了前文提到的自动驾驶技术，人工智能还在交通流量优化方面发挥着重要作用。通过对城市道路上的传感器数据、车辆行驶轨迹数据等进行分析，人工智能系统可以实时监测交通流量情况，预测交通拥堵发生的地点和时间。根据这些预测结果，智能交通系统可以自动调整交通信号灯的时长，引导车辆合理行驶，从而缓解交通拥堵情况，提高道路通行效率。

在制造业中，人工智能可助力实现智能制造。工业机器人通过集成人工智能技术，具备了更强的环境感知和任务执行能力。它们可以根据生产线上的实时情况，自动调整操作流程，实现更精准的装配、加工等任务。同时，人工智能还可以对生产过程中的数据进行分析，预测设备故障，提前进行维护，减少生产中断，从而提高生产效率和产品质量。

而在国内人工智能蓬勃发展的浪潮中，DeepSeek 脱颖而出。DeepSeek 是杭州深度求索人工智能基础技术研究有限公司推出的 AI 助手，专注于提供高效易用的 AI 模型训练与推理能力，它可以提供自然语言处理、问答系统、智能对话、智能推荐、智能写作和智能客服等多种服务。该公司由量化投资公司幻方量化联合创始人梁文锋于 2023 年 7 月创立，其诞生时正值全球 AI 竞赛白热化阶段。DeepSeek 专注于开发先进的大语言模型（LLM，Large Language Model）及相关技术，凭借自建的智算集群以及万卡算力等资源优势，为模型研发提供了硬件支撑。其核心团队成员来自清华大学、北京大学、浙江大学等国内顶尖高校，为技术创新提供了智力保障。

自成立以来，DeepSeek 不断推出新的模型版本，已经相继发布了 DeepSeek LLM、DeepSeek-Coder、DeepSeek Math、DeepSeek-VL、DeepSeek-V2、DeepSeek-Coder-V2、DeepSeek-VL2、DeepSeek-V2.5、DeepSeek-V3、DeepSeek-R1 等系列模型。2024 年 1 月发布的首款大模型 DeepSeek LLM（670 亿参数），采用分组查询注意力（GQA，Gritical Quality Attributes）机制，推理成本可降低 30%。同年 5 月推出的 DeepSeek-V2（2360 亿参数），首次应用混合专家模型（MoE，Mixture of Experts）与多头潜在注意力（MLA，Multi-head Latent Attention）架构，训练成本较同类模型减少 42.5%。12 月发布的 DeepSeek-V3（6710 亿参数），训练数据量达 14.8 万亿 token，通过无辅助损失的负载均衡策略，实现参数利用率跃升，且其在数学推理任务中能达到 GPT-4 90% 的性能，训练成本却惊人地降低了 67%。

2025 年 1 月上线的 DeepSeek-R1 模型更是表现卓越，其日活用户在 20 天内突破 2161 万，超越 ChatGPT 同期表现，海外用户占比超 50%，在印度、埃及等新兴市场增长显著。DeepSeek-R1 在专业大模型排名 Arena 上，基准测试升至全类别大模型第三，其中在风格控制类模型（StyleCtrl）分类中与 OpenAI o1 并列第一，竞技场得分达到 1357 分，略超 OpenAI o1 的 1352 分。该模型推理成本仅为 OpenAI o1 模型的 3.7%（输入 0.55 美元 / 百万 token），在数学推理、代码生成等任务中性能比肩顶级闭源模型。其成功打破了"大模型＝天价算力"的固有模式，给出了"平民版"模型，让大模型不再只是巨头的游戏，为 AI 技术普惠化奠定了基础。

DeepSeek 在多个领域都展现出了强大的应用能力。在代码生成方面，DeepSeek 的相关模型能够为开发者提供高效准确的代码建议和解决方案，助力软件开发效率的提升。在教育领域，它可以作为智能辅导工具，根据学生的学习情况和遇到的问题，提供个性化的学习指导和解答，就如同为每位学生配备了专属的智能学习伙伴。在金融分析场景中，DeepSeek 能够快速处理和分析大量的金融数据，辅助金融从业者进行风险评估、市场趋势预测等工作，提高决策的科学性和准确性。

四、迈向通用人工智能的征程

尽管人工智能在各个领域已经取得了显著成就，但目前的人工智能大多属于"狭义人工智能"，只能在特定领域内发挥作用。而科学家们的终极目标是实现"通用人工智能"（AGI，Artificial General Intelligence），即让人工智能具备像人类一样，能够理解、学习和适应各种不同任务和环境的能力。

近年来，随着深度学习技术的不断发展，一些研究成果让我们看到了迈向通用人工智能的希望。例如，OpenAI 的 GPT 系列语言模型取得了巨大成功。GPT-3 能够生成高质量的文本，涵盖文章写作、对话、翻译等多种功能，展现出了强大的语言理解和生成能力。虽然 GPT 系列还不能被称为真正的通用人工智能，但它在自然语言处理领域的突破，为通用人工智能的研究提供了重要思路和技术借鉴。

在强化学习领域，DeepMind 的 AlphaGo 后续版本——AlphaZero 更是展现出了惊人的学习能力。AlphaZero 不仅能够在围棋领域战胜人类顶尖棋手，还可以在没有任何先验知识的情况下，通过自我对弈学习，快速掌握国际象棋、将棋等其他棋类游戏，并达到超人类的水平。这种从一种任务快速迁移到其他任务的学习能力，是迈向通用人工智能的重要特征。

国内的 DeepSeek 也在为迈向通用人工智能贡献力量。其研发团队正在不断探索创新技术，例如采用的混合专家模型（MoE）架构，在接到任务时，能够智能地只唤醒最相关的"专家"模块来处理，使得能耗降低了 67%，同时保持运转高效。首创的组相对策略优化（GRPO，Group Relative Policy Optimization），让模型训练如同学生一样"边学边考"，跳过死记硬背阶段，使其更擅长解决实际问题。并且模型采用 FP8 混合精度计算，使训练能耗直接降低 40%。这些技术创新不仅提升了模型在现有领域的性能表现，也为实现通用人工智能所需的高效、灵活的学习和处理能力积累了经验。

然而，要实现通用人工智能，仍然面临诸多挑战。其中一个关键问题是如何让人工智能具备真正的理解和推理能力，而不仅仅是基于数据模式的学习。人类的认知过程涉及到对世界的理解、常识推理、情感认知等多个复杂层面，如何在人工智能系统中模拟这些认知过程，是当前研究的难点之一。此外，通用人工智能还需要解决伦理、安全等一系列社会问题，确保其发展和应用符合人类的价值观和利益。

从最早在棋局博弈中探索的懵懂尝试，到如今在各大行业中展现出的巨大变革力量，再到向着通用人工智能的艰难迈进，人工智能的进化之路充满了挑战与突破。每一个阶段的发展都凝聚着无数科学家的智慧和努力，每一次技术的飞跃都为人类社会的进步带来了新的机遇。以 DeepSeek 为代表的国内人工智能力量的崛起，更是为全球人工智能发展注入了新的活力。在未来，随着技术的不断创新和完善，人工智能有望实现从狭义到通用的跨越，为人类创造更加美好的生活，开启一个全新的智能时代。

在这场持续二十年的人机博弈中，中国科学家逐渐从旁观者转变为引领者。2025 年，中国团队研发的 DeepSeek 大模型在国际生成式 AI 基准测试中超越 GPT-4，标志着东方智慧在人工智能领域的强势崛起。当我们回望这段历程，会发现三个关键进化阶段：

（1）规则智能（1990s）：依赖专家系统与硬编码规则。

20 世纪 90 年代是符号主义人工智能的黄金时代，其核心是通过人工编码的规则系统模拟人类专家思维。典型代表如 IBM"深蓝"国际象棋系统，其基于 30 万条人工编写的棋局评估规则，每秒可计算 2 亿步棋局路径，最终战胜世界冠军卡斯帕罗夫。这一阶段的技术依赖专家系统（如医疗诊断 MYCIN、电话交换机故障诊断系统），将人类知识转化为

"IF-THEN"逻辑规则链。其优势在于透明可解释性强，但其局限性显著：规则库维护成本高（如 AT&T 交换机系统需 500 名工程师维护）、无法处理模糊问题（如自然语言理解）以及知识迁移能力差（围棋程序需完全重构）。

（2）统计智能（2010s）：基于大数据的概率建模。

21 世纪第二个十年，大数据＋深度学习推动人工智能进入统计智能时代。人工智能的技术范式从"人工定义规则"转向"数据驱动建模"，通过海量数据训练神经网络自动提取特征。里程碑事件包括 2012 年 AlexNet 在 ImageNet 图像识别竞赛中错误率骤降至15.3%，以及 2017 年 Transformer 架构的诞生。这一阶段的 AI 突破依赖三大要素：GPU算力爆发（NVIDIA Tesla 系列）、互联网数据洪流（全球数据量从 1.2 ZB 增至 59 ZB）和算法创新（如残差网络、注意力机制）。

（3）认知智能（2020s）：具备推理与创造能力的通用 AI。

当前人工智能正迈向认知智能新纪元，其标志是模型具备跨领域推理、自主创造和价值对齐能力。以 DeepSeek、GPT-4 为代表的通用大模型，通过万亿参数架构和自监督学习，实现"无师自通"的知识演化。认知智能的三大特征为：因果推理（如 DeepMind的 AlphaFold 3 破解蛋白质相互作用）、具身交互（波士顿动力机器人自主适应复杂地形）、价值对齐（宪法 AI 框架约束伦理决策）。这一阶段的挑战在于突破"黑箱"困境，建立可解释的智能决策体系，同时应对 AI 创造内容的法律与伦理风险。

第十七章 未来岗位——技能需求与趋势

▌▌ 第一节 数据科学家：大数据时代的淘金者

想象一下，你手握一座由无数信息构成的金矿，而你的任务就是从中提炼出闪闪发光的智慧之金，这就是数据科学家的工作日常——他们是大数据时代的探险家和淘金者。数据科学家不仅精通统计学、机器学习等高级技能，还具备将复杂数据转化为可理解、有价值洞察的能力。从预测市场趋势到优化产品体验，数据科学家的身影无处不在，他们让数据说话，为企业决策提供坚实的支撑。

一、数据科学家的"超能力"

假设你拥有一双能够透视数据、洞察未来的神奇眼睛，那会是怎样的一种体验？其实，这就是我们所说的数据科学家的"超能力"。数据科学，这门看似神秘而又充满魅力的学科，其本质就是从纷繁复杂的数据中挖掘出有价值的信息，然后将这些信息转化为能够驱动决策、优化流程、创新产品的强大力量。

数据科学的历史可以追溯到很久远的年代，但真正意义上的现代数据科学，则是在计算机技术和大数据技术飞速发展的背景下应运而生的。可以说，数据科学是统计学、计算机科学、机器学习等多个学科交叉融合的产物，它继承了这些学科的精髓，并发展出了自己独特的"超能力"。

那么，数据科学家究竟拥有哪些"超能力"呢？首先，他们精通统计学，使他们能够设计有效的实验，通过进行假设检验，从海量数据中提取出有意义的信息。其次，他们擅长编程，能够用代码处理大规模数据集，实现复杂的数据分析和模型构建。最后，他们还掌握了机器学习和人工智能的知识，能够构建出智能化的预测模型，让数据"说话"。

二、大数据时代的"淘金热"

在大数据时代，数据科学家如同淘金者一般，他们运用统计学、机器学习和数据可视化等工具，在海量的、复杂多变的数据中挖掘出有价值的信息，如同在沙砾中寻找闪闪发光的金子。这种"淘金"过程不仅充满挑战，也极具价值，因为它能够揭示出隐藏在数据背后的模式和趋势，为商业、社会以及金融科技等多个领域带来深刻的变革。

在商业领域，数据科学的应用尤为突出。以电商平台为例，数据科学家利用用户数据和商品数据，通过机器学习算法分析用户的浏览历史、购买行为等信息，从而构建出用户画像和商品特征向量（如图17-1）。基于这些用户画像和特征向量，电商平台能够为用户推荐个性化的商品，从而提高转化率和用户满意度。这种个性化推荐系统不仅提升了用户体验，还显著增加了平台的销售额。亚马逊在库存管理方面采用了一种基于数据分析的预测模型，它可以通过分析历史销售数据和其他影响销量的因素，如季节性和促销活动等，来预测未来销售量。通过这种模型，亚马逊可以更好地控制库存，减少浪费，并提高客户的满意度。

图 17-1   零售和电商企业的用户数据分析

在社会问题方面，数据科学也发挥着重要作用。以智慧城市的交通管理为例（如图17-2），数据科学家利用交通流量数据、车辆 GPS 数据等，通过大数据分析和人工智能算法，可实现交通信号的智能控制、路况的实时监测和预警。这种智慧城市的交通管理系统有效缓解了交通拥堵问题，提高了道路通行能力，降低了交通事故发生率。

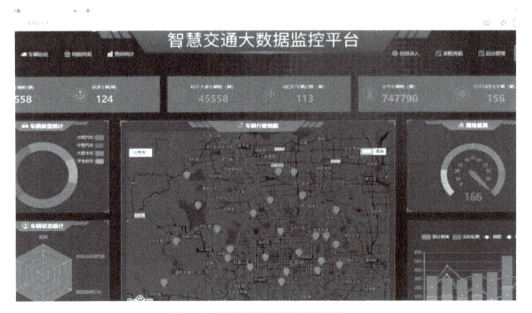

图 17-2   智慧交通大数据监控平台

同样，在公共卫生领域，数据科学也被应用于疾病的预测与防控。通过分析患者的病历数据、疫情报告数据等，数据科学家能够预测疾病的传播趋势和潜在风险区域，为公共卫生部门提供科学的决策支持。

在金融科技领域，数据科学的应用同样广泛。以信用评估为例，传统信用评估方法存在成本高、效率低等问题。而数据科学家能利用大数据和机器学习技术，分析用户的交易记录、社交行为等多维度数据，构建信用评估模型。这种模型能够自动评估用户的信用状况，为金融机构提供决策支持。同时，在反欺诈方面（如图 17-3），数据科学也发挥着重要作用。通过大数据分析技术，金融机构能够监测异常交易行为、识别欺诈模式，及时发现并阻止潜在的欺诈行为。

图 17-3　公安防诈大数据平台

大数据时代的"淘金热"正在如火如荼地进行着，而数据科学家正是这场热潮中的主角。他们在海量数据中挖掘出有价值的信息和洞见，为商业、社会和金融科技等多个领域带来了深刻的变革。未来，随着数据科学技术的不断发展和应用场景的不断拓展，数据科学家的"淘金"之路将更加广阔和充满机遇。

三、数据科学家的成长之路

成为一名优秀的数据科学家并非一蹴而就，而是一个需要不断学习和实践的过程。以下是一个建议的学习路径，旨在帮助有志于成为数据科学家的学习者规划其职业发展。

1. 学习路径：从基础统计学到高级数据分析

（1）基础统计学：一切始于基础。对于想要成为数据科学家的人来说，掌握统计学的基本原理是必不可少的。学习统计学需了解概率论、假设检验、回归分析等基本概念，为后续的数据分析打下坚实的基础。

（2）编程技能：数据科学家需要具备扎实的编程技能，以便能够有效地处理和分析数据。Python 和 R 是两种最常用的数据分析编程语言，学习它们将使你能够处理数据、进行统计分析，并可视化结果。

（3）数据处理与可视化：掌握数据处理和可视化的工具和技术是数据科学家的重要技能。学习如何使用 Pandas、NumPy 等 Python 库来处理数据，以及如何使用 Matplotlib、Seaborn 等库来进行数据可视化，将使你能够更有效地理解和解释数据。

（4）机器学习：机器学习是数据科学的核心领域之一。学习各种机器学习算法，如线性回归、逻辑回归、决策树、随机森林等，以及如何使用 Scikit-learn 等库来实现这些算法，将使你能够构建预测模型并解决实际问题。

（5）高级数据分析：在掌握了基础知识和技能后，就可以进一步学习高级数据分析，如深度学习、自然语言处理、时间序列分析等。这些课程将使你能够处理更复杂的数据集，并应用更先进的算法和技术。

2.职业发展通道

（1）初级阶段：初级数据分析师。

职责：主要负责数据的收集、清洗以及初步分析，为进一步的数据科学研究提供支持。

技能要求：熟练掌握数据清洗、数据可视化、基本的统计分析和报告撰写技能，同时需要熟悉各种数据分析工具和编程语言，如 Python、R，以及数据可视化工具，如 Tableau、Power BI 等。

发展重点：通过参与实际项目积累经验，提升数据处理和分析的基础技能。

（2）中级阶段：高级数据分析师。

职责：需要拥有更深入的数据处理和分析技能，同时具备一定的业务理解能力，以便更好地将数据分析技能应用于实际业务问题中。

技能要求：能够设计和执行复杂的数据分析项目、开发预测模型，并与其他部门合作，将数据分析结果转化为可行的业务策略。

发展重点：提升业务理解能力，深化数据分析技能，积累指导初级数据分析师的经验。

（3）高级阶段：数据科学家。

职责：使用高级统计、机器学习和深度学习技术解决复杂的业务问题。

技能要求：强大的技术能力和创新思维，能够设计和实施复杂的数据模型和算法，同时需要具备跨部门沟通能力，将技术解决方案有效转化为业务增长的动力。

发展重点：持续学习和掌握新兴技术，提升解决问题的能力，积累项目管理经验。

（4）转型阶段：机器学习工程师/AI 工程师。

路径：数据科学家中对 AI 专业更感兴趣的人，可以转型为机器学习工程师或 AI 工程师。

技能要求：熟悉人工智能、深度学习、机器学习等技术，能够设计、创建、评估或部署模型以用于产品的生产、监测和记录，并可视化数据。

发展重点：持续跟踪 AI 领域的新技术，提升模型设计和部署能力。

Python：Python 是一种广泛使用的高级编程语言，以其清晰的语法和强大的功能而受到许多开发者的喜爱。它支持多种编程范式，包括面向对象、命令式、函数式和过程式编程。Python 的设计哲学注重代码的可读性，并允许程序员用更少的代码行来表达想法，无论是用于小型项目还是大型应用程序，它都是一个非常好的选择。

数据可视化：数据可视化是关于数据视觉表现形式的科学技术研究，旨在通过图形、图像处理、计算机视觉以及用户界面等技术手段，将大型数据集中的数据以直观、形象的形式表示出来，以便人们更好地理解和分析数据。

目前市场上存在大量的数据可视化工具和技术，以下是一些常见的工具和平台：

Excel：作为广泛使用的电子表格软件，Excel 提供了丰富的数据可视化图表工具，如折线图、柱状图、饼图等。

Tableau：一款领先的商业智能工具，支持多种数据源和具有高度交互性的可视化报表和仪表板。

Power BI：微软开发的商业智能工具，能提供强大的数据分析和可视化功能，支持从各种数据源中提取数据并创建交互式报表。

山海鲸可视化：一套自主可控的国产自研数字孪生可视化工具集，支持零代码开发和高自由度定制。

●趣味小故事：啤酒与尿布

全球零售业巨头沃尔玛在对消费者购物行为进行分析时发现，男性顾客在购买婴儿尿片时，常常会顺便搭配几瓶啤酒来犒劳自己，于是尝试推出了将啤酒和尿布摆在一起的促销手段。没想到这个举措居然使尿布和啤酒的销量都大幅增加了。

第二节　云计算工程师：构建数字世界的基石

如果说互联网是信息社会的高速公路，那么云计算工程师就是这条路上的建筑师和维护者。他们负责设计、搭建并维护那些庞大的云计算平台，让数据、应用和服务像水电一样，随时随地按需供应。云计算工程师需要掌握虚拟化、分布式系统、网络安全等多方面的技能，确保数字世界的稳定与高效运行。

一、云计算：数字世界的"发电厂"

云计算，简单来说，就是把原本需要在本地计算机或服务器上处理的数据和应用程序，转移到互联网上的大型计算机集群中去处理。这些大型计算机集群就像是一座座"发电厂"，通过网络为用户提供各种计算服务和数据存储功能。用户只需要通过互联网，就能随时随地获取这些服务，而无需关心背后的复杂技术和庞大设备。

在没有云计算之前，我们的数据大多存储在本地计算机或服务器上，就像家里的电需要自备发电机一样。但这样一来，数据的管理和维护就变得非常麻烦，而且一旦设备出现故障，数据就可能丢失。

云计算的出现，就像是一位魔法师，彻底改变了这一切。它把我们的数据从本地"转移"到了云端，也就是那些大型的计算机集群中（如图17-4）。这样，我们就不再需要担心数据的存储和管理问题，因为云端会为我们提供强大的数据存储和备份功能。而且，云计算还让数据的访问变得更加便捷。无论我们身在何处，只需要通过互联网，就能轻松访问和处理存储在云端的数据。这就像是我们随时随地都能从"发电厂"获取电力一样，无需再受到地理位置和设备的限制，它通过强大的计算和存储能力，以及便捷的数据访问方式，让我们的数字生活变得更加丰富多彩和便捷高效。

图17-4　云数据服务中心

二、云计算工程师的"建造术"

云计算工程师是数字世界的建筑师，掌握着构建和维护云系统的神奇技艺。他们的主要职责包括设计、部署和维护云系统，每一项都如同施展魔法，将企业的业务能力推向新的高度。

（1）绘制云端蓝图（设计）。云计算工程师首先需要设计云系统的整体架构，包括确定使用哪些云服务、如何配置网络、如何存储和处理数据等。他们就像城市规划师，精心规划每一寸云端空间，确保系统既高效又稳定的运行。

（2）搭建云端城堡（部署）。设计完成后，云计算工程师开始动手"建造"。他们利用虚拟化技术、容器技术等，将设计蓝图转化为实实在在的云系统。这个过程需要精确的操作和深厚的技术功底，就像是用魔法将一块块砖石堆砌成宏伟的城堡。

（3）守护云端乐园（维护）。云系统搭建完成后，云计算工程师的工作并没有结束。他们还需要时刻守护着这片数字乐园，确保它运行顺畅，没有安全漏洞。他们就像城堡的守护者，时刻警惕着任何可能的威胁，并迅速应对，确保云系统始终坚如磐石。

云计算如何为企业带来效率的提高和创新的飞跃呢？让我们来看一个实例。

一家电商平台在促销季节面临着巨大的流量压力。如果依靠传统的IT架构，很可能因为访问量过大而导致网站崩溃。但有了云计算，电商平台可以轻松地扩展计算资源来应对流量高峰。云计算可以迅速召唤出更多的服务器和存储资源，确保网站稳定运行。同时，他们还可以利用云计算的分析能力，实时调整营销策略，吸引更多顾客。这样一来，电商平台的业务效率得到了大幅提升，创新能力也得到了充分释放。

三、云端梦想家的成长之旅

云计算，这个充满无限可能的领域，正吸引着越来越多的梦想家加入。如果你也梦想着成为云端的一员，那么，就让我们一起踏上这段成长之旅吧！

1. 入门指南：踏上云端的第一步

首先，你需要掌握计算机科学的基础知识，包括计算机网络、操作系统、数据结构和算法等。这将为你后续的学习打下坚实的基础。

云计算涉及多个方面，主要涵盖了三个核心的服务模式：基础设施即服务（IaaS，Infrastructure as a Service）、平台即服务（PaaS，Platform as a Service）和软件即服务（SaaS，Software as a Service）。你可以根据自己的兴趣选择适合的学习路径。了解并熟悉主流的云计算平台，如AWS、Azure和Google Cloud等。这些平台提供了丰富的服务和工具，可以帮助你更好地理解和应用云计算。理论学习之后，可通过实践项目来巩固你的知识。你可以尝试在云平台上部署应用程序、管理云资源或进行数据分析等。

云计算是一个不断发展的领域，新的技术和工具层出不穷。因此，持续学习是非常重要的。你可以关注云计算领域的博客、论坛和社交媒体，以保持对最新动态的了解。

2. 职业前景：云端梦想家的广阔天空

云计算工程师的职业前景非常广阔。随着企业对云计算的依赖程度不断加深，对云计算工程师的需求也在持续增长。无论是初创公司还是大型企业，都需要云计算工程师来设计和维护他们的云系统。

此外，云计算领域的创新也在不断推动云计算工程师的职业发展。新的技术和服务不断涌现，为云计算工程师提供了更多的发展机会。例如，边缘计算、无服务器计算和量子计算等新技术正在成为云计算领域的热点。

3. 行业趋势：云端的风向标

多云和混合云策略：企业不再仅仅依赖一个云平台，而是采用多云和混合云的策略来优化资源利用和降低成本。

人工智能和机器学习的融合：云计算与人工智能和机器学习的结合越来越紧密，为企业提供了更强大的数据处理和分析能力。

安全性和隐私保护的加强：随着云计算的普及，数据的安全性和隐私保护成为了企业关注的焦点。云计算工程师需要关注最新的安全技术和标准，以确保云系统的安全性。

> 云计算的三个核心服务模式：
>
> 基础设施即服务（IaaS）：IaaS为用户提供了基础的计算资源，这些资源是构建和部署云应用所必需的。它涵盖了服务器、存储设备和网络设备等硬件基础设施，用户可以根据自身需求进行配置和管理。IaaS的显著优势在于其高度的灵活性和可扩展性，用户能够根据需要自由地增加或减少资源。
>
> 平台即服务（PaaS）：PaaS在IaaS的基础上更进一步，为用户提供了一个完整的开发和部署环境。它涵盖了开发工具、数据库、服务器和网络等所有必要的平台服务，使得用户能够更专注于应用的开发和优化。PaaS的优势在于其高效的开发流程和便捷的应用部署，极大地提升了用户的开发效率。
>
> 软件即服务（SaaS）：SaaS是云计算中最为用户所熟知的服务模式。它允许用户通过网络访问来使用各种软件应用，而无需进行繁琐的本地安装和配置。SaaS的优势在于其便捷的使用方式和低廉的成本，用户只需按需付费，即可轻松享受软件服务。

▌第三节　人工智能专家：智能时代的创造者

人工智能专家，顾名思义，就是创造智能的魔术师。他们不仅研究如何让机器像人一样思考、学习，还致力于将这些技术应用于实际场景中，帮助解决人类面临的复杂问题。从自动驾驶汽车到智能医疗诊断，从智能家居到个性化推荐系统，人工智能专家的创新正深刻改变着我们的世界。

一、人工智能：从科幻到现实的飞跃

人工智能（AI）的研究与发展可以追溯至20世纪中叶。1936年，英国数学家A.M. Turing提出了图灵机模型，奠定了AI的理论基础。1956年，在达特茅斯会议上，科学家们正式提出了"人工智能"这一概念，标志着AI学科的诞生。此后，AI经历了两次发展热潮：第一次是1956年至1966年，期间出现了以定理证明为代表的早期AI应用；第二次是20世纪70年代中期至80年代末，专家系统的兴起标志着AI研究有了新方向。进入21世纪，随着深度学习技术的突破，AI迎来了前所未有的发展高潮，被广泛应用于各个领域（如图17-5）。

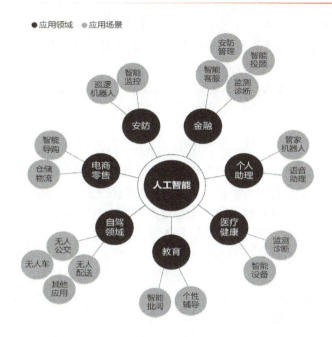

图 17-5　当前人工智能的主要应用领域

人工智能的应用领域包括但不限于医疗、金融、教育、交通、智慧生活等。

医疗领域：AI 在医疗领域的应用包括医学影像分析、疾病诊断、药物研发、手术辅助等。AI 通过学习大量医学数据，能辅助医生进行更准确的诊断和治疗决策，提高医疗效率和质量。

金融领域：在金融领域，AI 用于风险评估、信用评级、欺诈检测等。AI 能分析大量金融数据，预测市场趋势，为金融机构提供精准的服务和营销策略。

教育领域：AI 在教育领域中的应用包括智能教学系统、学生评估、个性化学习方案等。通过分析学生的学习情况，AI 能为学生提供定制化的学习建议，提高教育效果。

交通领域：在交通管理领域中，AI 用于交通流量规划、事故预测等。自动驾驶技术的发展更是 AI 在交通领域的重要突破，有望通过 AI 实现更安全、高效的交通出行。

智能助理：现实生活中，智能助理如"小爱同学""Siri""天猫精灵"等已成为人们日常生活的助手，能够提供搜索、播放音乐、接打电话等服务。

趣味探讨

AI 与人类智慧的异同：

两者都是信息处理系统，能够接收输入信息、处理信息并产生输出。在某些特定任务上，AI 和人类都能表现出高效、准确的能力。

不同点：

① 本质属性：AI 基于算法和数据，缺乏真正的情感和自我意识；人类智慧则源于生物大脑，具有高度的灵活性和创造性。

② 学习与创新能力：AI 的学习基于预设的算法和模型，缺乏探索未知领域的能力；人类则能通过观察、实践和反思不断积累知识和经验，创造出新的思想和技术。

③ 道德与伦理观念：人类智慧中蕴含着丰富的道德和伦理观念，指导着我们的行为和决策；AI 则缺乏内在的道德和伦理约束，需要人类的监督和指导。

④ 适应性与灵活性：面对复杂多变的环境和挑战，人类能够迅速调整策略找到解决方案；AI 的适应性相对有限，超出训练数据范围的新情况可能使其陷入困境。

二、人工智能专家的"魔法棒"

想象一下，如果你能让电脑自己学会下棋、识别图片或者预测天气，那会是多么神奇的事情！这正是机器学习的魅力所在。它像是一位勤奋的学生，通过不断学习和实践，从海量数据中提取出有用的信息和规律。无论是推荐你喜爱的电影、音乐，还是帮助你过滤垃圾邮件，机器学习都在默默地为我们的生活增添便利。

而深度学习，则是机器学习领域的一位"超级英雄"。它通过模拟人脑神经网络的工作方式，可以构建出复杂而强大的模型，能够处理更加复杂和抽象的任务。比如，让计算机看懂一张图片中的小猫，或者听懂你说的话并作出回应。深度学习就像是一位拥有超凡洞察力的侦探，能够从最细微的线索中解开谜题。

拥有了这根"魔法棒"，AI 专家们就如同拥有了超能力。他们利用机器学习和深度学习技术，解决了一个又一个看似不可能的挑战。比如，在医疗领域（如图 17-6），AI 可以帮助医生更准确地诊断疾病；在交通领域，它能够优化路线，减少拥堵；在教育领域，个性化学习助手能让每个学生都能得到量身定制的指导。

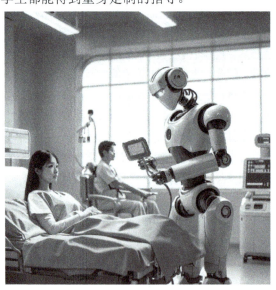

图 17-6　AI 用于医疗服务

更令人兴奋的是，AI 专家们还在不断挥舞着这根"魔法棒"，创造出更多令人惊叹的作品。智能助手，就像你的私人小秘书，能帮你安排日程、提醒重要事项；自动驾驶系统，则让汽车拥有了"自己的眼睛和大脑"，使其安全地穿梭在城市的街道上。这些创新实践，正一步步将我们带入一个更加智能、便捷的未来。

三、成为 AI 时代的"魔法师"

在人工智能这个充满无限可能的魔法世界里，每一位怀揣梦想的探索者都有机会成为挥动"魔法棒"的魔法师。但要掌握这门高超的技术，你需要踏上一条从基础到精通的学习之旅，同时不断在实践中磨砺自己，最终成为引领未来的 AI 大师。

你的魔法修行之旅将从学习基础编程语言开始，比如 Python，它是通往 AI 世界的钥匙。接下来，你将掌握数据处理与分析的技能，因为数据是 AI 的"魔法燃料"。随后，你将深入机器学习、深度学习的核心算法，学习如何让计算机从数据中学习规律并做出预测。在这条路上，你还将遇到自然语言处理、计算机视觉等前沿技术，它们将为你打开更多未知的魔法之门。

要成为真正的 AI 魔法师，光有理论知识是不够的。你需要通过实践来锻炼你的"魔法技艺"。参与机器学习挑战赛、Kaggle 竞赛等 AI 领域的赛事，是与同行切磋技艺、检验自己学习成果的最佳方式。在这里，你将面对真实的挑战，学会如何在有限的时间内创造出最强大的魔法。

随着你的魔法技艺日益精进，你将面临多种职业选择：成为顶尖的研究科学家，推动 AI 技术的边界；加入创新企业，将 AI 应用于各行各业；或者成为教育者，培养下一代 AI 魔法师。但无论选择哪条道路，你都将肩负起重要的社会责任，确保 AI 技术的公正、透明，避免偏见和误用，让 AI 成为造福人类的强大力量。

作为 AI 时代的魔法师，你或许能创造出真正理解人类情感的机器人伴侣。它们不仅能处理日常琐事，成为人们生活中的得力助手，更能倾听你的心声，分享你的喜怒哀乐，成为你不可或缺的知心朋友。在这个充满爱与智慧的未来世界里，AI 将不再是冷冰冰的技术，而是温暖人心、改变生活的魔法。

第四节　网络安全专家：数字世界的守护者

在数字世界日益繁荣的同时，网络攻击也如影随形。网络安全专家就像是数字世界的守护者，他们利用自己的专业知识和技术手段，筑起一道道坚固的防线，保护着我们的数据安全和隐私。从防范黑客入侵到应对网络诈骗，网络安全专家的工作既充满挑战又极具使命感。

一、网络安全：数字世界的"隐形盾牌"

随着信息技术的发展，网络安全的挑战也日益复杂。黑客们如同潜伏在暗处的猎手，不断寻找着系统的漏洞，企图入侵、窃取或破坏数据。同时，网络犯罪的手法也在不断进化，从简单的密码破解到高级的勒索软件、钓鱼攻击，让人防不胜防。

在这个充满威胁的数字宇宙中，网络安全专家就如同身穿隐形斗篷的"超级英雄"。他们拥有敏锐的洞察力，能够发现潜藏在网络深处的恶意行为；他们拥有强大的技术武器，能够抵御和反击各种网络攻击；他们还是智慧的策略家，不断研究和创新抵抗网络攻击的方法，以保护数字世界的和平与安宁。

常见的网络威胁和攻击手段：

恶意软件：就像数字世界里的病毒，一旦感染，就会在你的电脑或手机上肆虐，窃取信息或破坏系统。

钓鱼攻击：黑客们伪装成可信的来源，诱骗你点击链接或下载附件，从而植入恶意软件或窃取信息。

勒索软件：它们会锁定你的设备或加密你的文件，要求你支付赎金才能解锁。

DDoS 攻击：通过大量无用的请求淹没服务器，使其无法响应正常的服务请求。

● 趣味小故事：网络安全案例

张同学收到某银行官方号码"95×××"发来的短信，提示她银行卡积分将于近期到期，建议尽快登录某网站兑换礼品，并附上了网站链接。张同学完全没有质疑该网址的可靠性，直接通过手机登录，并按照要求输入了个人信息、账号及密码。不久，她就收到银行发来的短信，提示她的银行卡被取现 4000 元。这个案例告诉我们不要轻易点击任何信息发来的链接，获奖等信息应当搜索官方渠道确认后再进行操作。

保护个人信息，不随意点击未知链接，就是你对网络安全专家最好的支持哦！

二、网络安全专家的"侦探术"

网络安全专家的日常工作就像是一场没有硝烟的战争，他们身处数字世界的前线，保护着企业和个人的信息安全不受侵犯。他们的工作不仅要求技术精湛，还需要具备敏锐的洞察力和不懈的探究精神，仿佛是现代数字世界中的"侦探"。网络安全专家的必备技能包括但不限于：

（1）加密技术。网络安全专家需要深入了解各种加密算法和协议，以确保数据传输和存储的安全性。他们利用加密技术来保护敏感信息，防止未经授权的访问。

（2）入侵检测。网络安全专家必须擅长使用各种入侵检测系统（IDS，Intrusion Detection System）和入侵防御系统（IPS，Intrusion Prevention System），以便及时发现并阻止潜在的网络攻击。他们需要能够从海量的网络流量中识别出异常行为，这是预防安全事件的关键。

（3）应急响应。在发生安全事件时，网络安全专家需要迅速采取行动，进行应急响应。应急响应包括分析攻击手段、追踪攻击者、修复系统漏洞、恢复数据以及制定后续的安全策略。

●趣味小故事：网络安全专家如何追踪黑客

有一次，一家大型电商网站遭遇了数据泄露事件，大量用户信息被非法获取。网络安全专家团队立即介入，他们首先通过日志分析，发现了异常的数据访问模式；随后，利用入侵检测系统回溯攻击路径，发现黑客是通过一个未公开的 API 接口进行的数据窃取。专家团队进一步分析了黑客留下的数字足迹，包括 IP 地址、使用的工具和方法等，最终锁定了一名位于海外的嫌疑人。通过与国际执法机构的合作，黑客被成功追踪并抓捕。

三、成为数字世界的"守护者"

成为数字世界的"守护者"，即网络安全专家，是一条既充满挑战又极具机遇的职业道路。这条道路要求从业者具备扎实的基础知识，并沿着明确的进阶路径不断提升自我。同时，网络安全领域也因其快速的发展和不断变化的威胁环境而充满了各种挑战和机遇。

在学习网络安全的基础知识方面，学习者需要全面掌握网络安全的基本概念、威胁类型和防护手段。他们必须熟悉 Linux、Windows 等操作系统的安全配置和管理，了解系统漏洞和补丁管理的重要性。此外，还需掌握 TCP/IP 协议栈、HTTP、HTTPS 等网络协议的工作原理及其安全性，了解 SSL/TLS 等加密协议的应用也是必不可少的。为了进行自动化脚本编写和漏洞利用分析，学习一门或多门编程语言（如 Python、C/C++）和脚本语言（如 Bash、PowerShell）也是必要的。同时，学习者还需要了解加密算法、数字签名、证书等密码学基础知识，并掌握其在网络安全中的应用。最后，了解与网络安全相关的法律法规和伦理规范，确保在合法合规的框架内开展工作，也是网络安全专家的重要职责。

在进阶路径上，网络安全的学习是一个持续的过程。学习者需要从基础阶段开始，通过在线课程、书籍、实验等方式学习和实践上述基础知识。随后，他们需要进入技能提升阶段，深入学习特定领域的知识和技能，如渗透测试、漏洞挖掘、逆向工程等。通过参加CTF 竞赛、阅读安全漏洞报告、参与开源项目等方式，他们可以不断提升自己的技能水平。接下来是实战演练阶段，学习者通过模拟攻击和防御场景进行实战演练，积累实战经验。加入安全团队、参与安全项目或自己搭建测试环境进行练习都是很好的选择。为了提升自己的竞争力和信任度，考取网络安全相关的证书（如 CISSP、CEH、OSCP 等）也是非常重要的，这些认证测试通常需要一定的实践经验和理论知识作为基础。最后，持续学习与关注最新的安全威胁、漏洞和防护技术是网络安全专家的必备素质。他们可以通过参加安全会议、订阅安全博客和邮件列表等方式获取最新信息。

在网络安全领域，职业机遇与挑战并存。随着数字化转型的加速和网络安全威胁的日益严峻，企业和组织对网络安全人才的需求不断增加。这为从业者提供了广阔的职业发展空间和较高的薪酬水平。然而，网络安全技术日新月异，从业者需要不断学习新知识和新技能以保持竞争力。同时，网络安全工作往往需要在紧急情况下快速响应和处理安全事件，这对从业者的心理素质和抗压能力提出了较高的要求。此外，随着网络安全法规的不断完善，从业者还需要了解并遵守相关法律法规，确保工作的合法合规性。

综上所述，成为数字世界的"守护者"需要不断学习和实践，同时抓住职业机遇并应对挑战。这是一条既充满挑战又极具吸引力的职业道路，对于那些热爱网络安全并愿意为之付出努力的人来说，它无疑是一个值得追求的职业目标。

第五节　物联网工程师：连接万物的桥梁

物联网工程师的工作是让"万物互联"成为可能。从智能家居到智慧城市，从工业 4.0 到农业精准种植，物联网工程师通过设计智能设备、构建通信网络、开发管理平台，将物理世界与数字世界紧密相连。他们的工作让我们的生活更加便捷，也让城市运行更加高效。

一、物联网：万物互联的"奇幻之旅"

物联网，简单来说，就是让物体与物体之间，或者物体与我们人类之间，能够通过互联网进行"对话"和"交流"（如图 17-7）。就像给每个物体都装上了"小电话"，它们可以随时随地"打电话"告诉我们它们的状态，或者接收我们的指令去行动。物联网让我们的生活方式变得更加智能化和个性化。在物联网的世界里，家里的电器不再只是冷冰冰的机器，它们变成了懂得你心思的"生活小助手"。比如，智能空调能根据你的体温和习惯自动调节温度，让你时刻处于最舒适的环境；智能冰箱能实时监测食物的存储情况，并提醒你及时补充食材；甚至智能马桶都能根据你的健康数据给出饮食建议，让你的生活更加贴心和健康。

图 17-7　万物互联

不仅如此，物联网还改变了我们的出行方式。智能导航系统能实时分析交通流量，为你规划出最快捷的出行路线；智能停车系统能帮你快速找到停车位，省去在停车场转圈的烦恼；而无人驾驶汽车更是将彻底改变我们的出行体验，让出行变得更加安全和轻松。

在医疗健康领域，物联网也发挥着巨大的作用。可穿戴设备能实时监测我们的健康数据，如心率、血压、睡眠质量等，并在出现异常时及时发出警报；远程医疗系统能让医生在线为我们提供诊断和治疗建议，使我们无论身在何处都能享受到专业的医疗服务。

可以说，物联网已经渗透到我们生活的每一个角落，它让我们的生活变得更加舒适、更加便捷。在这个万物互联的世界里，我们享受着科技带来的便利和舒适，也期待着未来更多的惊喜和变革。

二、物联网工程师的"编织术"

物联网工程师是信息技术领域中的专业人才，他们负责开发和维护物联网系统，确保系统的稳定运行和持续优化。为了胜任这一角色，物联网工程师需要掌握一系列核心技能。首先，他们需要深入了解嵌入式系统的原理和工作方式，包括微控制器、处理器、传感器和执行器等组件的集成与应用，这是设计和优化物联网系统硬件和软件架构的基础；其次，物联网工程师需要熟悉各类传感器的原理、特性及应用场景，以便在系统中选择合适的传感器并实现数据的准确采集。此外，掌握网络通信技能也是物联网工程师不可或缺的一部分，他们需要掌握多种无线通信技术和网络通信协议，以设计稳定可靠的数据传输网络。

除了核心技能外，物联网工程师还承担着重要的职责。他们需要与用户沟通，了解用户具体需求，明确系统的功能、性能、安全及提高用户体验等。在此基础上，物联网工程师需要设计系统的整体架构，包括硬件选型、软件架构设计以及网络拓扑结构设计等。随后，他们将编写代码实现系统的各项功能，并进行调试和测试，以确保系统的稳定性和可靠性。最后，物联网工程师还需要将开发完成的系统与现有系统和网络进行集成，实现数据的互联互通，并进行后期维护，包括故障排除、性能优化以及功能升级等。

综上所述，物联网工程师的核心技能和职责，是他们在信息技术领域中不可或缺的重要能力。物联网工程师通过掌握嵌入式系统、传感器技术、网络通信等核心技能，并承担需求分析、系统设计、系统开发、系统集成与测试以及系统部署与维护等职责，能够推动物联网技术的发展，为社会带来更加智能和便捷的生活方式。

智能家居系统的设计与实现：

需求分析：物联网工程师首先与需求方沟通，了解智能家居系统的具体需求，如远程控制家电、环境监测、安防报警等功能。

系统设计与架构：根据需求，物联网工程师设计系统的整体架构，包括选择合适的传感器（如温度传感器、湿度传感器、烟雾传感器等）、执行器（如智能灯泡、电动窗帘、安防摄像头等）和通信设备（如 Wi-Fi 模块、ZigBee 模块等），同时确定系统的通信协议（如 MQTT）和网络架构。

硬件与传感器集成：物联网工程师与硬件团队合作，选择合适的硬件设备和传感器，并将其集成到系统中。他们需要编写代码来使这些设备进行通信和数据交互，确保设备能够准确采集数据并响应控制指令。

　　软件设计与开发：物联网工程师需开发智能家居系统的软件部分，包括设备接入、数据传输、数据处理和应用程序开发等。他们编写代码来收集传感器数据，并通过云端平台进行数据存储和处理。同时，还要开发用户界面（如手机APP）供用户监控和控制家居设备。

　　系统调试与优化：在设备连接和软件开发完成后，物联网工程师对整个系统进行调试和优化。他们要测试系统的稳定性、可靠性和易用性，确保系统能够正常运行并满足用户需求。

　　安全与隐私保护：物联网工程师实施安全措施，如数据加密、身份验证和访问控制等，以保护智能家居系统和用户数据的安全性和隐私性。

三、成为物联网时代的桥梁建造者

　　在物联网（IoT，Internet of Things）时代，物联网工程师作为连接物理世界与数字世界的桥梁建造者，在通信领域中扮演着至关重要的角色。他们不仅需要扎实的电子工程基础，还需要深入学习物联网专业课程，以掌握这一领域的前沿技术和应用。以下是对物联网工程师职业前景及行业发展趋势的探讨，以及相应的学习建议。

1. 职业前景

　　（1）市场需求广泛：物联网技术已经广泛应用于智能家居、智能城市、智能制造、智慧农业等多个领域。随着物联网应用场景的不断扩大，对物联网工程师的需求也将持续增长。物联网工程师可以在与物联网相关的企业、行业从事系统设计、开发、维护等工作，也可在高校或科研机构从事科研和教学工作。

　　（2）技术创新驱动：物联网工程专业领域的技术发展日新月异，涉及云计算、大数据、人工智能、边缘计算等前沿技术。物联网工程师将在不断的技术创新中拥有更多的发展机会。

　　（3）产业发展迅速：物联网作为新兴产业，已成为推动经济发展的重要力量之一。政府和企业对物联网的投资和支持不断增加，为物联网工程专业学生提供了广阔的就业和创业机会。

　　（4）薪酬和发展空间可观：物联网工程师的需求高、技术要求较高，因此薪酬水平相对较高。同时，物联网工程专业学生在技术创新和职业发展方面有较大的空间，可以不断学习和成长。

2. 行业发展趋势

　　（1）技术融合与创新：物联网技术将与其他技术如人工智能、区块链、5G等深度融合，从而推动物联网应用的进一步创新和发展。边缘计算技术的兴起将减少对中心化云计算的依赖，提高数据处理的实时性和效率。

　　（2）应用场景拓展：物联网技术将在更多领域得到应用，如智能交通、智能医疗、智慧环保等，应用场景的拓展为物联网工程师提供了更多就业机会。

（3）安全与隐私保护：随着物联网设备的普及，数据安全和隐私保护将成为重要议题。物联网工程师需要不断提升安全意识和技能，确保系统和数据的安全。

3. 学习建议

（1）电子工程基础：学习电路原理、模拟与数字电路、集成电路设计等课程，了解电子器件的工作原理和设计方法。掌握数学基础原理，包括微积分、线性代数、概率论等，为后续学习打下坚实的数学基础。

（2）物联网专业课程：深入学习物联网技术相关的课程，如传感器技术、嵌入式系统、物联网协议、物联网安全等。了解物联网应用领域的课程，如物联网智能家居、智能交通、智能医疗等，以便更好地理解物联网技术的实际应用和未来发展方向。

（3）实践技能培养：积极参加与物联网相关的实践活动和项目，如物联网系统设计、开发、调试等，从而提高实践能力和解决问题的能力。学习编程语言，如 C/C++、Python、Java 等，以及学习相关的开发工具和技术平台，以便更好地进行物联网系统的开发和维护。

第六节　跨领域复合型人才：应对复杂挑战的需求

面对快速变化的信息时代，单一领域的知识和技能往往难以满足用户复杂多变的需求，跨领域复合型人才因此成为市场的宠儿。他们不仅精通于某一专业领域，还具备跨学科的知识储备和综合能力，能够在复杂多变的环境中迅速找到问题的症结并提出解决方案。无论是科技创新还是企业管理，跨领域复合型人才都是推动社会进步的重要力量。

一、跨领域：新时代的"超能力"

跨领域知识在新时代的职场中，已逐渐成为一项至关重要的竞争力。随着技术的迅猛发展和全球化的深入推进，职场环境变得日益复杂多变，单一领域的知识和技能往往难以应对这种多元化的挑战。因此，拥有跨领域知识的人才，因其能够适应不同领域的工作需求，展现出更强的适应性和创新能力，从而能在职场中脱颖而出。

跨领域知识的重要性不仅体现在个人的职业发展上，更在于其解决复杂问题的能力。一个复杂问题往往涉及多个领域的知识和技能，需要不同专业背景的人才共同合作，才能找到有效的解决方案。通过跨领域合作，不同领域的人才可以充分发挥各自的优势，实现知识的互补和共享，从而更全面地理解和解决问题。

以医疗健康领域的智能医疗系统开发为例，这个项目就充分体现了跨领域合作的优势。医疗专家、数据科学家、工程师和用户体验设计师等多个领域的人才共同合作，将各自的专业知识和技能融入到项目中，最终成功地开发出了一个能够辅助医生进行疾病诊断和治疗的智能系统。这个系统的成功不仅提高了医疗服务的效率和质量，也充分展示了跨领域合作在解决复杂问题中的巨大潜力。

综上所述，跨领域知识已经成为未来职场的重要竞争力。它不仅能够帮助个人更好地适应职场的变化和挑战，还能够推动创新和发展，为组织和社会带来更大的价值。因此，我们应该积极培养跨领域知识和能力，以应对未来的职场挑战，并在不断变化的环境中保持竞争力。

二、复合型人才的"变形术"

在当今快速变化的职场环境中，复合型人才因其具备跨领域能力而备受青睐。他们像拥有"变形术"一样，能够在不同领域间自如转换角色，展现出卓越的适应性和创新能力。那么，如何培养这种跨领域能力呢？以下是一些关键要素。

1. 持续学习与跨界合作

持续学习是培养跨领域能力的基石。职场人士需要保持对新知识、新技能的好奇心和求知欲，通过参加培训课程、阅读专业书籍、关注行业动态等方式，不断更新自己的知识体系。同时，跨界合作也是提升跨领域能力的重要途径。通过与其他领域的人才共同工作、交流思想，可以拓宽视野，了解不同领域的思维方式和工作方法，从而培养出具备多元视角、拥有复合思维能力的人才。

2. 拓宽知识面与学习不同领域的基础知识

为了成为复合型人才，我们需要有意识地拓宽知识面，学习不同领域的基础知识。达成这一目的可以通过选修跨学科的课程、参加跨界的研讨会或工作坊等方式实现。例如，一个从事市场营销的专业人士可以学习一些基本的编程知识，以便更好地理解数据分析在营销活动中的应用。通过学习不同领域的基础知识，我们可以更好地理解不同领域之间的联系和差异，为跨界合作打下坚实的基础。

3. 软技能的重要性

除了专业知识和跨领域能力外，软技能也是复合型人才不可或缺的一部分能力。良好的沟通能力、团队协作精神和创新思维是复合型人才在不同领域间"变形"的关键。他们需要与不同背景的人有效沟通，协调各方利益，共同解决问题。同时，他们还需要具备创新思维，能够在不同领域之间找到新的联系和机会，推动行业创新和发展。

● **趣味小故事：复合型人才的"变形术"**

张华，一个原本在金融行业深耕多年的专业人士，凭借其对新兴技术的敏锐洞察力和不断学习的精神，成功实现了一次跨界"变形"，在金融科技领域大放异彩。

起初，张华在一家知名银行担任风险管理师，他对金融市场有着深入的了解和丰富的经验。然而，随着科技的飞速发展，他意识到金融科技（FinTech）将成为未来金融行业的重要趋势。于是，他决定拓宽自己的知识面，学习编程、数据分析和人工智能等新技术。

经过几年的持续学习和实践，张华不仅掌握了金融领域的核心知识，还具备了扎实的技术基础。他开始尝试将金融与科技相结合，探索新的业务模式和创新点。他与一群技术专家合作，开发了一款基于大数据和人工智能的信贷风险评估系统。这款系统能够更准确地预测信贷风险，提高金融服务的效率和安全性。

　　张华的跨界创新得到了市场的广泛认可。他的信贷风险评估系统被多家金融机构采用，并取得了显著的效果。他也因此获得了业界的关注和赞誉，成为金融科技领域的佼佼者，成功实现了从金融专业人士到金融科技复合型人才的跨界"变形"。

三、成为新时代的"变形金刚"

　　在快速发展的新时代，职场环境日新月异，对人才的需求也在不断变化。复合型人才，如同"变形金刚"，能够在不同领域间自如转换，展现出卓越的适应性和创新能力。为了成为这样的"变形金刚"，我们需要不断提升自己的跨领域能力。

　　提升跨领域能力，首先需要树立持续学习的态度。我们可以通过参加在线课程、阅读专业书籍、参与行业研讨会等方式，不断拓宽自己的知识面，了解不同领域的最新动态和发展趋势。同时，积极寻求跨界合作的机会，与其他领域的人才共同工作、交流思想，也是提升跨领域能力的有效途径。在合作中，我们可以学习到不同领域人才的思维方式和工作方法，从而培养出具备多元视角、拥有复合的思维能力的人才。

　　复合型人才在未来职场中将扮演越来越重要的角色。他们具备跨领域的知识和技能，能够更全面地理解和解决复杂问题，为企业带来更大的价值。同时，他们还具有更强的适应性和创新能力，能够在不断变化的职场环境中保持竞争力。因此，成为复合型人才不仅是个人职业发展的需要，也是企业和社会发展的需要。

　　总之，成为新时代的"变形金刚"，需要我们不断提升自己的跨领域能力，树立持续学习的态度，积极寻求跨界合作的机会。只有这样，我们才能在未来的职场中立于不败之地，为企业和社会创造更大的价值。

　　在信息新技术的浪潮中，每一个岗位都闪耀着独特的光芒。无论是成为数据科学家、云计算工程师，还是人工智能专家、网络安全专家、物联网工程师，甚至是跨领域复合型人才，都能在这个充满机遇与挑战的时代找到自己的舞台，共同绘制出更加美好的未来。

第十八章 产品璀璨——行业经典产品秀

第一节 智能音箱：语音交互的生活伴侣

一、什么是智能音箱

智能音箱，顾名思义，是一种集成了智能语音识别和处理技术的音箱设备。它不仅具备传统音箱的播放器功能，还能通过语音交互与用户进行沟通，执行用户发出的各种指令。市面上知名的智能音箱有亚马逊的 Echo 系列、小米的小爱同学（如图 18-1）、百度的小度等，表 18-1 列出了它们的主要功能和生态兼容性。

图 18-1 小米智能音箱

表 18-1 知名的智能音箱异同点

品牌及型号	主要功能	生态兼容性
亚马逊的 Echo 系列	语音助手、音乐播放、智能家居控制、日历提醒、视频通话等	高度集成亚马逊生态，支持 Alexa 语音助手，与众多智能家居品牌兼容
小米的小爱同学	语音助手、音乐播放、智能家居控制（支持小米及第三方设备）、语音通话、儿童模式等	深度整合小米智能家居生态，同时支持与其他品牌的智能设备联动
百度的小度	语音助手、音乐播放、智能家居控制、信息查询（天气、新闻、股票等）、语音聊天、儿童教育等	依托百度 AI 技术，拥有丰富的有声内容和技能，支持多种智能家居设备联动

二、智能音箱如何工作

智能音箱的工作主要依赖于其内置的语音识别系统和互联网连接。当用户对着音箱说出指令时，音箱的麦克风就会捕捉声音信号，并将其转换为数字信息。接着，这些信息会被发送到云端的语音识别服务器，服务器会解析用户的语音，理解其意图，然后执行相应的任务，如播放音乐、查询天气、设置闹钟等。最后，执行结果会通过音箱以语音的形式反馈给用户。

三、智能音箱在生活中的应用

智能音箱凭借其便捷的语音交互方式，已经渗透到了人们日常生活的方方面面。例如，在早晨起床时，你可以通过语音指令让音箱播放你喜欢的新闻或音乐，开始新的一天；在烹饪时，你可以询问它食材的烹饪方法或设置定时器；在晚上，你可以让它帮你关闭所有与之连接的智能家居设备，如灯和电视，助你轻松入睡。此外，智能音箱还能与智能家居系统连接，实现语音控制家电的功能，如调节空调温度、开关窗帘等，极大地提升了生活的便利性和舒适度。

第二节　自动驾驶汽车：未来出行的先行者

一、自动驾驶汽车的定义与分级

自动驾驶汽车（如图18-2），又称为无人驾驶汽车或智能汽车，是指能够通过车载传感器、控制器和执行器等设备，实现车辆自主导航、环境感知、决策制定和行驶控制等功能的汽车。根据自动化程度的不同，自动驾驶汽车被分为 L1 至 L5 五个级别。从 L1 的辅助驾驶（如自动泊车）到 L5 的完全无人驾驶，每一级别汽车的自动驾驶能力都在逐步提升。

图 18-2　汽车在公路上自动驾驶

小知识

自动驾驶汽车的五个级别

L1级别，即辅助驾驶，这是自动驾驶技术的初级阶段，车辆仅能实现对极少一部分功能的操作，如加速、减速或转向中的某一项，驾驶员仍需承担车辆大部分的控制和决策责任。

L2级别，也就是半自动驾驶，该级别车辆能够实现对多项功能的操作，如全速自适应巡航、自动泊车、主动车道保持等，但驾驶员仍需持续监控汽车的行驶情况，随时准备接管控制权。

L3级别标志着高度自动驾驶能力的开始，自动系统可以完成某些驾驶任务，并且在某些情况下监控驾驶环境。在这个级别下，驾驶员无须持续监控汽车，但在紧急情况下仍需根据系统要求进行干预。

L4级别代表更高级别的自动驾驶，系统可以在特定场景下完全控制汽车，如高速行驶或进入停车场等。然而，尽管驾驶全程无需驾驶员操作，但仍可能存在一定的限制条件，如车速和驾驶区域的限制。

L5级别是自动驾驶技术的巅峰，也是无人驾驶的级别。在这个级别下，驾驶员完全无须参与汽车的控制，系统可以独立完成所有操作。L5级别的自动驾驶汽车能够实现全天候、全地域的自动驾驶，并能应对各种环境气候及地理位置的变化。车上没有方向盘、油门、刹车等驾驶机构，完全由车载电脑的感知和运算来驾驶车辆，从而为乘驾人员带来了前所未有的出行便利和安全。

二、自动驾驶汽车的关键技术

自动驾驶汽车的背后涉及多项关键技术。首先是环境感知技术，包括使用激光雷达（LiDAR）、摄像头、超声波传感器等设备来感知周围环境；其次是导航与定位技术，如高精度地图和GPS定位，确保车辆准确知道自身位置；还有决策与规划技术，通过复杂的算法和机器学习模型来做出驾驶决策，并规划出最优行驶路径；最后是控制与执行技术，确保车辆能够按照规划路径精确行驶。

自动驾驶汽车的发展依赖于人工智能、计算机视觉、高精度地图、激光雷达、毫米波雷达等先进技术的突破与融合。这些技术的不断进步显著提高了车辆自动驾驶系统的感知能力、决策准确性和执行效率。自动驾驶汽车的硬件性能也在持续提升，如高分辨率摄像头、激光雷达、毫米波雷达和专用芯片等核心硬件的性能不断增强，为自动驾驶技术的发展提供了有力支持。

三、自动驾驶汽车的现状与前景

近年来，我国自动驾驶汽车的市场规模快速增长。据市场调研数据显示，2017～2022年我国自动驾驶汽车市场规模由681亿元增至2894亿元，年均复合增长率

为 33.6%。预计到 2025 年，市场规模将达到 3832 亿元。目前，自动驾驶汽车正处于快速发展阶段，多家汽车制造商和科技公司都在投入巨资进行研发。一些城市已经开始了自动驾驶汽车的测试运营，包括无人出租车和无人公交车等。

自动驾驶这一领域正吸引着来自传统汽车制造商、科技巨头以及新兴自动驾驶技术初创企业的广泛关注。广汽集团作为国内产业链完整的汽车集团之一，自 2013 年起便积极布局智能驾驶系统研发，已具备从 L2 到 L4 级别的算力平台开发能力，并与滴滴自动驾驶公司合作，共同推动自动驾驶技术的规模化和商业化应用。上汽集团同样在自动驾驶领域有着显著进展，通过下属企业和合作伙伴在智能驾驶、智能网联等方面都取得了重要突破。

科技巨头之一的百度作为全球领先的 AI 技术公司，自 2013 年起便布局自动驾驶技术，并推出了全球首个自动驾驶开放平台 Apollo。百度 Apollo 在自动驾驶、智能汽车、智能交通三大领域拥有业内先进的解决方案，其自动驾驶专利数全球领先，并已在北京、上海等多个城市开放运营无人驾驶汽车服务。阿里巴巴也于 2018 年正式宣布布局自动驾驶技术，围绕物流场景以 L4 级自动驾驶为切入点，通过车路协同和单车智能协调发展打造自己的自动驾驶版图，并逐渐将自动驾驶技术应用于高校、社区等场景。

此外，新兴的自动驾驶技术初创企业也在自动驾驶领域崭露头角。文远知行作为全球先进的 L4 级别的自动驾驶科技公司，致力于开发安全、稳定的无人驾驶技术，并已在全球多个城市开展自动驾驶研发、测试及运营。AutoX 作为国内 L4/L5 级别无人驾驶汽车领军品牌，是中国 Robotaxi 的领跑者，已在中国和美国实现完全无人驾驶商业化运营。

然而，自动驾驶汽车的广泛应用仍面临诸多挑战，如技术成熟度、法律法规、公众接受度以及道路基础设施的适应性等。尽管如此，随着自动驾驶技术的不断进步和政策的逐步完善，自动驾驶汽车有望在未来几十年内成为主流出行方式，极大地改变人们的交通习惯和城市规划格局。

第三节 无人机：天空中的智能之眼

一、无人机的类型与应用

无人机，即无人驾驶的飞行器，根据其设计、功能和用途的不同，可以分为多种类型。消费级无人机主要用于航拍、娱乐等个人或小型商业用途，如大疆的 Phantom 系列（如图 18-3 所示）。工业级无人机则更侧重于专业应用，如农业监测、地理测绘、影视制作中的空中镜头拍摄等。此外，还有军用无人机，用于执行侦察、目标跟踪和打击等军事任务。无人机的应用范围广泛，几乎涵盖了所有需要空中作业或监测的领域。

图 18-3 大疆 Phantom 系列无人机

二、无人机的工作原理

无人机的工作原理是一套复杂而精细的系统工程，其核心在于内置的飞行控制系统和一系列高精度的传感器。飞行控制系统是无人机的"大脑"，它负责接收并执行来自地面站或遥控器的指令，通过精确的算法计算，控制无人机的飞行姿态、速度、高度和路径。这一系统确保了无人机能够按照预设的任务规划进行飞行，无论是执行简单的巡逻任务还是复杂的航拍作业，都能保证高度的稳定性和准确性。

传感器在无人机的工作系统中扮演着至关重要的角色。陀螺仪、加速度计和磁力计等传感器提供了无人机的实时飞行数据，包括其姿态、速度和方向等，这些数据对于保持无人机的稳定飞行至关重要。同时，GPS（全球定位系统）为无人机提供了精确的位置信息，使其能够在广阔的空间中准确导航，执行预设的飞行路径和任务。

除了基本的飞行控制，许多无人机还配备了高清摄像头和图像传输设备。这些设备使得无人机能够捕捉并传输空中拍摄的实时画面，为地面站的用户提供宝贵的监控和分析资源。无论是在灾害评估、环境监测还是影视制作等领域，这一功能都极大地扩展了无人机的应用范围和使用价值。

三、无人机的行业影响与发展趋势

无人机的广泛应用已经对多个行业产生了深远影响。在农业领域，无人机可以用于精准施肥、病虫害监测和作物生长评估，提高农业生产效率和质量。在物流领域，无人机配送已经开始在一些地区进行试点，有望解决偏远地区或交通拥堵城市的配送难题。在影视制作领域，无人机提供了前所未有的空中视角，为电影和广告观众带来了全新的视觉体验。未来，随着无人机技术的不断进步和成本的降低，无人机有望在更多领域得到应用，并推动相关行业的创新和发展。同时，无人机的监管政策和空中交通管理也将成为未来该技术发展的重要议题。

第四节　可穿戴设备：健康监测与个人助理

一、可穿戴设备的类型与功能

可穿戴设备（见图 18-4）是一种可以直接穿戴在用户身上的电子设备，它们通过集成各种传感器、处理器和通信模块，实现了多样化的功能。智能手表是其中的代表，它们不仅可以显示时间，还能连接手机，实现接听电话、发送信息、控制音乐播放等功能。健康追踪器则专注于身体数据的监测，如心率、步数、睡眠质量等。此外，还有智能眼镜、智能手环、智能服装等其他类型的可穿戴设备，它们各自具有独特的功能和应用场景。

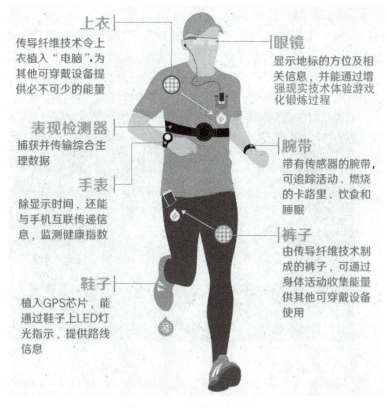

上衣
传导纤维技术令上衣植入"电脑"，为其他可穿戴设备提供必不可少的能量

眼镜
显示地标的方位及相关信息，并能通过增强现实技术体验游戏化锻炼过程

表现检测器
捕获并传输综合生理数据

手表
除显示时间，还能与手机互联传递信息，监测健康指数

腕带
带有传感器的腕带，可追踪活动、燃烧的卡路里、饮食和睡眠

裤子
由传导纤维技术制成的裤子，可通过身体活动收集能量供其他可穿戴设备使用

鞋子
植入GPS芯片，能通过鞋子上LED灯光指示，提供路线信息

图 18-4　可穿戴设备功能

二、可穿戴设备成为个人助理

可穿戴设备正逐渐演变成为人们生活中不可或缺的个人助理，它们凭借强大的功能和便捷的使用体验，为用户提供了全方位的协助和服务。这些设备能够同步用户的日历、并管理用户的待办事项和提醒，确保用户不会错过任何重要的日程安排。同时，它们还使得通信变得更加便捷，用户可以轻松地进行电话接听、信息回复和语音指令操作，且无论身处何种环境都能保持通信的畅通无阻。

除此之外可穿戴设备在健康管理方面也发挥着重要作用。通过内置的传感器，它们可以实时监测用户的生理指标，如心率、血压、血氧饱和度等，帮助用户及时了解自己的身体状况。同时，它们还能记录用户的运动数据，如步数、运动量、卡路里消耗等，鼓励用户保持积极的生活方式。部分可穿戴设备还提供了睡眠监测功能，帮助用户分析睡眠质量，提出改善建议。通过这些功能，可穿戴设备成为了用户健康管理的重要工具。在生活方面，它们与智能家居系统的连接，让用户能够随时随地控制家中的智能设备，实现家居的智能化管理。在娱乐方面，可穿戴设备也展现出了其独特的魅力，丰富的娱乐功能让用户可以在任何时候享受音乐、有声读物和播客节目等。

值得一提的是，可穿戴设备在紧急情况下也能发挥重要作用，它们能够迅速响应用户的求助信号，并发送用户的位置信息给预设的紧急联系人或急救服务机构，为用户提供额外的安全保障。通过学习和分析用户的行为和偏好，可穿戴设备还能提供更加个性化的服务，如推荐合适的餐厅、景点或活动等。

综上所述，可穿戴设备凭借其多样化的功能和智能化的服务，正逐渐成为用户生活中不可或缺的个人助理，如使用智能手表寻找停车场（见图18-5）。它们不仅提高了用户的生活质量和工作效率，还为用户带来了更加便捷、舒适和安全的体验。随着可穿戴设备技术的不断进步和应用场景的不断拓展，可穿戴设备作为个人助理的潜力将进一步得到释放。

图 18-5　使用智能手表寻找停车场

三、可穿戴设备的市场趋势与挑战

近年来，可穿戴设备市场呈现出快速增长的趋势。随着可穿戴设备技术的不断进步和消费者对健康管理的日益重视，可穿戴设备的功能和应用场景不断拓展。未来，市场将更加注重设备的个性化、智能化和便捷性，以满足不同用户的需求。然而，可穿戴设备的发展也面临着一些挑战，如数据安全、隐私保护、设备续航等问题。此外，市场竞争的加剧也要求可穿戴设备厂商不断创新，提供更具吸引力的产品和服务。为了应对这些挑战，可穿戴设备厂商需要加强技术研发，提升产品质量和用户体验，同时关注市场动态，灵活调整市场策略。

第五节　虚拟现实/增强现实设备：沉浸式体验的新维度

一、VR 与 AR 的区别与应用

虚拟现实（VR，Virtual Reality）和增强现实（AR，Augmented Reality）是两种先进的沉浸式技术，它们为用户提供了全新的交互体验。VR 技术通过创建完全虚拟的环境，使用户仿佛置身于一个全新的世界中。VR 技术广泛应用于游戏、教育、旅游（见图18-6）、

医疗（见图 18-7）等领域，例如，用户可以通过 VR 设备体验极限运动、探索历史事件或模拟手术。而 AR 技术则是在现实世界的基础上叠加虚拟信息，为用户提供更为丰富的视觉体验，它常用于导航、广告、教育等领域，如通过手机摄像头在现实场景中显示路线指引或产品信息。

图 18-6　VR 技术下的旅游

图 18-7　AR 辅助医疗

二、VR/AR 设备的工作原理

VR/AR 设备的工作原理是一个复杂而精妙的过程，它主要依赖于先进的显示技术、传感器和追踪系统，从而为用户带来前所未有的沉浸式体验。VR/AR 设备通过特殊的显示屏或投影技术，为用户呈现出逼真的虚拟图像。这些图像可以是完全虚拟的环境，也可以是现实世界的增强版本。为了实现这一点，VR/AR 设备通常采用高分辨率的显示屏，以及先进的图形处理技术，确保用户看到的每一个细节都尽可能真实。

除了显示技术，VR/AR 设备还内置了多种传感器和追踪系统。这些传感器能够实时捕捉用户的头部、手部或身体的动作，并将其转化为虚拟环境中的交互指令。例如，当用户转动头部时，设备会立即更新虚拟环境中的视角，以确保用户始终能够看到他们想要看到的内容。同样，当用户挥动手臂或移动身体时，设备也会将这些动作转化为虚拟环境中的相应操作，使用户能够通过自然的身体动作与虚拟世界进行互动。

为了进一步增强用户的沉浸感，一些 VR 设备还配备了立体声耳机和触觉反馈装置。立体声耳机能够为用户带来逼真的音效体验，使他们能够更加真实地感受到虚拟环境中的声音。触觉反馈装置则可以通过振动、触感等方式，模拟虚拟环境中的触觉感受，使用户能够更加深入地融入虚拟世界。

三、VR/AR 技术的未来展望

随着技术的不断进步和应用场景的不断拓展，VR/AR 技术有望在未来发挥更大的作用。在教育领域，VR/AR 技术可以为学生带来更加直观和生动的学习体验，使学生能够更好地理解和掌握知识。在医疗领域，医生可以利用 VR/AR 技术进行手术模拟和诊断辅助，提高手术的准确性和安全性。此外，VR/AR 技术还有望在娱乐、旅游、工业设计等领域发挥巨大的潜力。然而，要实现这些应用并推动技术的进一步发展，还需要解决一些问题，如提高设备的舒适性、降低设备使用成本、增强用户体验等。相信随着技术的不断创新和完善，VR/AR 技术将为人们带来更加丰富多彩的沉浸式体验。

第十九章　企业风采——行业知名企业展

▌▌ 第一节　　谷歌：互联网搜索与人工智能的巨擘

　　谷歌（Google)（其商标如图 19-1），是一家总部位于美国加州山景城的跨国科技公司，为 Alphabet（字母控股）的子公司，其业务范围涵盖互联网广告、互联网搜索、云计算、人工智能等领域，开发并提供大量基于互联网的产品与服务。其提供的创新产品和服务不仅改变了全球数十亿人的生活方式，也推动了信息技术的快速发展，已经成为现代社会中不可或缺的科技巨头。

图 19-1　谷歌公司商标

一、发展历程

1. 成立初期

　　1996 年，拉里·佩奇和谢尔盖·布林在斯坦福大学的一个研究项目中，提出了一种新的网页排名算法——PageRank。这种算法可以通过分析网页之间的链接关系，评估其重要性，该算法为后来的搜索引擎奠定了基础。随着从网上搜集的数据越来越多，计算机的存储空间逐渐不够用了，他们千方百计地省钱，自己购买零部件组装机器，还在仓库里翻找没有人认领的计算机（如图 19-2 所示），宿舍就是 Google 最原始的数据中心。1998 年，他们共同创立了谷歌，并以此为核心技术推出了第一个谷歌搜索引擎版本。这个名字来源于一个数学大数单位古戈尔（googol，数字 1 后有 100 个 0）单词错误的拼写方式，象征着为人们提供搜索海量优质信息的决心。

　　2004 年，谷歌在纳斯达克上市，成为全球最受关注的科技公司之一。谷歌首次公开上市不仅为谷歌筹集了大量资金，也标志着谷歌从一家创业公司迈向了成熟企业的阶段。此次上市使得谷歌能够在全球范围内扩大其业务，并进一步巩固其市场地位。

图 19-2   谷歌第一台产品服务器，用廉价的硬件建造而成

2. 扩展与多元化

2000 年，谷歌推出了 AdWords 广告系统，这一系统通过按点击付费（PPC，Pay-Per-Click）模式，使广告主能够精确地将广告投放到潜在客户面前。

谷歌于 2005 年收购了 Android 公司，并于 2008 年推出了第一个 Android 操作系统版本。Android 的推出，标志着谷歌正式进军移动操作系统市场。通过与手机制造商的合作，谷歌迅速占领了市场，Android 成为全球市场份额最大的操作系统，并推动了智能手机的普及。同年，谷歌推出了 Gmail，这款具有突破性的免费电子邮件服务，不仅为用户提供了比当时主流邮箱更大的存储空间，还率先引入了关键字广告功能，这进一步强化了谷歌的广告业务。

随着谷歌产品线的扩展，Google Maps、Google Earth 等创新服务相继推出，这些服务为用户提供了全新的数字地图体验。谷歌在这一时期逐步从单一的搜索引擎公司发展为多元化的互联网企业。

2006 年，谷歌以 16.5 亿美元收购了 YouTube，这一收购标志着谷歌进入了在线视频内容领域。此外，谷歌还在这一时期通过推出 Chrome 浏览器、Google Drive 云存储服务等产品，进一步巩固了其在互联网服务领域的统治地位。

3. 重组与现代谷歌

2015 年，谷歌宣布重组，成立母公司 Alphabet。这一举措旨在使谷歌的核心业务（如搜索、广告等）与其他新兴业务（如生命科学、自动驾驶技术等）分离开来，从而更好地管理和发展各项业务。Alphabet 的成立，为谷歌的未来发展提供了更大的灵活性和创新空间。

谷歌在人工智能领域的研发取得了多项突破性进展，特别是 AlphaGo 战胜世界围棋冠军李世石，这一事件标志着人工智能技术达到了新的高度。AlphaGo 的成功，不仅展示了谷歌在 AI 领域的领先地位，也引发了全球对人工智能潜力的广泛关注。此外，谷歌在自然语言处理领域的 BERT（Bidirectional Encoder Representation from Transformers，基于 Transformer 的双向编码器）模型也取得了重要进展，使得机器在理解和生成自然语言方面更加接近人类水平。

二、主要产品与服务

1. 互联网搜索

谷歌的核心业务始终是互联网搜索。自 1998 年推出搜索引擎以来，谷歌不断优化其搜索算法，引入了机器学习和人工智能技术，使搜索结果更加精准和个性化。谷歌的搜索技术不仅可以帮助用户找到所需的信息，还通过语音搜索、图片搜索等功能扩展了搜索的应用场景。例如，谷歌助手（Google Assistant）通过语音识别技术，能够回答用户的各种问题，甚至可以进行任务管理和智能家居控制。

2. 广告业务

谷歌的广告业务是其收入的主要来源之一。谷歌构建了全球最为强大的互联网广告平台。Google Ads 允许广告主根据关键字、用户兴趣和地理位置等因素，精准地投放广告，极大地提高了广告的投放效果。此外，谷歌还通过对广告技术的创新，推出了程序化广告购买（Programmatic Buying），使得广告投放更加自动化和智能化。广告业务不仅为谷歌带来了巨大的收入，也推动了全球数字广告市场的快速增长。

3. 移动操作系统

Android 是谷歌在移动操作系统领域的重要布局。自 2008 年发布操作系统以来，Android 以其开源和高度可定制的特点，迅速赢得了全球市场的青睐。如今，全球超过 70% 的智能手机都运行着 Android 系统。

谷歌通过 Android 生态系统，连接了硬件制造商、应用开发者和最终用户，为其广告业务、应用分发和数据服务提供了广泛的市场基础。此外，Android 也成为谷歌推动其他创新技术（如人工智能和物联网）的重要平台。

4. 云计算

Google Cloud 是谷歌在云计算领域的重要业务。谷歌通过提供云存储、计算能力和大数据分析等服务，可以帮助企业和开发者构建和管理应用程序，这些服务已广泛应用于各行各业。谷歌的云计算业务在全球市场中占有重要地位，通过云计算服务，谷歌不仅实现了收入的多元化，也为企业数字化转型提供了强大的技术支持。

5. 人工智能与机器学习

谷歌是全球人工智能和机器学习领域的领导者。谷歌大脑（Google Brain）项目是谷歌 AI 研究的核心，通过这一项目，谷歌开发了许多具有突破性的技术，如深度学习算法和神经网络架构。

谷歌还推出了 TensorFlow，这一开源机器学习框架已广泛应用于学术研究和工业实践，极大地推动了 AI 技术的普及与发展。在日常生活中，谷歌的人工智能技术被广泛应用于 Google Assistant、谷歌翻译、图像识别等产品中，为用户提供了更加智能化的服务体验。

第二节　微软：从操作系统到云计算的全面布局

微软（英语名称：Microsoft）（如图 19-3）公司是全球最具影响力的科技企业之一，总部位于美国华盛顿州的雷德蒙德。微软自 1975 年成立以来，经历了从操作系统开发到全面布局云计算等多个领域的转型，作为信息技术领域的先驱，微软不仅引领了 PC 时代的发展，还在移动互联网和云计算时代不断创新。

图 19-3　微软公司 logo

一、发展历程

1. 早期创业与 PC 时代的崛起

1975 年，比尔·盖茨和保罗·艾伦在新墨西哥州成立了微软公司（Microsoft），其最初的目标是为 Altair 8800 计算机开发 BASIC（Beginner's All-purpose Symbolic Instruction Code，初学者通用符号指令代码）编程语言解释器。然而，真正推动微软走向全球的，是 1980 年微软与 IBM 达成的合作协议（如图 19-4）。通过这次合作，微软为 IBM PC 开发了操作系统 MS-DOS，该系统成为了 PC 行业的标准。MS-DOS 的成功为微软奠定了行业领导地位的基础，并为其后续的产品开发提供了资金和市场基础。

图 19-4　盖茨和艾伦与 IBM 签定合同后合影

1985 年，微软发布了首款基于图形用户界面的操作系统——Windows 1.0。虽然最初的 Windows 版本在市场反应平平，但微软通过不断优化用户体验和兼容性，使 1990 年推出的 Windows 3.0 取得了巨大成功，成为主流操作系统。随后的 Windows 95 更是将 PC 普及至千家万户，为微软赢得了空前的市场份额。

在 Windows 操作系统的推动下，微软逐渐成为全球最大的个人计算机软件供应商。微软的成功不仅来源于其操作系统的技术优势，还得益于其与硬件制造商的紧密合作，最终使得 Windows 成为全球 PC 的标配。

2. 互联网时代的应对与转型

随着互联网在 20 世纪 90 年代的迅速崛起，微软意识到互联网将成为未来的关键领域。1995 年，微软发布了 Internet Explorer 浏览器，并将其与 Windows 操作系统捆绑销售，以应对网景（Netscape）的竞争。这一策略成功帮助微软占据了互联网浏览器市场的主导地位，虽然后来因为反垄断诉讼受到挑战，但这一策略仍然巩固了其在互联网时代的重要地位。

2001 年，微软推出了 Windows XP，这款操作系统以其稳定性、兼容性和用户友好的界面成为历史上最受欢迎的操作系统之一。与此同时，微软的办公软件套件 Office 系列也成为了全球企业和个人用户的首选。通过不断扩展 Office 的功能，微软在办公软件市场中占据了主导地位，为其在全球信息技术领域的发展奠定了基础。

3. 移动互联网的挑战与 Windows 10 的发布

随着智能手机的普及，移动互联网时代的到来对微软提出了新的挑战。虽然微软曾尝试通过推出 Windows Phone 操作系统进入智能手机市场，但由于缺乏足够的应用程序支持和与竞争对手（如苹果的 iOS 和谷歌的 Android）的差距，使得 Windows Phone 未能取得成功。移动互联网的兴起使得微软不得不重新审视其战略布局。

面对移动互联网的冲击，微软决定通过 Windows 10 的发布进行反击。2015 年，微软推出了 Windows 10，这是一款为不同设备（如 PC、平板、智能手机）统一设计的操作系统。Windows 10 不仅集成了微软的各种服务，还引入了 Cortana 语音助手和 Windows Store 应用商店，试图通过统一的用户体验吸引更多的用户。尽管在移动市场未能取得突破，但 Windows 10 在 PC 市场的成功稳固了微软的核心业务。

4. 向云计算与人工智能的全面转型

2014 年，萨提亚·纳德拉（Satya Nadella）接任微软 CEO，开始推动微软向云计算和人工智能领域转型。Azure 云计算平台成为这一战略的核心，通过提供全面的云服务，微软成功转型为全球领先的云计算服务提供商。Azure 是微软云计算战略的核心，自 2008 年推出以来，Azure 逐渐发展成为全球最具竞争力的云服务平台之一。Azure 不仅为用户提供基础的云存储和计算能力，还通过人工智能和大数据服务，帮助企业进行数字化转型。微软还积极开发人工智能技术，并将其整合到 Azure 平台中，为开发者和企业提供智能化解决方案。

为了进一步巩固其在全球科技领域的领导地位，微软在近年来进行了多项重要收购。其中，2016 年以 262 亿美元收购 LinkedIn 标志着微软进入社交网络领域，这项收购增强了其在企业服务市场的影响力。2018 年，微软收购了开源平台 GitHub，进一步扩大了其在开发者社区的影响力。这些收购不仅为微软带来了新的业务增长点，也加强了其在云计算和企业服务领域的布局。

二、主要产品与服务

1. 操作系统与生产力工具

Windows 操作系统是微软最具代表性的产品，自 1985 年推出以来，已经成为全球使用最广泛的操作系统。Windows 系统的成功在很大程度上得益于其用户友好的界面、广泛的硬件兼容性以及强大的应用生态系统。从 Windows 3.0 到 Windows 10，微软通过不断创新，保持了其在操作系统市场的主导地位。Windows 不仅为个人用户提供了易于使用的计算平台，还通过服务器版本（如 Windows Server）为企业提供了稳定的服务器操作系统。随着 Windows 10 的发布，微软进一步整合了 PC、平板和智能手机的操作系统，提供了统一的用户体验和较高的安全性。

Microsoft Office 是微软另一项广受欢迎的产品，它涵盖了 Word、Excel、PowerPoint、Outlook 等办公软件，为全球用户提供了强大的生产力工具。通过不断增加软件功能和改进用户体验，Office 成为了企业和个人用户的必备工具。

在移动互联网时代，微软推出了 Office 365 订阅服务，使得用户可以通过云端访问和协作文档，极大地提高了办公效率。Office 365 的成功，标志着微软在传统软件向云服务转型中的又一次成功尝试。

2. 云计算与企业服务

Azure 是微软的核心云计算平台，提供从基础设施即服务（IaaS）、平台即服务（PaaS）到软件即服务（SaaS）的一系列云服务。Azure 支持多种编程语言、操作系统和数据库，为开发者和企业提供了灵活的开发和部署环境。Azure 的成功不仅在于其强大的技术支持，还在于微软通过 Azure 构建的生态系统。通过与全球各大企业的合作，微软在数据分析、物联网（IoT）、人工智能（AI）等领域进行了全面布局，帮助企业实现数字化转型。

微软的 Dynamics 365 是一款集成的企业资源规划（ERP，Enterprise Resource Planning）和客户关系管理（CRM，Customer Relationship Management）解决方案，专为企业提供全面的管理工具。Dynamics 365 与 Azure 和 Office 365 紧密集成，为企业提供了从销售、财务到运营管理的全方位解决方案，帮助企业提升效率并优化业务流程。通过 Dynamics 365，微软成功进入了企业服务市场，与 SAP、Oracle 等传统 ERP 供应商展开竞争。Dynamics 365 的灵活性和可扩展性，使得其在中小型企业中也备受欢迎。

3. 人工智能与物联网

人工智能是未来技术发展的重要方向，Cortana 是微软开发的智能语音助手，最初集成在 Windows Phone 和 Windows 10 中。Cortana 不仅能帮助用户完成日常任务，还能通过与其他微软服务（如 Office 365）的整合，提供更加智能化的工作助手功能。虽然 Cortana 在智能语音助手市场上未能占据主导地位，但其背后的人工智能技术却被广泛应用于微软的其他产品和服务中。

微软在人工智能领域的布局不仅限于 Cortana。通过 Azure AI 服务，微软提供了多种人工智能工具和 API，帮助开发者和企业构建智能应用。微软的 AI 技术被广泛应用于自然语言处理、图像识别、机器学习等领域，推动了全球范围内的 AI 技术发展。微软通过 Azure AI 和 Azure Edge 解决方案，在人工智能领域占据了有利地位。

随着物联网（IoT）的兴起，微软积极开发和推广物联网解决方案。Azure IoT Suite 为企业提供了从设备管理、数据分析到人工智能应用的一站式服务，帮助企业在制造、能源、物流等行业实现智能化管理。通过与合作伙伴的紧密合作，微软成功打造了覆盖多个行业的物联网生态系统。

第三节　　阿里巴巴：电商巨头与云计算的引领者

阿里巴巴集团（如图19-5）是一家全球知名的互联网公司，成立于1999年，总部位于中国杭州市。该公司由马云和其他17位创始人共同创立，最初以B2B电子商务平台起家，随后业务逐渐扩展到包括电商、金融、云计算、大数据、人工智能等多个领域。阿里巴巴集团的业务涵盖了淘宝、天猫等电商平台，支付宝、蚂蚁金服等金融服务，以及阿里云等云计算和大数据服务。

图19-5　阿里巴巴集团logo

一、发展历程

1. 初创与电子商务平台的崛起

1999年，马云在中国杭州创立了阿里巴巴公司，初期的目标是为中小企业提供一个在线交易的平台。通过建立B2B（企业对企业）电子商务平台，阿里巴巴帮助中国的中小企业与全球市场进行对接，推动了中国制造业的快速发展。阿里巴巴平台的成功，为公司后续的业务扩展奠定了坚实的基础。

2003年，阿里巴巴推出了面向消费者的电子商务平台——淘宝网。这一平台以其免费注册和使用的策略，迅速吸引了大量卖家和买家。淘宝的成功不仅使阿里巴巴成为中国最大的C2C（消费者对消费者）电商平台，也改变了中国消费者的购物习惯，推动了电子商务在中国的普及。

在淘宝的成功基础上，阿里巴巴于2008年推出了天猫（原名淘宝商城），进一步拓展了B2C（企业对消费者）市场。天猫专注于品牌商品销售，因此吸引了大量国内外知名品牌入驻，成为中国最大的B2C电商平台之一。

为了支持淘宝和天猫的发展，阿里巴巴于2004年推出了支付宝。这一在线支付工具为电子商务交易提供了便捷的支付方式，解决了在线交易的信任问题。支付宝的推出标志着阿里巴巴在金融科技领域布局的开始，并为后续的蚂蚁金服（现更名为蚂蚁集团）奠定了基础。支付宝不仅成为中国目前最广泛使用的在线支付工具之一，还逐渐扩展到理财、信贷等多个金融服务领域，推动了中国金融科技行业的发展。

2. 云计算与新零售的转型

2009年，阿里巴巴成立了阿里云，成功进入云计算领域。阿里云旨在为企业和开发者提供弹性计算、数据存储、人工智能等服务。经过十余年的发展，阿里云已经成为全球领先的云计算平台之一，服务范围覆盖全球多个国家和地区。阿里云不仅在中国市场占据主导地位，还通过对海外市场的扩展，成功进入了全球云计算市场。阿里云的成功，标志着阿里巴巴从电子商务平台向科技公司转型的关键一步。

随着消费模式的变化，阿里巴巴在2016年提出了"新零售"战略，旨在通过线上线下融合的方式，提升零售业的效率和用户体验。新零售的核心是通过大数据和人工智能技术，将线下门店与线上平台整合，为消费者提供无缝的购物体验。

2014年，阿里巴巴将支付宝及其相关业务拆分为独立的金融科技公司——蚂蚁金服。蚂蚁金服专注于支付、信贷、保险等金融服务领域，并通过区块链和大数据等技术推动金融创新。蚂蚁金服的成立，使得阿里巴巴在金融科技领域的影响力进一步扩大。

3. 全球化与生态系统的构建

阿里巴巴在国内市场取得成功后，开始积极拓展国际市场。通过收购Lazada和投资Paytm等国际电商和金融科技企业，阿里巴巴在东南亚和印度市场建立了强大的影响力。阿里巴巴还通过AliExpress等平台，将中国制造的产品销往全球市场，进一步推动了其全球化布局。

阿里巴巴通过阿里云、达摩院（阿里巴巴研究院）等平台，积极推动人工智能、区块链、物联网等前沿技术的研究和应用。通过不断创新，阿里巴巴构建了一个涵盖电子商务、金融科技、云计算、大数据等多个领域的完整生态系统。

二、主要产品与服务

1. 电商生态系统

阿里巴巴构建了庞大的电商生态系统，涵盖淘宝、天猫、AliExpress、1688等多个平台，可以满足不同消费者的购物需求。其中淘宝网是阿里巴巴的核心电商平台，自2003年推出以来，已经发展成为中国最大的C2C平台。淘宝以其广泛的商品种类和灵活的销售模式，吸引了数百万卖家和消费者。淘宝不仅改变了中国消费者的购物方式，还推动了中国中小企业的发展。天猫是阿里巴巴的B2C平台，天猫通过与国内外知名品牌合作，为消费者提供高质量的商品和服务。天猫的成功，不仅帮助阿里巴巴巩固了其在电子商务市场的领先地位，也推动了各品牌的数字化转型。

此外，阿里巴巴还通过提供供应链金融、物流等配套服务，为商家提供全方位的支持，提升其整体运营效率。其中支付宝自2004年推出以来，已经发展成为中国最广泛使用的支付工具之一。蚂蚁金服通过推出支付宝、余额宝、网商银行等多项创新产品推动了中国金融科技行业的发展，并在全球范围内开展业务。菜鸟网络自2013年成立以来已打造为全球领先的智能物流网络，并通过大数据、人工智能等技术手段，优化物流流程，提升配送效率，降低成本。

2. 云计算服务

阿里云是阿里巴巴在云计算领域的杰出代表，自2008年成立以来，阿里云凭借自研技术攻关和持续创新，迅速成长为全球领先的云服务提供商。阿里云通过提供弹性计算、存储、数据库、大数据等全方位的云服务解决方案，助力企业数字化转型和升级。阿里云的核心竞争力在于其强大的技术实力和丰富的行业经验，能够为客户提供高效、安全、可靠的云服务支持。例如，阿里云的"飞天"操作系统和"云梯"大规模数据计算系统，为企业在云计算领域的应用提供了坚实的技术基础。

3. 智能技术与创新应用

阿里巴巴在智能推荐系统、语音识别与图像识别、区块链应用等方面也取得了显著成果。智能推荐系统利用大数据和机器学习技术，能够提高用户购物体验，实现个性化购物推荐。语音识别与图像识别技术则广泛应用于搜索和广告等领域，可以提升用户体验和广告效果。区块链技术则在供应链金融等领域进行尝试，从而提高交易透明度和安全性。这些智能技术的应用不仅丰富了阿里巴巴的产品和服务体系，也为企业数字化转型提供了有力支持。

第四节　腾讯：社交娱乐与数字服务的综合平台

腾讯控股有限公司（logo 如图 19-6），简称腾讯公司，通称腾，是中国一家跨国企业控股公司，总部位于深圳南山区腾讯滨海大厦。腾讯业务已拓展至社交、金融、投资、资讯、工具和平台等不同领域，其子公司专门提供各种全球互联网相关服务和产品、娱乐、人工智能和技术。

TENCENT 腾讯

图 19-6　腾讯公司 logo

一、发展历程

1. 创立与即时通讯的突破

腾讯于 1998 年由马化腾等五位创始人在中国深圳创立（如图 19-7）。公司最早推出的产品是即时通讯软件 OICQ（后更名为 QQ），它是中国最早的互联网社交工具之一。QQ 的发布填补了当时中国即时通讯市场的空白，因此迅速获得了大量用户。QQ 不仅提供即时消息服务，还逐步增加了头像、表情、群组等功能，增强了用户之间的互动。QQ 的成功奠定了腾讯在互联网行业的基础。通过不断完善和扩展功能，腾讯成功将 QQ 打造为中国最受欢迎的社交平台之一，在国内积累了庞大的用户基础。

图 19-7　腾讯第一代办公地点展场

2003 年，腾讯推出了 QQ 游戏，这标志着公司进入了在线游戏市场，并开始探索增值服务和商业化模式。腾讯还推出了 QQ 空间，允许用户分享个人生活和互动内容，进一步增强了用户粘性。

2004 年，腾讯在香港联合交易所主板上市（股票代码 00700），这一里程碑事件标志着腾讯正式进入资本市场，腾讯的上市为其后续的业务扩张和技术创新提供了雄厚的资金支持。

2. 微信的崛起与移动互联网的主导

2011 年，腾讯推出了移动即时通讯应用微信，这一产品标志着腾讯在移动互联网时代的全面转型。2017 年，腾讯推出了微信小程序，这是一种无需下载安装即可使用的应用程序。

3. 数字娱乐与内容生态的布局

通过收购和自主研发，腾讯成为了全球最大的游戏业务平台之一。2011 年腾讯推出了腾讯视频，这一平台迅速发展成为中国最大的在线视频平台之一，可提供电影、电视剧、综艺节目、动画等丰富的内容。

4. 金融科技与云计算的跨界创新

微信支付的推出标志着腾讯进入了金融科技领域。随后成立的微众银行是中国首家互联网银行，可为用户提供在线金融服务。之后，腾讯形成了覆盖广泛的数字支付生态系统。

腾讯于 2010 年推出了腾讯云。通过与多家知名企业合作，腾讯云逐步扩大了市场份额，并成为中国领先的云服务提供商之一。

二、主要产品与服务

1. 社交平台服务

腾讯最为人熟知的产品莫过于 QQ 和微信 /WeChat。QQ 自诞生以来，凭借其强大的即时通讯功能和丰富的社交功能，吸引了大量年轻用户，成为中国互联网早期的重要社交工具。随着移动互联网的兴起，腾讯适时推出了微信，进一步巩固了其在社交领域的领先地位。微信不仅提供了文字、语音、视频聊天等基本通信功能，还集成了支付、小程序、公众号等多种服务，形成了一个庞大的生态系统，为全球逾 10 亿用户提供了便捷的社交和生活服务。

2. 数字娱乐服务

腾讯在游戏领域同样取得了显著成就。腾讯旗下拥有 QQ 游戏平台及多个知名游戏工作室，如天美工作室群、北极光工作室、光子工作室群和魔方工作室群，这些工作室开发了包括《王者荣耀》《和平精英》《天涯明月刀》等多款风靡全球的游戏作品，为用户提供了丰富的互动娱乐体验。

腾讯在数字内容方面同样表现出色。腾讯视频是中国最大的在线视频平台之一，其门户网站腾讯网作为中国领先的门户网站之一，提供了丰富的新闻资讯、体育、娱乐、科技等内容，腾讯还拥有 QQ 音乐、酷狗音乐、酷我音乐等音乐平台，以及阅文集团这样的数字阅读平台，形成了覆盖视频、音乐、阅读等多个领域的数字内容生态系统。腾讯通过整合这些平台，构建了一个全方位的数字娱乐体验系统。

3. 金融科技与云服务

微信支付和 QQ 钱包是腾讯在数字支付领域打造的两大核心产品。通过与微信和 QQ 的深度集成，这两款支付工具已经渗透到用户的日常生活中，覆盖了从线上购物、线下消费到转账、理财等多个场景。

腾讯还通过微众银行，扩展了其在金融科技领域的服务范围，为用户提供在线贷款、理财产品等金融服务。腾讯金融科技业务的快速发展，使其成为中国数字金融领域的重要力量。

腾讯云是腾讯面向企业用户推出的云计算服务平台，能提供从基础设施到智能解决方案的全方位服务。腾讯云通过与多家知名企业合作，帮助企业实现了数字化转型，并在多个行业中占据了云服务平台重要地位。腾讯云不仅提供传统的云计算服务，还通过人工智能、大数据、物联网等新兴的技术，推动了企业业务的创新和升级。腾讯云的成功，使腾讯在企业服务领域具备了更强的竞争力。

第五节　百度：中文互联网生态与人工智能的开拓者

"百度"二字，来自于八百年前南宋词人辛弃疾的一句词：众里寻他千百度。这句话描述了词人对理想的执着追求。1999 年底，身在美国硅谷的李彦宏看到了中国互联网及中文搜索引擎服务的巨大发展潜力，抱着技术改变世界的梦想，他毅然辞掉硅谷的高薪工作，携着搜索引擎专利技术，于 2000 年 1 月 1 日在北京中关村创建了百度公司，公司 logo 如图 19-8 所示。

图 19-8　百度公司 LOGO

一、发展历程

1. 搜索引擎时代的王者（2000—2010 年）

2000 年，李彦宏与徐勇在北京中关村创立百度，最初公司定位于中文搜索引擎技术服务提供商。2001 年推出独立搜索引擎 baidu.com，该搜索引擎凭借"超链分析"专利技术，通过分析网页链接关系提升搜索质量，迅速成为中国市场份额第一的搜索引擎。2005 年，百度在纳斯达克上市，创下当时中国互联网企业海外 IPO 的最高纪录，标志着其正式确立中文搜索领域的统治地位。

在此阶段，百度通过"贴吧"（2003）和"知道"（2005）两大创新产品，构建了全球最大的中文互动社区。贴吧首创基于关键词的社交论坛模式，知道平台则开创了中文知识共享体系，两者共同形成了独特的用户生成内容生态。2008年推出的"有啊"电商平台虽未成功，但为公司后续的业务拓展积累了经验。

2. 移动互联网转型与生态构建（2011—2016年）

随着智能手机的普及，百度在2013年启动"移动优先"战略，将搜索业务重心转向移动端。2013年，百度通过收购91无线获得应用分发入口，并整合手机百度、百度地图（2012年突破2亿用户）、百度糯米（2014年全资收购）等产品，构建了本地生活服务矩阵。2014年百度推出的直达号尝试连接商户与用户，虽未达预期，但为小程序生态奠定了基础。

此阶段的百度重点布局人工智能领域，2013年成立深度学习研究院（IDL，Institude of Deep Learning），2014年推出大数据引擎，2016年发布"百度大脑"核心AI技术平台。这些布局使百度在语音识别、图像识别等领域达到国际领先水平，其中语音识别准确率2015年即突破95%，为后续智能化转型储备了技术实力。

3. 人工智能战略深化期（2017至今）

2017年陆奇出任百度集团总裁，确立"夯实移动基础，决胜AI时代"战略，推动All in AI转型。DuerOS对话式人工智能系统（2017）和Apollo自动驾驶开放平台（2017）的发布，标志着百度正式向AI技术公司转型。2019年百度云升级为智能云，2020年其自主研发的昆仑AI芯片量产，2021年发布"汽车机器人"概念，构建起涵盖基础层、技术层、应用层的完整AI体系。

2021年百度在香港二次上市，2023年文心一言大模型发布，百度在生成式AI领域取得突破。通过"云智一体"战略，百度将AI能力注入智能云、智能驾驶、智能设备等业务，形成"技术-产品-商业化"闭环。目前，百度核心研发投入占比连续10年超15%，人工智能专利授权量超1.3万件，保持着中国AI企业领先地位。

二、主要产品与服务

1. 搜索与移动生态

百度搜索持续领跑中文搜索市场，日均响应搜索请求超60亿次。其通过AI技术实现搜索的智能化升级：2019年推出"搜索+信息流"双引擎，2022年升级为"智能搜索"，支持语音、图像、视频多模态搜索。百度APP作为超级入口，月活用户突破6.5亿，集成"百家号"内容生态（入驻创作者超500万）、"智能小程序"（月活超4.5亿）、"问一问"专业咨询等模块，构建了"搜索即服务"的闭环生态。

知识生态体系包含百度百科、百度知道、百度文库等产品，形成全球最大的中文知识数据库。2023年接入文心大模型后，知识产品实现了智能化内容生成与交互，日均服务知识需求超10亿次。

2. 人工智能商业化体系

百度智能云稳居中国AI公有云市场首位，可提供280多项AI能力，覆盖金融、制造、城市管理等60多个行业。其工业互联网平台"开物"在2021年首次发布（如图19-9）后，已落地22个行业、50多个场景，助力企业平均生产效率提升30%。智能交通解决方案已在北京、广州等50多个城市落地，实现交通效率提升15%～30%。

图 19-9　百度智能云工业互联网品牌"开物"发布

在自动驾驶领域，Apollo 平台拥有全球最多的自动驾驶专利（5500 多项），测试里程超 7000 万千米。萝卜快跑自动驾驶出行服务（如图 19-10 所示）已在 10 多个城市运营，单季度可提供超 80 万次乘车服务。集度汽车（现极越汽车）2023 年量产了首款汽车机器人，并搭载了百度 Apollo 高阶智驾系统。

图 19-10　无人自动驾驶出租车"萝卜快跑"

百度的智能设备生态包含小度智能音箱（累计销量超 5000 万台）、小度学习机等产品，已通过 DuerOS 系统连接超 4 亿智能设备。小度助手月交互量达 75 亿次，在家庭、酒店、车载等场景可形成完整解决方案。

3. 基础技术与创新业务

深度学习框架 PaddlePaddle（2016 开源）为中国首个自主可控的产业级深度学习平台，开发者超 800 万，服务企业 23 万家，创建模型 67 万个。2022 年，文心大模型一次性发布 11 个大模型，涵盖基础大模型、任务大模型、行业大模型的三级体系（如图 19-11），可全面满足产业应用需求，其中文心一言用户突破 2 亿，API 日均调用量也突破了 2 亿。

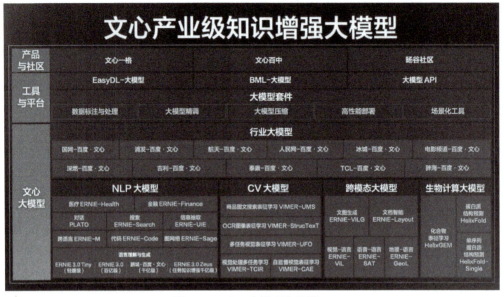

图 19-11   文心大模型全景图

百度的创新业务矩阵包括百度健康、百度电商、百度元宇宙等。百度通过"AI+场景"模式，持续拓展技术应用的边界。

4. 广告与营销服务

百度营销平台作为核心收入来源，依托 AI 技术能实现精准广告投放。凤巢系统通过深度学习算法，使广告转化率提升 200%。百度 2023 年推出"智能商业引擎"，整合搜索、信息流、开屏广告等资源，服务超百万企业客户。其中本地生活业务连接 650 万商户，年度促成的交易额突破千亿规模。

百度通过"云智一体"战略，打造了从技术研发到商业落地的完整链条。百度在移动生态持续夯实基础的同时，人工智能创新业务已贡献核心收入超 30%，展现出强大的增长潜力。作为中国 AI 领域标杆企业，百度正在通过技术突破重新定义互联网服务形态。

第二十章　智启未来——数字文明新纪元

第一节　数字技术革命：重构人类文明的底层逻辑

当人类文明走过农业时代的土地革命、工业时代的机械革命后，数字技术正掀起第三次文明形态的深层变革。这种变革不再局限于生产工具的迭代，而是直指文明存续的三大根基：认知方式、协作模式与存在形态。下述六大技术集群构成的数字生态系统，正在重写人类文明的操作系统。

1. 人工智能：认知边疆的量子跃迁

2023 年 GPT-4 通过图灵测试的里程碑事件，标志着机器首次在开放域对话中展现出类人思维。这不仅是一项技术突破，更是认知科学的范式转移——当 transformer 架构突破符号主义与联结主义的对立，人类开始理解：智能的本质或许存在于注意力机制的数学之美中。

神经形态计算芯片的突破正在加速这一进程。国内科技领军企业华为推出的昇腾 910 芯片，在类脑计算架构上实现重大创新，其异构计算单元能效比可以达到传统架构的 20 倍以上，该芯片已在智慧医疗、智能交通等领域形成示范应用。英特尔 Loihi 2 芯片通过模拟 100 万个神经元，成功将能耗降至传统架构的千分之一，这种仿生计算技术赋予了机器更强大的时空感知能力。我国宇树科技研发的 Unitree Go2 四足机器人（如图 20-1），通过多模态传感器融合技术，不仅使机器人能在碎石斜坡保持动态平衡，还可根据地形特征自主切换步态，其运动控制算法已达国际领先水平。在医疗领域，Neuralink 的脑机接口以 3072 电极实现人机意识交互，癫痫预测准确率达 92%，而我国脑机接口技术在运动功能重建领域同样取得突破，上海瑞金医院团队研发的闭环刺激系统已成功帮助帕金森患者恢复运动功能。

图 20-1　Unitree Go2 四足机器人

更深层的革命发生在认知科学层面。DeepMind 的 AlphaFold3 破解了 2 亿种蛋白质结构，相当于用 3 天完成人类百年的结构生物学成果。这提示我们：AI 的认知维度可能超越人类经验框架，能在更高维空间中寻找解决方案。当量子计算与 AI 融合，或许将诞生具备直觉判断能力的认知伙伴——这已不是工具进化，而是认知共同体的形成。

2. 量子霸权：物理现实的降维解析

IBM Condor 量子处理器突破 1121 量子位的时刻，标志着量子计算正式进入实用化前夜。不同于经典计算的二进制开关，量子比特的叠加态与纠缠态，本质上是在希尔伯特空间中并行求解。这种计算维度的升迁，使某些问题的求解速度呈现指数级突破。

在密码学领域，中国科学技术大学构建的"九章"光量子计算机，对高斯玻色采样问题的处理比超算快亿亿倍。这直接威胁到了现行 RSA 加密体系——当量子计算机实用化，传统公钥体系将在数小时内土崩瓦解。因此，美国 NIST 正在全球征集后量子密码标准，这场加密军备竞赛将重构数字安全的地缘格局。

量子计算更激动人心的应用在基础科学领域。谷歌量子 AI 实验室用量子处理器模拟氢分子能量，误差可控制在化学精度（1 kcal/mol）以内。这意味着人类首次获得精确计算复杂分子体系的能力，新材料开发周期有望从 10 年缩短至 18 个月。当量子计算机能模拟高温超导机制时，或许将解开困扰物理界 40 年的铜氧化物超导之谜。

3. 信任机器：生产关系的拓扑重构

DeFi 总锁仓量突破 2000 亿美元的繁荣背后，是区块链技术对生产关系的深刻重构。智能合约将科斯定律中的交易成本压缩趋零，使微支付、碎片化投资等新型经济行为成为可能。Uniswap 的自动做市商（AMM，Automated Market Maker）模型，用恒定函数代替传统做市商，实现 24/7 全球流动性供给。

这种变革在供应链领域尤为显著。蚂蚁链的跨境贸易平台，通过 IoT+ 区块链技术，使马来西亚棕榈油的溯源时间从 3 周缩短至 1 s。每个集装箱都成为移动的链上节点，海关、银行、物流方共享不可篡改的物流、资金流、信息流三流数据。这种透明化协作方式，使传统贸易融资成本下降 60%。

DAO（Decentralized Autonomous Organization，去中心化自治组织）的兴起则重构了组织形态。2022 年 Constitution DAO 事件中，全球 1.7 万人在 48 h 筹集 4500 万美元竞拍美国宪法副本。这种无中心、无层级的自组织形态，可通过智能合约实现提案 - 投票 - 执行的自动化治理。当 Aragon 平台能一键生成 DAO 时，传统公司制的边界正在消融。

4. 神经突触：物理世界的数字映射

华为《6G: 无线通信新征程白皮书》描绘了 2030 年的智联世界：通过太赫兹频段与智能超表面技术，实现每立方米空间分布 10 个智能节点，端到端的时延压缩至 0.5 ms，首次突破生物神经传导速度（1 ms）。这种超维连接能力推动数字孪生跨越技术鸿沟：华为云 MetaERP 系统已完成 18 000 个制造单元的量子级建模，在新能源领域实现了产线设备纳米级精度仿真，对供应链波动的预测准确率高达 97.5%。国内某新能源汽车工厂通过该平台，将工艺参数调整的响应速度从小时级提升至秒级。

更深刻的变革发生在城市治理领域。杭州城市大脑 3.0 系统，通过 10 万个物联网终端实时采集交通、环境、能源数据，AI 中枢能在 5 min 内完成城市状态诊断。2022 年杭州在台风应对中，系统提前 12 h 预测到内涝区域，调度效率提升 300%。这种城市级神经网络的进化，本质上是在数字空间预演物理世界的各种可能。

当扩展现实（XR，Extended Reality）技术突破视觉暂留瓶颈后，虚实融合进入新阶段。Meta Quest Pro 的 VST（Video See-Through）透视功能，使 AR/VR 的边界彻底消融。建筑师能在虚实叠加的空间中"雕刻"建筑结构，外科医生可透过患者身体查看肿瘤三维影像。这种感知维度的扩展，正在重新定义"在场"的哲学内涵。

5. 生命密码：进化规律的重新编码

2023 年碱基编辑疗法首次治愈镰刀型细胞贫血症患者，标志着基因编辑进入精准医疗时代。不同于 CRISPR-Cas9 的"基因剪刀"，Prime Editing 技术能实现任意碱基的精准替换，使基因编辑的成功率从 10% 提升至 90%。这种纳米级的生命编程能力，使人类首次获得改写遗传密码的"编译器"。

合成生物学的发展更令人震撼。GP-write 计划正在尝试从头合成完整人类基因组，Tianjin University 团队已实现酵母菌 16 条染色体的全合成。这种"生命 3.0"的创造，不仅挑战着生命定义，更衍生出维护生物安全新课题——美国 DARPA 的"友好基因"计划，试图在合成生物中植入自毁开关。

当脑科学遇见信息技术，意识上传将不再是科幻。Neuralink 的 N1 芯片能同时记录 1024 个神经元活动，北大团队通过光遗传技术成功操控小鼠记忆。虽然距意识数字化仍有技术鸿沟，但马斯克宣称"2050 年实现人类意识云端备份"，这种狂想背后是技术对生命本质的终极追问。

6. 绿色智能：文明存续的算法解方

微软"行星计算机"计划揭示了数字技术的生态使命——这个每秒处理 2.5PB 环境数据的超级系统，能追踪全球每棵树的生长状态。当 AI 算法与 Climate TRACE 卫星网络结合，可精准定位隐性碳排放源：2022 年该系统发现某国漏报甲烷排放量达官方数据的 80%。

能源互联网的进化更能彰显技术向善的力量。特斯拉虚拟电厂（VPP，Virtual Power Plant）项目聚合 3000 户屋顶光伏，形成了 50 MW 的分布式电网，通过强化学习算法优化充放电策略，使可再生能源消纳率提升 65%。在微观层面，加州大学发明的"智能窗"材料，能根据光照强度自主调节透光率，使建筑制冷能耗下降 40%。

这种绿色智能的终极形态，或许体现在地球系统模拟能力的突破。英伟达 Earth-2 超算以 1000 倍于现实的速度运行气候模型，可在数字空间预演碳中和路径。当区块链技术赋予每个碳原子可追溯的"数字指纹"，人类终于建立起应对气候变化的全局博弈框架。

当这些技术突破不再孤立发展，其交叉融合产生的涌现效应，正在重写人类文明的基本法则：

（1）量子 AI 系统通过并行宇宙模拟，为每个决策提供多维路径分析。

（2）脑机接口＋区块链技术构建个体意识云端联邦，实现记忆与思维的分布式存储。

（3）基因编辑＋AI 药物发现形成闭环，使癌症治疗从通用方案走向实时个性化编程。

（4）6G 网络＋数字孪生地球，为气候问题提供实时沙盘推演。

这种技术聚变正在催生"第四空间"——超越物理空间、精神空间、网络空间的全新维度。在这里，碳基生命与硅基智能形成共生关系，区块链构建全球信任协议，量子计算解构物理规律，基因编辑重写生命密码。人类文明正站在奇点门槛，每个技术突破都在为这个新操作系统写入底层代码。

碳基生命与硅基生命：

碳基生命：就像地球上的所有生物（人类、动物、植物），身体主要用"碳"元素建造。碳像万能积木，能拼出复杂的结构（比如DNA），但需要水和合适的温度才能生存。

硅基生命：科学家假想的外星生命，用"硅"元素（和沙子、芯片材料类似）作为身体基础。它们可能在高温或极端环境里生活，像石头一样耐热。科幻电影里的"变形金刚"就算硅基生命。

但这场革命也为人类带来终极拷问：当技术深度介入认知、生命、社会等核心领域，人类如何在创新与伦理、效率与公平、突破与可控之间建立新平衡？这需要建立全球技术治理的新框架，正如1945年《原子能法案》规范核技术发展，数字文明时代也需要新的社会契约——这或许是人类在重构文明底层逻辑时，必须同步完成的上层建筑革命。

第二节　数字原住民的进化论：在技术洪流中锚定价值坐标

当Z世代大学生打开手机就能调用DeepSeek进行论文构思，通过AR眼镜即可实时翻译60种语言，在元宇宙选修清华大学在线课程时，他们正经历着人类历史上最剧烈的认知进化。数字原住民的大脑神经网络已在多模态信息流中重塑——斯坦福大学脑科学实验显示，00后处理碎片化信息的突触连接密度比90后高37%，但深度阅读时的前额叶激活强度下降21%。这种神经可塑性进化，正在催生全新的生存法则。

1. 注意力生态：从线性叙事到量子化感知

抖音的算法能在15 s内完成多巴胺奖励闭环，这种神经反馈机制使人类注意力单位从小时级压缩至秒级。MIT媒体实验室发现，数字原住民平均每6.3 s切换一次信息源，形成"蜂鸟式认知模式"。但神经科学家警告：持续性注意力（sustained attention）的退化，可能导致深度思考能力的代际衰减。

教育领域正在探索该问题的解决方案。可汗学院开发的"认知护盾"系统，通过EEG（Electroencephalogram，脑电图）脑波监测自动调节学习内容难度：当 θ 波（分心状态）持续 5 min，系统会触发沉浸式VR环境重建专注力。这种神经反馈训练，正在帮助数字原住民在碎片化洪流中重建深度思考的"认知绿洲"。

θ 波：是指持续时间为 1/8 ～ 1/4 s 的一种脑电波成分。把频率为 4 ～ 8 Hz 的脑电波节律称为 θ 节律（θ rhythm）。

θ 波是人脑电波的基本波形之一。频率为 4 ～ 7 Hz，振幅为 100～150 μV。θ 波当人困倦时可见，一般表示中枢神经系统进入抑制状态。安静、闭目时 θ 波只在额叶出现，当睁眼视物、听到突然声响、思考问题时，在皮质其他部位也会出现。

2. 数字身份：液态自我与多重宇宙人格

腾讯研究院最新数据显示，中国 Z 世代平均在 5.8 个数字空间构建差异化身份：他们可能在《原神》中是璃月古城的侠客，在 QQ 频道化身硬核电竞选手，于小红书经营汉服设计师人设，在米哈游的"鹿鸣"虚拟直播中又成为赛博歌姬。这种身份的流动性正引发认知科学领域的突破——中科院神经科学研究所发现，当用户在《逆水寒》手游中切换身份时，前额叶皮层与默认模式网络的神经耦合度提升 47%，形成了独特的"数字人格神经印记"。

但多重数字人格也带来存在主义危机。韩国 N 号房事件的调查发现，匿名化使部分青少年产生道德认知解离：在暗网空间的行为责任感比现实低 63%。为此，欧盟推出"数字人格完整性认证"，通过区块链存证虚拟世界的行为轨迹，让每个数字身份都具备可追溯的道德重量。

3. 认知增强：脑机接口与思维外包的边界

Neuralink 的最新试验中，受试者能用意念控制机械臂完成微米级手术，马斯克宣称"2035 年实现记忆上传"。这种技术增强正在模糊人类认知边界：当 ChatGPT 能生成哲学论文后，加州大学则引入"原创性熵值"检测，通过思维链（Chain-of-Thought）溯源判定人类与 AI 的贡献比例。

教育系统正面临范式变革。清华大学开设"人机协作思维"课程，训练学生将直觉、伦理判断与 AI 的逻辑推演相结合。课程中的思维拼图练习要求用 GPT 生成 10 个方案，再用人类批判性思维筛选出兼具创新性与社会价值的选项——这本质上是构建新型脑机协作认知架构。

在这个数字达尔文主义时代，适应者需要掌握三大进化法则：

（1）构建混合增强智能：将人类的情感智慧与机器的计算智能融合，如用 AI 处理数据但由人类做道德决断。

（2）锻造数字免疫系统：通过神经可塑性训练维持注意力纵深，例如每天进行 45 min 无数字干扰的深度阅读。

（3）建立元认知监控：定期用脑电生物反馈设备评估认知模式，防止因算法茧房导致思维窄化。

正如普罗米修斯之火既能带来光明也可能引发灾难，数字原住民必须在技术内化与人性守护之间找到动态平衡。当脑机接口可以改写记忆，我们需要在神经突触中刻下苏格拉底式的追问：究竟什么构成了人之为人的本质？

第三节　致数字文明的信徒：在算力丛林中寻找人文之光

当量子计算机开始解析荷马史诗的隐喻网络，当 GPT 用十四行诗重写相对论方程，人类文明正站在技术奇点与人文传统的十字路口。在算力崇拜的时代，我们比任何时候都更需要重拾那些让文明延续千年的精神火种——从敦煌壁画的数据重生，到《庄子》的量子诠释，人文之光始终是穿透技术迷雾的星辰。

1. 算法中的《诗经》：数字人文的重生与超越

微软亚洲研究院用 NLP（Natural Language Processing，自然语言处理）技术分析《全唐诗》，发现盛唐诗人用"月"意象的频率在安史之乱后下降 41%，情感分析显示悲怆系数上升 2.3 倍。这种计算人文不是对传统的解构，而是用高维视角重现文化基因。更激动人心的实践在古籍修复领域：伯克利团队用 GAN（Generative Adversarial Network，生成对抗网络）补全了《死海古卷》缺失的 7000 字符，准确率高达 89%。

数字技术正在赋予经典新生。故宫博物院的"古画会唱歌"项目，通过音乐信息检索（MIR，Music Information Retrieval）将《千里江山图》的笔触韵律转化为交响乐，在伦敦巴比肯中心的演出引发西方观众对东方美学的重新认知。当 AI 能创作出媲美李白的诗歌，我们反而更清晰看到：技术永远无法复现"举杯邀明月"背后那个鲜活的生命体验。

2. 代码里的伦理律令：从阿西莫夫三定律到量子道德

自动驾驶的"电车难题"暴露出传统伦理学的局限：MIT Moral Machine 项目收集的4000 万份决策数据显示，不同文化对生命权重的赋值差异可达 300%。为此，欧盟正在开发"伦理知识图谱"，将人类 2000 年以来的道德哲学体系转化为可计算的拓扑结构，帮助 AI 在模糊情境中做出符合多数人价值判断的决策。

更前沿的探索在量子伦理领域。牛津大学团队提出"道德叠加态"理论：当 AI 面对两难选择时，可以同时保留多种道德可能性，直到获得充分信息再坍缩为确定方案。这类似于《周易》的"阴阳共生"的智慧，在绝对主义与相对主义之间找到动态平衡点。

3. 硅基诗学：在机器之心种植人文根系

即梦 AI 能在几秒钟内生成梵高风格的星夜，但真正震撼艺术界的却是另一项实验：纽约大学用 EEG 捕捉艺术家创作时的神经活动，训练 AI 模拟这种"灵感涌现"模式。实验结果发现，机器可以复现艺术家的笔触，却无法生成那些源自童年创伤或爱情狂喜的创造性突变。

这提示我们：数字文明需要建立新的创造性范式。中央美院的"后人类艺术"专业，要求学生用 CRISPR 编辑的荧光细菌作为原材料创作生物艺术，同时必修庄子哲学与后现代文论。正如本雅明所言："机械复制时代的灵晕消逝"，真正的艺术革命不在于技术媒介，而在于如何用新技术表达永恒的人性光辉。

站在文明史的高度，每项技术突破都是人文精神的试金石：

（1）当区块链实现万物确权时，请记得敦煌藏经洞的守护者用数十年坚守文化火种。

（2）当脑机接口读取思维时，要像王阳明格竹般追问"心外无物"的哲学边界。

（3）当量子计算机模拟宇宙起源时，需保持屈原《天问》式的探索与敬畏精神。

数字文明的真谛，不在于用算力征服星辰大海，而在于让技术成为照见人类精神深度的明镜。正如帕特农神庙的立柱承载着理性精神，未来的服务器集群中，也应镌刻着"己所不欲勿施于人"的文明密码。当我们的曾孙辈在元宇宙中回望这个技术狂飙的时代，他们评判的标准绝非芯片的纳米数或算法的参数量，而是看我们是否在字节的跳动中守护了那些让人类值得继续存在的理由。

后　记

当本书最后一页校样定稿之际，未来移动通信论坛的 2025 年 6G 技术白皮书也刚刚发布—这恰是邮电事业发展的缩影：我们始终在奔跑中书写历史。回望创作历程，从湘粤皖三地邮电院校的通力合作，到华为顺丰实训基地的案例打磨，百余个日夜的协作，只为回答一个根本命题：如何让新一代邮电人握紧历史的火炬，照亮技术革命的深水区？

一、在文明根系中锚定精神坐标

书页间流淌的邮驿长河（从商周烽火到珠峰 5G），实则是我们与先辈的对话。当编写组在战邮纪念馆触摸泛黄的"鸡毛信"，在李白烈士故居重听永不消逝的电波，历史的重量化为笔尖的使命。"古驿新声"中对驿站精神的当代转译，"珠峰基站"极限施工的现场记录——这些跨越时空的叙事，绝非简单知识灌输，而是为职业灵魂刻录基因。那些年轻读者在"邮包冒险"数字剧场流连的身影，证明着：当技术被赋予人文血脉，它便拥有了穿透时代的力量。

二、于技术裂变中锻造创新视野

5G-A 调度杭州亚运交通、无人机搭建应急通信天网……这些教材中的鲜活案例，背后是编写组与企业工程师的反复推演。为将香农公式的数学之美转化为学生可感的智慧茶园实践，我们拆解了技术图谱；为讲透林为干院士破解"电磁学哥德巴赫猜想"的意义，团队重访二十年前"银河号事件"亲历者。这种把技术密码转化为成长密码的执着，源于深切共识：真正的邮电教育，既要让学生看懂 OFDM 波形图，更要让他们读懂波频背后自主创新的国运之争。

三、在人文深海中校准价值罗盘

区块链重构信任、AI 冲击伦理边界——当数字文明浪潮席卷而来，第三篇信息技术科普的每处讨论都经过编委会激烈辩论。田追子从输单员到自动化专家的蜕变案例，徐龙疫情中"孤岛快递"的原始手记，这些平凡英雄的故事被郑重收录，因为它们揭示着行业本质：通信网络的终极节点永远是人。学生们在"安全寄递识别"实训中为乡村独居老人设计预警系统时，那些代码已不仅是技术作业，更是"人民邮电为人民"的精神具象。

四、以多维联结重塑职业启蒙

此刻您翻阅的书页，承载着立体化学习生态的探索：邮电数字博物馆的摩斯密码交互模块，源自校企联合攻关；华为提供的 5G 基站故障库，经教学化处理成为"通信急诊室"实训项目。特别感谢中国通信学会架设的产学桥梁，让量子密钥分发等前沿实践转化为课堂素材。

当元宇宙模糊虚实边界，星链编织空天网络，脑机接口挑战人类认知——这场文明级技术革命中，邮电人既是架构师也是守夜人。本书若能为学子点燃三簇火种：以战邮员精神守护连接本质，以香农式好奇开拓未知疆域，以"人民邮电为人民"初心校准技术伦理，便是我们最大的慰藉。

谨向所有参与院校（湖南邮电职业技术学院、广东邮电职业技术学院、安徽邮电职业技术学院）、企业伙伴（华为、顺丰等）、中国通信学会专家，及提供珍贵案例的一线工作者致敬。书中不足，恳请读者指正，我们将在后续版本中持续迭代——因为邮电事业的课堂，永远在技术浪潮的最前沿。

愿每个读完本书的人，都能在比特洪流中找到属于自己的历史坐标。

宋燕辉
2025 年 5 月